게임 데이터 애널리스트가 알려주는

게임 데이터 분석의 노하우

씽킹데이터 지음 **제갈진우** 옮김

AK IT

옮긴이의 글

이 책을 번역하게 된 것은 저에게 매우 뜻깊은 경험이었습니다. 제가 어릴 때부터 현재까지 즐기는 취미인 게임과 데이터 애널리스트로서의 커리어가 모두 결합된 분야가 바로 게임 데이터 분석이기 때문입니다. 저는 길림대학교에서 국제 교육학 학사학위를 취득했고, 중국에서 7년간 유학 생활을 하며 중국어를 익혔습니다. 유학 시절에는 학업 외에도 중국의 게임 방송 플랫폼에서 스트리머로 활동하면서 게임에 대한 깊은 이해를 넓혀갔습니다. 이러한 경험 덕분에 게임 데이터 분석에 대해 보다 깊이 있는 시각을 가질 수 있었습니다.

저는 중국향 MCN 회사에서 데이터 분석 팀장, BI 엔지니어 및 컨설턴트를 거쳐 현재는 씽킹데이터에서 게임 데이터 애널리스트로 활동하고 있습니다. 이 과정에서 게임 데이터 분석의 중요한 가치를 체감하고, 이를 게임 운영에 어떻게 적용할 수 있을지 꾸준히 고민해 왔습니다. 데이터 분석은 단순히 수치 해석에 그치지 않고, 게임의 성공과 실패를 좌우하는 중요한 요소로 작용합니다. 이를 통해 게임 내에서 이루어지는 다양한 의사결정이 데이터에 기반한 합리적 판단으로 이어지도록 만드는 것이 바로 데이터 분석의 힘입니다.

특히 최근 중국 게임산업이 빠른 발전을 보이면서 데이터 분석의 중요성을 다시 한 번 실감하게 되었습니다. 중국의 많은 게임사들이 분석을 통해 사용자 행동을 이해하고, 이를 바탕으로 게임의 성공을 이끌어가고 있습니다. 예를 들어, 한국에서도 인기있는 게임 <명조: 워더링 웨이브>의 개발사 쿠로 게임즈(Kuro Games)와 <탕탕특공대>로 잘 알려진 하비(Habby) 같은 회사들 역시 게임 내 데이터를 분석하여 사용자들이 게임에서 어떻게 행동하는지, 어떤 콘텐츠를 선호하는지 등을 파악합니다. 이러한 분석을 통해 유저들의 요구와 취향에 맞춘 게임 경험을 제공함으로써 더 나은 성과를 이끌어내고 있는 것입니다.

이 책은 데이터 애널리스트 뿐만 아니라 게임 개발자, 운영자, 그리고 게임 비즈니스에 종사하는 모든 분들에게도 유익한 내용을 담고 있습니다. 데이터 분석은 게임의 전체 수명주기를 아우르며 사용자의 행동을 심층적으로 이해하고, 이를 바탕으로 게임 운영과 마케팅 전략을 설계하는 데에 필수적인 역할을 합니다. 이 책은 그 과정을 체계적으로 설명하면서도 실무에 바로 적용할 수 있는 실질적인 방법론을 제시하고 있습니다.

1부에서는 게임 데이터 분석 사고의 구축에 대해 다루고 있습니다. 게임 데이터 분석을 단순한 기술적 도구로 보는 것이 아니라 게임 개발자와 운영자가 가져야 할 분석적 사고임을 강조합니다. 이 부분을 읽으며 저 또한 데이터 애널리스트로서의 기본적인 사고방식과 태도에 대해 다시 한 번 돌아보게 되었습니다.

2부에서는 게임 데이터 분석을 실제로 어떻게 구현하는지에 대해 설명합니다. 데이터 수집 방법과 다양한 지표체계를 구축하는 방법이 여기에서 상세하게 다루어집니다. 특히 클라이언트와 서버 데이터 수집, 그리고 이를 기반으로 지표체계를 구성하는 방법론은 매우 실무적인 내용으로, 실제 게임운영에서 어떻게 적용할 수 있을지에 대한 구체적인 가이드를 제공합니다.

3부에서는 게임의 전체 수명주기에 걸쳐 데이터가 어떻게 활용되는지를 설명합니다. 여기에서는 플레이 검증부터 광고 집행, 이벤트 운영까지 데이터가 실무적으로 적용되는 다양한 사례를 통해 게임운영의 전 과정에서 데이터 분석이 얼마나 중요한 역할을 하는지를 다루고 있습니다. 이 부분은 제가 실무에서 경험했던 많은 부분과 맞닿아 있어 매우 흥미롭게 다가왔습니다.

4부에서는 게임 데이터 분석의 미래 전망에 대해 이야기합니다. 데이터 분석과 AI의 융합, 그리고 데이터 소스의 확장과 같은 주제는 앞으로 게임산업에서 데이터 분석이 얼마나 중요한 역할을 할지를 예측하게 해줍니다. 또한 데이터 보안과 개인정보 보호에 대한 중요성도 강조되고 있어 앞으로의 데이터 애널리스트들이 가져야 할 윤리적 책임감에 대해 다시 한 번 생각하게 합니다.

이 책을 번역하면서 제가 일해온 게임 데이터 분석 분야에서의 경험과 지식이 자연스럽게 연결되는 순간들이 많았습니다. 책의 각 챕터를 통해 저는 게임 데이터 분석에 대한 새로운 통찰을 얻게 되었고, 이러한 지식이 한국의 게임 개발자들과 애널리스트들에게도 큰 도움이 되기를 기대합니다. 이 책이 게임 데이터 분석의 중요성을 확산시키고 더 나은 게임을 만들어가는 데에 기여할 수 있기를 바랍니다.

끝으로, 이 귀중한 번역 기회를 주신 관계자분들께 깊은 감사의 인사를 전합니다.

씽킹데이터 코리아
제갈진우

게임 서비스에 있어서 게임 분석은 선택이 아닌 필수입니다. 인디게임 종사자들도 이 책을 접하면 게임 데이터 분석의 전문가가 될 수 있을 뿐만 아니라 게임 개발과 운영에 필요한 데이터 기반 의사결정을 할 수 있는 능력을 키울 수 있을 것입니다. 게임 산업에서 성공하기 위해서는 데이터 분석이 필수적인 요소입니다. 이 책을 통해 게임 데이터 분석의 전문가가 되시기를 바랍니다.

홍영기 | 한국인디게임협회 부협회장

이 책은 게임 데이터 분석의 기본 개념부터 고급 분석 기법까지 상세하게 설명해 줍니다. 게임 업계에서 데이터 기반 의사결정을 도입하고자 하는 분들에게 훌륭한 길잡이가 될 것입니다. 게임의 성공 가능성을 높이고자 하는 모든 이에게 강력 추천합니다.

허영중 | (주)다에리소프트 COO

최선의 의사결정은 늘 데이터 분석 기반으로 이루어집니다. 프로젝트의 사업적인 성과달성을 위해서는 반드시 읽어야 할 책입니다." "이탈하는 사람은 늘 말이 없는 법, 그들의 의견을 가장 확실하게 파악하는 방법은 오로지 데이터를 통한 분석 뿐입니다. 이 책을 통해 그 방법을 배우실 수 있습니다.

김시래 | 스마일게이트메가포트 팀장

이 책은 '게임 데이터 분석'이라는 복잡한 던전에 입장하는 모든 이에게 명확한 지도(map) 역할을 할 것입니다. 데이터의 미로 속에서도 길을 잃지 않도록 나침반처럼 세부적인 분석 방법을 제시해, 누구나 효율적으로 게임 운영에 필요한 통찰을 얻을 수 있습니다. 실무자들이 직면하는 다양한 문제에 대한 해답을 제시하는 이 책은 게임 데이터 분석의 필수 길잡이가 될 것입니다.

김정재 | NHN 게임산업전략실 이사

게임 데이터 분석은 단순한 숫자의 나열을 넘어 그 안에서 의미 있는 인사이트를 도출해 실제로 게임의 성공을 이끄는 중요한 과정입니다. <게임 데이터 분석의 노하우>는 이 복잡한 과정을 체계적으로 풀어내며, 실무에서 바로 적용 가능한 분석 방법론과 실제 사례를 통해 독자에게 명확한 지침을 제시합니다. 게임 데이터 분석의 세계에 첫발을 내딛는 사람부터 더 깊이 있는 인사이트를 얻고자 하는 실무자까지 모두에게 필독서가 될 것입니다.

최정필 | Happytuk 부사장

사용자가 남기는 족적에 관한 분석이 철저하고 체계적일수록 성공하는 게임을 만드는 근간이라 생각합니다. 하지만 방대한 데이터에서 인사이트를 얻기란 쉽지 않습니다. 더욱이 소규모 인원으로 개발하는 소기업에서는 개발 일정에 쫓기어 더욱 어려운 일이지요. <게임 데이터 분석의 노하우>는 게임 데이터의 중요성을 인지하고 정리하여 게임개발 및 서비스에 인사이트를 얻고자 하는 모든 분들께 추천드립니다.

최경욱 | 방치형 게임 개발사 ㈜에버스톤 대표

데이터 교육 크리에이터로서, 저는 항상 데이터를 어떻게 실무에 적용하고 실질적인 가치를 창출할 수 있을지 고민해 왔습니다. <게임 데이터 분석의 노하우>는 게임이라는 특수한 분야에서 데이터 분석이 어떻게 실제로 활용되는지 처음부터 끝까지 상세히 다루고 있는 지침서입니다. 데이터 분석가를 꿈꾸는 모든 분들에게 이 책을 추천하고 싶습니다.

임동찬 | DATA&AI 교육 크리에이터

저는 다양한 산업에서 사용자와 프로덕트 시장 데이터를 분석하며 그 중요성을 깊이 체감해 왔습니다. 단순히 숫자로만 보일 수 있는 데이터를 어떻게 바라보느냐에 따라 프로덕트의 성과와 비즈니스 생태계가 크게 달라집니다. 이 책은 프로덕트 데이터에 관심 있는 모든 분들께 유익한 통찰을 제공할 것입니다. 꼭 한번 읽어보시기를 권장합니다.

김승정 | OP.GG PM

<게임 데이터 분석의 노하우>는 방대한 게임 데이터를 효과적으로 분석하고 이를 바탕으로 중요한 의사 결정을 내리는 방법을 명확하게 설명한 책입니다. 이 책은 게임 데이터 분석의 개념에서부터 현장에서의 활용까지를 체계적으로 다루며, 특히 다양한 실무 사례를 통해 분석 기법을 구체적으로 풀어냅니다. 데이터에 답이 있습니다. 의사 결정이 필요한 모든 게임 개발자들에게 이 책을 강력히 추천합니다.

김영웅 | 슈퍼래빗게임즈 대표

목차

목차

목차

MEMO

제 1 부

게임 데이터
분석 사고 구축

게임 데이터 분석의
개요

이동 통신망과 하드웨어 기술의 발전 덕분에 오늘날처럼 게임에 접근하는 것이 쉬웠던 적은 없습니다. 사용자들은 어느 생활 환경에서 언제든지 게임을 시작할 수 있고, 풍부한 몰입형 경험을 누릴 수 있습니다. 이러한 변화와 함께 게임산업은 치열한 시장 경쟁, 높은 사용자 획득비용, 사용자 유지의 어려움과 같은 도전에 직면하고 있습니다.

게임 제작사가 사용자를 보다 효율적이고 정확하게 획득하고 게임을 보다 장기적으로 운영하려면 게임 제품의 품질을 지속적으로 향상시키고 사용자 경험을 개선하며, 사용자의 충성도를 높여야 합니다. 이러한 목표를 달성하기 위해 데이터 분석은 필수적인 과제입니다.

이 장에서는 게임 데이터 분석의 배경 지식을 소개하고 게임 데이터 분석의 개념, 가치, 적용되는 사고방식, 방법론 및 기술, 그리고 게임 데이터 분석가의 핵심능력과 책무에 대해 설명할 것입니다.

1.1 게임 데이터 분석의 개념

먼저 '데이터'라는 개념을 명확히 정의할 필요가 있습니다. 데이터는 정보를 담고 있는 매체입니다. 게임에서 사용자가 어떤 행동을 할 때 해당 조작들은 기술적 수단을 통해 수집, 기록, 저장되어 데이터가 생성됩니다. 게임산업에서는 업무와의 연관성에 따라 데이터를 네 가지 주요 단계로 분류합니다:

- **1단계: 비즈니스 기본 데이터**

사용자 이름, 비밀번호, 경기장 순위 등 기본적이지만 필수적인 정보를 포함합니다. 이 데이터는 비즈니스의 원활한 운영에 중요한 역할을 합니다.

- **2단계: 사용자 행동 데이터**

사용자의 게임 내 이벤트, 예를 들어 결제, 게임 클리어, 레벨업 등을 포함합니다. 이 데이터는 방대하고 분석가치가 매우 높습니다.

- **3단계: 제품 운영 데이터**

사용자 행동 데이터에서 더 추상화된 정보로 신규 사용자수, 활성비율, 잔존율, 결제율 등을 포함합니다. 이는 게임의 운영상태를 반영합니다.

- **4단계: 사용자 피드백 데이터**

사용자가 스팀, 인벤(커뮤니티), AppStore 등 외부 플랫폼에서 남긴 게임 평가를 말합니다. 이 데이터는 게임팀이 여론과 게임 생태계를 이해하는데 도움을 줍니다.

게임 데이터 분석은 방대한 양의 게임 데이터를 적절한 통계분석 방법으로 처리하여 결론을 도출하고 이를 바탕으로 게임제작사가 의사결정을 내리는 과정입니다.

최근 몇 년 동안 게임시장의 경쟁이 치열해지면서 게임 제작사는 새로운 대응전략을 마련해야 했고, 이 과정에서 데이터 분석의 중요성이 점차 증가하고 있습니다. 예를 들어 세분화 운영을 통해 사용자 경험을 개선하고 게임의 수명을 연장하며, 고품질의 트래픽 채널을 활용하여 사용자 유입을 늘리고 신속한 반복 개발을 통해 게임의 플레이와 기능을 지속적으로 업데이트합니다. 이러한 전략의 실현은 모두 데이터 분석에 의존합니다.

따라서 많은 게임제작사가 데이터 분석팀을 구성하고 분석 프로세스를 최적화하며, 전문적인 데이터 분석도구를 사용하는 데에 주력하고 있습니다. 대형 게임제작사는 일반적으로 강력한 기술력과 자원을 갖추고 있어 데이터 보안 및 관리에 특히 신경 쓰고 있으며 자체 데이터 분석팀을 운영합니다. 일부는 자체 데이터 분석 플랫폼을 개발하는 방향을 택하고, 다른 일부는 서드파티(3rd Party) 데이터 분석 서비스업체와 협력합니다. 중형 게임제작사는 데이터 분석의 중요성을 인식하고 있고, 팀의 효율성을 극대화하기 위해 전문적인 도구를 도입하는 것을 선호합니다. 반면 소형 게임팀은 여전히 데이터 분석의 기본 단계에 머무르고 있고 이들에게는 분석 프로세스의 최적화가 시급합니다.

1.2 게임 데이터 분석의 가치

개인의 행동은 예측하기 어려우며 무작위성과 우연성으로 가득 차 있지만 집단의 행동은 일정한 규칙성을 보이곤 합니다. 빅데이터를 통해 이러한 규칙을 발견할 수 있습니다. 게임에서 사용자가 특정 선택을 할 경우 동일한 특성을 가진 다른 사용자들도 유사한 선택을 할 가능성이 높습니다. 현재 빅데이터는 사람들이 특정 선택을 하는 근본적인 이유를 설명할 수는 없으나 상관관계 분석을 통해 동일한 태그를 가진 집단의 행동을 예측할 수 있습니다. 게임의 전체 수명주기 동안 데이터 분석은 업계 종사자들이 사용자와 게임의 현재 상태를 이해하고 의사결정을 하는 데에 필요한 근거를 제공합니다.

테스트 단계에서는 사용자 잔존율, 일간 잔존율, 7일 잔존율, 결제율과 같은 지표에 초점을 맞추어 게임 플레이의 유효성을 검증하고, 게임이 정식 출시된 후의 사용자 유지 상황과 수익성을 평가합니다. 분석결과를 바탕으로 게임팀은 자원배분, 운영계획 설정, 게임 조정 및 시장과의 최적접점을 찾는 결정을 내릴 수 있습니다.

공개 테스트 및 홍보 단계에서는 보다 포괄적이고 세분화한 데이터 분석을 통해 신규 사용자 가이드 데이터, 핵심 플레이 데이터, 초기 결제 데이터 등을 분석하여 게임 내 생태계를 이해하고 세분화 운영전략을 설정합니다.

장기운영 단계에서는 사용자 활성율과 결제율을 높이는 것을 목표로 상업적 목표를 추구합니다. 이 단계에서 데이터 분석의 중요성이 더욱 커지며 분석의 차원은 다양해지고 세분화됩니다. 예를 들어 신규/기존 사용자, 결제구간, 신규/기존 서버를 포함한 사용자 그룹화를 통해 고가치 사용자를 선별하고, 목표에 맞춘 운영 및 마케팅 전략을 수립합니다.

데이터 분석을 통해 게임업계 종사자들은 경험 주도에서 데이터 주도로 점차 전환하며, 조직의 효율성을 향상시키고 올바른 결정을 내릴 확률을 높입니다. 이는 사용자의 기대와 시장의 수요에 부합하는 게임을 만들 가능성을 증가시키며 전체 게임산업에서 고품질의 발전을 촉진하는 역할을 합니다.

1.3 게임 데이터 분석 사고, 방법과 기술

효과적인 게임 데이터 분석은 세가지 핵심 요소를 포함해야 합니다: 사고방식, 방법론 그리고 기술입니다. 올바른 데이터 분석적 사고방식을 갖추고 전문적인 분석 방법을 적용하며, 효율적인 데이터 분석 기술을 활용해야만 데이터에 기반한 의사결정을 효과적으로 실현할 수 있습니다.

1.3.1 게임 데이터 분석 사고

많은 게임 데이터 분석가들은 효율적이고 완전하며 전문적인 지표체계를 설정하고, 지표 변화를 관찰함으로써 비즈니스의 비밀을 발견하고, 효과적인 결정을 내려 비즈니스 성장을 실현할 수 있다고 생각합니다. 그러나 실제 비즈니스 상황에서는 그렇지 않습니다.

먼저 지표체계를 구축하는 작업은 매우 복잡합니다. 다음으로 데이터가 생성되어 데이터 결정이 내려지기까지의 전 과정에 많은 상황이 발생할 수 있으며, 이 모든 것들이 결론에 편향을 초래하거나 심지어 완전히 무용지물이 될 수 있습니다. 이 중 매우 중요한 한 가지 이유는 분석가들에게 데이터 분석적 사고가 부족하기 때문입니다. 주류 데이터 분석적 사고는 크게 비즈니스 지향적 사고, 구조화된 사고, 전망적 사고 세 가지로 나눌 수 있습니다.

1. 비즈니스 지향적 사고

비즈니스 지향적 사고는 데이터 분석 시 비즈니스 목표를 지향하는 사고방식을 의미합니다. 이 사고의 핵심은 비즈니스와 가장 관련 있는 핵심 데이터 지표, 즉 '북극성 지표'를 찾아내어 그 지표를 통해 비즈니스의 진행상황을 파악하고, 이를 기반으로 의사결정을 내리며 비즈니스 성장을 추진하는 것입니다.

데이터 분석은 실제 비즈니스 상황과 밀접하게 연결되어야 진정한 가치를 발휘할 수 있습니다. 분석가들은 때때로 일상적인 보고서와 대시보드에 몰두하여 데이터 지표만을 분석의 '비법'으로 삼고 깊이 있는 데이터 탐색을 소홀히 하는 경향이 있습니다. 이러한 접근은 제한적이며 대체로 얻어신 데이터 결과는 사용자 행동의 일부 측면만을 반영합니다.

분석가의 능력은 데이터를 비즈니스와 어떻게 효과적으로 결합시키는지에 따라 결정됩니다. 오직 데이터를 게임 비즈니스와 깊이 통합할 때에만 게임 데이터 분석을 제대로 수행할 수 있습니다.

2. 구조화된 사고

데이터 분석 과정에서 지표는 비즈니스 목표 달성에 중요한 역할을 합니다. 게임의 내용이나 실질적인 변화도 결국 지표의 변화로 나타납니다. 이러한 지표는 문제 자체를 해결하지는 못하지만 문제를 신속하게 발견하고 목표지향적으로 최적화하는 데에 큰 도움이 됩니다.

게임 데이터 분석은 '문제 발견 - 가설 설정 - 가설 검증 - 문제 해결'의 과정으로 이루어집니다. 이 과정의 효율성은 팀이 구조화된 사고를 얼마나 잘 이해하는지에 달려 있습니다. 구조화된 사고는 핵심 주장(가설)을 제시하고 데이터로 그 주장을 뒷받침하며 해당 주장을 검증하는 방식입니다. 특정 문제를 분석할 때는 목적을 가지고 접근하며 '중복되지 않고 누락되지 않는' 방식으로 목적을 하위 문제로 세분화하여 사용 가능한 데이터로 문제를 분석하고 답을 차례대로 도출합니다.

이러한 구조화된 사고는 데이터 분석의 기본이며 분석가는 게임의 플레이 방식과 메커니즘을 결합하여 다양한 해결책을 시도하고, 이를 통해 이후 운영계획을 조정하는데 필요한 지침을 제공합니다.

3. 전망적 사고

전망적 사고는 게임 데이터 분석 시스템을 구축할 때 장기적인 발전을 고려하여 게임산업과 제품의 미래 발전을 충분히 고려하고, 시스템 내에서 미래의 분석 요구를 수용할 수 있는 공간을 남겨두는 접근방식을 말합니다. 예를 들어 트래킹 포인트 설계단계에서는 더 명확하고 확장가능한 트래킹 이벤트를 설계하여 새로운 이벤트가 추가되더라도 트래킹 계획의 비용이 증가하지 않도록 합니다. 또한 각 이벤트의 속성을 상세히 수집하여 미래의 데이터 분석 작업을 위한 기반을 마련합니다.

게임 데이터 분석의 전 과정에서 전망적 사고를 적용하는 것이 중요합니다. 게임팀은 데이터 분석이 일회성 작업이 아닌 점진적으로 완성되고 지속적으로 반복되는 과정임을 인식하고, 시스템을 구축할 때 현재의 비즈니스 요구 뿐만 아니라 미래의 발전도 고려해야 합니다. 이러한 방식은 데이터 분석의 지속가능성을 보장하고 시간이 지남에 따라 새로운 요구사항에 효과적으로 대응할 수 있도록 합니다.

1.3.2 게임 데이터 분석 방법

흔히 사용되는 데이터 분석 방법으로는 목표 분해법, 5W2H 분석법, RFM 모델 분석법, AARRR 모델 분석법 등이 있습니다.

목표를 정량화할 때는 주로 목표 분해법을 활용합니다.

5W2H 분석법은 무슨 일이 발생했는지(What), 어디에서 발생했는지(Where), 언제 발생했는지(When), 누가 발생시켰는지(Who), 왜 발생했는지(Why), 어떻게 처리할 것인지(How), 어느 정도로 처리했는지(How much)를 파악하는 데에 사용되는 일반적인 사건 분석 방법입니다.

RFM 모델은 고객 가치를 기반으로 한 계층 평가체계로 최근 결제 시간(Recency), 결제 빈도(Frequency), 결제 금액(Monetary)을 평가합니다. 전통적인 고객분류 모델은 사용자를 고액 결제자, 중간 결제자, 소액 결제자로 구분했으나, RFM 모델은 결제 사용자를 보다 세밀하게 구분하고 각 계층의 사용자 요구에 따라 정교한 운영전략을 수립할 수 있습니다.

AARRR 모델은 '해적지표'로도 알려져 있으며, 사용자 획득(Acquisition), 활성화(Activation), 유지(Retention), 수익 창출(Revenue), 바이럴 추천(Referral)의 다섯가지 핵심 단계를 포함합니다. 이 모델은 게임 제품 수명주기 전체에 걸쳐 사용자 획득에서 바이럴 추천에 이르는 과정을 다룹니다.

또한 비교분석법과 퍼널 분석법도 사용됩니다. 비교분석법은 같은 시점에서 다른 데이터 지표(수평비교)나 같은 조건하에서 다른 시기의 데이터 지표(수직비교)를 비교합니다. 이를 통해 게임 내 사용자 활동의 변화를 파악하고 새로운 이벤트의 목표를 설정할 수 있습니다.

퍼널 분석법은 비교분석을 기반으로 퍼널 내에서 동일 단계의 최적화 전후의 사용자 그룹 전환율을 비교합니다. 각 단계에서의 비즈니스 데이터 비교를 통해 게임의 문제를 직관적으로 발견하고 각 단계간의 전환율을 최적화할 수 있습니다.

마지막으로 게임의 수명주기는 주로 개발기획 단계, 내부테스트 단계, 공개테스트 및 홍보 단계, 장기운영 단계로 나뉩니다. 이 단계별 접근은 게임의 전반적인 관리와 품질향상에 중요합니다.

1.3.3 게임 데이터 분석 기술

완전한 게임 데이터 분석체계를 구축하기 위해서는 게임 데이터에 대한 분석적 사고를 갖추는 것이 필수적입니다. 이를 위해 다양한 게임 데이터 분석 방법을 마스터하고, 전문적인 게임 데이터 분석 기술을 습득하여 실제 비즈니스 환경에서 다양한 분석 요구사항을 충족시켜야 합니다.

현재 게임업계에서 데이터 분석 요구는 주로 세 가지 주요 기술을 통해 이루어집니다:

1. 데이터 웨어하우스를 기반으로 한 오프라인 쿼리

이 방법은 기술 부서가 비즈니스 부서의 분석 요구에 맞춰 상당한 시간을 들여 모델링하고, 일련의 고정된 게임 지표를 설정하여 보고서를 형성합니다. 보고서는 정기적으로 비즈니스 부서에 제공되며 큰 데이터 계산량과 복잡한 분석 시나리오에 사용됩니다. 이 기술은 데이터 분석의 실시간성 요구가 높지 않을 때 적합합니다. 예를 들어 게임 내 사용자의 일일 또는 주간 결제금액을 계산할 때 사용됩니다.

2. 데이터 마트를 기반으로 한 인터랙티브 쿼리

비즈니스 부서는 이 기술을 통해 분석 요구사항을 원하는 방식으로 맞춤 설정할 수 있으며, 즉시분석 요구에 유연하게 대응하고, 분 단위 데이터 쿼리를 실현할 수 있습니다. 이 기술은 서버성능을 과도하게 소모하지 않으면서 분석 속도에 대한 요구가 있는 유연한 시나리오에 적합합니다. 예를 들어 새로운 이벤트가 온라인될 때 사용자의 참여상황을 모니터링하는데 사용됩니다.

3. 실시간 계산

이 방법은 대량의 데이터를 처리하며 응답속도가 초 단위입니다. 데이터가 들어오는 즉시 계산이 시작되어 게임 제품의 최신 상태를 감지합니다. 이 기술은 아직 게임업계에서 주류는 아니지만 점점 더 널리 적용되고 있습니다. 예를 들어 비즈니스 실시간 경보를 구현할 수 있으며, 특정 중요 지표가 사전 설정된 임곗값을 초과할 경우 게임 프로젝트팀에 신속히 통보해 게임 운영 중 대형사고를 방지할 수 있습니다.

대부분의 게임회사에서는 운영직원이 비즈니스 요구에 따라 먼저 지표를 설정하고 기술 부서가 이러한 지표에 대한 보고서를 제공합니다. 그러나 보고서 제공 주기가 고정되어 있고, 주로 정기적으로 수집된 데이터를 기반으로 하기 때문에 실시간 데이터를 활용하는데 한계가 있습니다. 이로 인해 전체 데이터 분석 과정에 필요한 시간이 길어지며 게임 비즈니스의 유연한 의사결정을 지원하기 어렵습니다.

1.4 게임 데이터 분석가에게 요구되는 역량

데이터 분석의 기본 과정은 "문제 발견, 가설 설정, 가설 검증방법 찾기"입니다. 데이터 분석가의 핵심 임무는 문제 해결 방안을 계획하는 것입니다. 이 과정에서 큰 문제를 작은 문제로 세분화하고, 이러한 작은 문제들을 해결하면서 데이터 분석을 통해 선택한 경로의 올바름을 판단합니다. 따라서 게임 데이터 분석가로서 필요한 첫 번째 능력은 문제를 통해 질문자의 깊은 요구사항을 파악하는 것입니다. 예를 들어 비즈니스 부서가 분석가에게 지난 주 각 사용자의 총 결제금액과 이벤트 참여횟수 데이터를 요청할 때 분석가는 이 요청의 깊은 의미가 이벤트 참여가 사용자 결제에 미치는 영향을 평가하는 것임을 파악해야 합니다.

게임 데이터 분석가는 익숙한 비즈니스 시나리오 뿐만 아니라 데이터 분석의 전 과정을 이해해야 합니다. 이는 데이터 수집, 처리, 저장, 계산 과정의 논리를 포함합니다. 또한 마케팅, 경제학, 통계학, 심리학 등 다양한 분야의 지식을 넓히고 지속적인 학습을 통해 종합적인 능력을 향상시켜야 합니다.

게임 데이터 분석가는 자신에게 맞는 분석도구를 찾아야 합니다. 다양한 도구 중에서 ThinkingEngine(TE 시스템)과 같은 게임 빅데이터 분석 엔진은 효율적으로 복잡한 데이터 분석과정을 완료할 수 있습니다. TE 시스템은 일체화된 게임 데이터 운영 분석 솔루션을 제공하며, 게임 제조업체의 전 범주, 전 시나리오, 전 수명주기에 걸친 운영 분석 요구사항을 충족합니다. 이 시스템은 전체 엔드 데이터 수집, 다차원 교차 분석, 프라이빗 부문 및 2차 개발을 지원하여 게임제작사가 자체 데이터 센터를 신속하게 구축하고 데이터 마이닝, 사용자 행동 분석, 채널 분석 등을 완료할 수 있도록 돕습니다. 이는 과학적 의사결정과 게임의 세분화 및 지능화 운영을 실현합니다.

종합적으로 게임 데이터 분석가는 비즈니스에 대한 깊은 이해와 전문적인 데이터 분석 방법을 숙련되게 활용하고, 효과적인 데이터 분석도구를 선택해서 사용하고, 게임 데이터 분석 중 다양한 도전에 효과적으로 대응할 수 있어야 합니다.

MEMO

데이터 분석 기반의
게임 의사결정

이 장에서는 게임 의사결정을 다루면서 데이터 분석이 게임 의사결정에서 어떤 역할
을 하는지 소개하고, 실제 사례를 통해 데이터 분석이 게임 의사결정을 어떻게 주도
하고 게임의 성공에 어떻게 도움을 주는지 설명합니다.

2.1 개요

이번 장에서는 게임 의사결정의 정의와 게임 의사결정 과정에서 데이터 분석이 어떤 역할을 하는지에 대해 소개합니다.

2.1.1 게임 의사결정이란?

간단히 말하면, 게임 의사결정은 게임의 개발과 운영을 아우르는 다양한 단계에서의 결정 과정을 포함합니다. 이 과정은 핵심 게임플레이의 설계부터 운영방식의 실행, 그리고 게임 경험의 최적화 전략에 이르기까지 다양하며 이에 국한되지 않습니다. 게임 업계에서 활동하는 많은 이들의 일상적인 업무가 이러한 결정과 밀접하게 연결되어 있습니다. 게임의 수명주기를 통틀어 각 단계에서 요구되는 결정의 성격과 중점은 차이가 있습니다. 예컨대 테스트 단계에서는 게임의 플레이 방식이 사용자에게 어떻게 다가가는지를 세심하게 검증하며, 프로모션 단계에서는 사용자 유입을 촉진하기 위한 전략을 세우고 관련 채널 및 광고 콘텐츠를 최적화합니다. 더 나아가 게임의 새로운 버전을 개발하고, 게임 경험을 지속적으로 개선하는 결정도 필수적입니다.

이러한 의사결정은 게임의 전체 수명주기 동안 이루어지며 게임이 시장에서 독특하고 차별화된 위치를 차지하는 데에 기여합니다. 게임 의사결정의 우수성은 직접적으로 게임의 시장 성과에 영향을 미치기 때문에 결정의 질을 개선하는 것은 게임의 수익성을 효과적으로 높이는 핵심적인 요소입니다. 이를 통해 게임 개발자는 시장 경쟁력을 강화하고 사용자에게 더욱 만족스러운 게임 경험을 제공할 수 있습니다.

2.1.2 게임 의사결정에서 데이터 분석의 역할

데이터 분석은 오랫동안 게임 의사결정에서 핵심 역할을 해왔습니다. 이는 주로 데이터에서 문제를 식별하고, 그에 따른 의사결정에 방향성을 제시하는 데에 중요합니다. 예를 들어 만약 최근 게임 수익이 감소한 경우 데이터 분석을 통해 문제를 진단하고, 그 결과를 바탕으로 운영전략을 조정하여 수익을 증가시켜야 합니다. 아래에는 게임 의사결정 과정에서 데이터 분석이 어떻게 적용될 수 있는지 몇 가지 사례를 나열하였습니다. 제3부에서는 이러한 사례들에 대해 더 자세한 분석을 제공할 예정입니다.

1. 단일 서버의 사용자 수 결정 (플레이 검증)

SLG(전략게임) 또는 MMORPG(대규모 멀티플레이어 온라인 롤플레잉 게임)와 같이 사회적 상호작용이 중요한 게임은 테스트 단계에서 여러 서버를 운영하여 서로 다른 서버에서의 사용자 활동성과 잔존율을 비교합니다. 이를 통해 어느 서버의 사용자 수가 활동성과 잔존율 지표에 가장 이상적인 영향을 미치는지 결정할 수 있습니다.

2. 광고 투입 전략 결정 (유입 홍보)

각 광고 채널과 그룹에서의 사용자 ROI(투자 대비 수익) 데이터를 분석하여 유입 및 광고전략을 최적화합니다.

3. 이벤트 아이템 배포량 결정 (이벤트 운영)

이벤트 전 사용자의 아이템 보유상황, 아이템의 획득 및 소비 패턴, 그리고 아이템 관련 게임플레이 시스템의 진행상황을 분석하여 이벤트 기간동안 어떤 유형의 아이템과 그 수량을 배포할지 결정합니다.

4. 사용자 세분화 (세분화한 운영)

사용자가 게임을 플레이하는 방식, 이벤트 참여도, 레벨, 게임 내 수명주기 등에 따라 사용자 그룹을 세분화합니다. 이러한 사용자 계층화를 통해 각 계층의 목표 사용자에 대한 차별화된 운영전략을 수립합니다.

데이터 분석은 의사결정 과정에서만 중요한 것이 아니라 목표의 정량화와 가설 검증에도 필수적입니다. 또한 의사결정 후에는 실행된 전략의 효과를 평가하고 요약하는 데에 큰 도움을 줍니다. 다음 2.2에서는 TE 시스템을 활용한 데이터 분석을 통해 게임 의사결정 사례를 소개하며 독자들이 게임팀이 어떻게 데이터를 활용하여 의사결정을 개선하고 수익을 크게 향상시킬 수 있는지에 대해 살펴봅니다.

2.2 사례: 데이터 분석을 통한 운영전략 조정과 성과 개선

이번 사례의 게임팀은 이전에 많은 호평을 받은 싱글 플레이 모바일 게임을 개발했으며, 게임 아이디어와 제작 수준은 사용자들로부터 꾸준히 인정을 받았습니다. 이 팀이 출시한 첫 번째 온라인 게임은 제작 수준이 여전히 높았지만 오픈 베타테스트 초기에는 시장 성과가 예상보다 저조했고 사용자 평가도 이전의 싱글 플레이어 게임에 미치지 못했습니다.

게임의 핵심 지표를 검토한 후 비즈니스 담당자는 게임이 현재 직면한 주요 문제를 발견했습니다: 신규 사용자의 다음 날과 7일 유지율이 낮고, 총수익, ARPU(사용자당 평균 수익) 등 핵심 결제 지표도 만족스럽지 않았습니다. 사용자 유지와 결제상황이 모두 좋지 않았는데 이는 게임에 있어 매우 치명적인 상황이었습니다. 다행히 게임 자체의 품질은 괜찮았고 현재는 테스트 초기 단계로 대규모 마케팅을 진행하지 않았기 때문에 운영전략을 즉시 조정한다면 여전히 시장 성과를 전환할 수 있었습니다.

이것이 바로 전형적인 게임 의사결정 시나리오입니다. 게임팀은 데이터 분석을 활용해 의사결정을 주도하는 방법론을 전면적으로 사용하였고, 데이터 분석을 의사결정 전 과정에 걸쳐 적용하여 여러 효과적인 최적화 조치를 마련함으로써 사용자의 유지율과 결제율을 향상시켰습니다. 결국 게임은 공개테스트 후 좋은 성과를 거두었습니다. 이제 우리는 이 게임팀이 데이터 분석을 활용해 의사결정을 하는 과정을 자세히 소개하겠습니다. (이하 'A 게임'은 이 팀의 해당 게임 프로젝트를 지칭합니다.)

2.2.1 의사결정 목표의 정량화

의사결정을 하기 전에 달성하려는 목표를 명확히 해야 합니다. 데이터 분석이 게임 의사결정에서 발휘하는 첫 번째 핵심 역할은 의사결정자가 측정 가능하고 지침이 되는 목표를 설정하는 데에 도움을 주는 것입니다.

A게임의 목표는 다음의 2가지입니다.

"사용자의 초기 유지율 향상"

"사용자의 결제 촉진"

이러한 목표는 다소 포괄적이어서 데이터 분석 시 적절한 접근점을 찾기 어렵고, 의사결정이 실행된 후에도 효과를 측정하기 어렵습니다. 데이터 분석을 활용하면 이러한 목표를 관련된 핵심 지표와 밀접하게 연관시킬 수 있습니다. 예를 들어 "사용자의 초기 유지율 향상"은 "다음 날 및 3일 유지율 향상"으로 구체화할 수 있으며, 핵심 지표는 다음 날 및 3일 유지율이 됩니다. "사용자의 결제 촉진"은 "결제율 향상"으로 바꿀 수 있으며, 핵심 지표는 결제율입니다. 의사결정 목표를 정량화 하면 비즈니스 담당자가 이러한 지표와 연관된 게임 플레이를 중심으로 의사결정 방안을 모색할 수 있으며, 의사결정 효과를 평가할 때에도 지표의 개선 정도를 기준으로 사용할 수 있어 더 직관적이고 간편합니다.

그렇다면 전체 ARPU나 다음 날 유지율과 같은 게임의 핵심 지표를 의사결정의 핵심 지표로 사용할 수 있을까요? 이러한 방법에는 문제가 있습니다. 게임의 핵심 지표는 대부분 거시적 지표로 다양한 요소의 영향을 받아 의사결정 효과를 정확하게 평가하기 어렵습니다. 이에 대해서는 두 가지 방법을 사용할 수 있습니다.

1) 구조화된 사고를 사용해 큰 거시적 지표를 더 작고 세분화한 지표들로 분해한 후 이러한 일련의 지표들을 의사결정의 핵심 지표로 사용하는 것입니다. 이 방법은 대규모 이벤트나 게임의 큰 버전 업데이트 결정을 할 때 적합합니다. 대규모 이벤트나 게임의 큰 버전 업데이트는 종종 여러 비즈니스 목표를 달성해야 하기 때문에 신규 사용자 수, 사용자 참여도 및 결제율을 핵심 지표로 사용할 수 있습니다.

2) 거시적 지표를 더 구체적이고 실현가능한 지표로 대체하는 것입니다. 이 방법은 테스트 단계에서 사용하기에 더 적합하며, "작은 단계로 빠르게 실행"하는 형태로 게임을 보다 민첩하게 최적화할 수 있습니다.

A게임은 테스트 단계에 있으므로 두 번째 방법이 더 적합합니다. 분석가들은 보다 구체적인 지표를 선택할 때 두 가지 접근 방식을 사용했습니다.

1) "차원 드릴다운"으로 거시적 지표에 일부 제한 조건을 추가하여 지표 범위를 좁히는 것입니다. 이렇게 하면 의사결정의 접근점을 더 쉽게 찾을 수 있습니다. 예를 들어 "결제율"을 "신규 사용자" 그룹에 한정하면 핵심 지표는 "신규 사용자의 첫 결제율"이 됩니다. 계산을 통해 A게임의 신규 사용자 첫 결제율이 단지 1%에 불과하며 이는 평균 10% 수준에 크게 못 미치

는 것으로 나타났습니다. 이는 이 지표가 게임의 문제를 확실히 반영하고 있으며 핵심 지표로서 매우 적합함을 보여줍니다.

2) "관련 지표"로 비즈니스적 사고를 사용하여 지표들의 인과관계를 정리하고 핵심 지표의 원인 지표를 찾는 것입니다. 예를 들어 분석가들은 A게임의 다음 날 유지율이 낮은 것을 바탕으로 첫날의 신규 사용자 안내과정에 문제가 있을 것이라고 추측하고, "신규 사용자 안내단계의 전환율"을 핵심 지표로 선택했습니다. 계산 결과, 신규 사용자 안내단계의 전환율이 약 35%에 불과하며, 많은 사용자들이 A게임팀이 예상한 이탈지점 이전에 "난관"으로 인해 이탈하고 있음을 발견했습니다. 간단한 지표 계산 결과만으로도 게임이 긴급히 최적화해야 할 부분을 충분히 반영하고 있었습니다.

결국 분석가들은 두 가지 목표를 설정했습니다.

"신규 사용자의 첫 결제율 향상"

"신규 사용자 가이드 단계의 전환율 개선"

전반적으로 데이터 분석을 통해 정량화되고 실행가능한 목표를 설정하는 것은 의사결정 효과를 더 쉽게 평가할 수 있게 하며, 분석가들이 더 나아가 분석을 진행하면서 가설을 제시하고 더 많은 의사결정 단서를 찾을 수 있도록 도와줍니다.

2.2.2 의사결정의 단서 획득

의사결정 목표를 정한 후에는 의사결정의 단서를 찾아야 합니다. 의사결정의 단서는 주관적 단서와 객관적 단서로 나눌 수 있습니다. 주관적 단서는 주로 경험에서 비롯되며 이는 분석가의 비즈니스 이해, 업계 발전추세에 대한 판단, 과거 의사결정 경험 등에서 나옵니다. 반면에 객관적 단서는 주로 데이터에서 비롯되며 설문조사 데이터나 사용자 실험 데이터일 수 있습니다. 물론 데이터 분석은 객관적 단서를 얻는 가장 중요한 방법이며, 이는 데이터 분석이 게임 의사결정을 주도하는 것을 나타냅니다.

의사결정 방안을 마련할 때 가장 중요한 근거인 의사결정 단서는 다음 세 가지 주요 요소를 갖추어야 합니다:

- 전체성: 충분히 전체적이어야 하며 중요한 정보를 놓치지 않아야 합니다.

- 신뢰성: 엄격한 검증을 거쳐야 하며 신뢰할 수 있어야 합니다.
- 지침성: 비즈니스 발전 방향과 일치해야 하며, 분석가가 현실적인 방안을 마련할 수 있도록 해야 합니다.

데이터 분석을 통해 객관적 단서를 얻을 때 이 세 가지 요소를 고려해야 합니다. 여기에서는 "가설-검증"에 기반한 분석과정을 소개할 것이며, 이 과정을 따르면 의미 있는 객관적 단서를 보다 전체적으로 얻을 수 있습니다. 이제 "신규 사용자의 첫 결제율 향상"이라는 의사결정 목표에 대한 분석과정을 소개합니다.

전체 분석과정은 가설 제시, 지표 선택 및 검증, 결론 도출의 세 부분으로 구성되며, 핵심은 분석가가 구조화된 사고를 사용해 의사결정 목표를 분해하고, 비즈니스적 사고를 사용해 비즈니스 발전방향과 일치하는 가설을 제시하는 깃입니다. 이 사례에서 분석가들은 "신규 사용자의 첫 결제율이 낮다"는 사실을 출발점으로 삼고, 사용자의 결제의지가 낮다고 추측하여 결제의지의 관점에서 세 가지 방향, 즉 수요, 공급 및 가격을 고려하여 다음 세 가지 검증할 가설을 제시했습니다.

1. 사용자들이 게임 내 주요 소모성 아이템을 구매하려는 의지가 없다.
2. 사용자가 다이아몬드를 소비하는 채널이 너무 제한적이다.
3. 다이아를 유료 구매시 각 가격대의 환산 비율이 동일하다(즉 1천 원 결제 시 다이아 6개, 10만 원 결제 시 다이아 600개를 획득. 결제액과 다이아 수량 비율이 1:1로 고정). 이는 사용자가 고액 가격대의 다이아를 구매할 의욕을 억제하는 결과를 낳는다.

이들 가설 검증을 위해 지표를 활용해 결정적 단서의 신뢰성을 확보해야 합니다. 그럼 어떤 지표를 선택해야 가설을 검증할 수 있을까요? 작은 팁 하나를 알려주면, 모든 가설에는 비즈니스의 접근 지점이 있습니다. 예를 들어 앞서 제시한 세 가지 가설은 접근 지점이 각각 '핵심 육성 아이템', '다이아 소모 채널', '결제액과 구매한 다이아 수량의 비율'입니다. 이러한 접근 지점을 기준으로 지표를 선택하면 더 쉽게 검증할 수 있습니다. 즉 가설 2의 경우, 사용자가 다양한 채널에서 다이아를 어떻게 소모하는지를 검증 지표로 선택할 수 있고, 가설 3의 경우에는 각 가격대별 다이아 구매 현황을 지표로 사용할 수 있습니다.

만약 분석 결과 선택한 지표가 가설을 뒷받침하지 못하더라도 서둘러 가설을 부정하지 말고 원래 선택한 지표와 관련된 상·하위 지표를 다시 분석해보는 것도 방법입니다. 예를 들어 가설 1의 경우, 처음 아이템의 획득 및 소모 상황을 분석했을 때에는 핵심 육성 아이템의 획득 수량이 소모 수량보다 현저히 많아 보였고 아이템 공급 부족 문제도 없다고 판단되었습니다. 하지만 분석 관점을 바꿔 사용자가 핵심 육성 아이템을 획득할 수 있는 스테이지 참여 상황을 분석한 결과, 사용자들이 해당 스테이지에 참여하는 빈도가 다른 스테이지보다 훨씬 높다는 점이 드러났습니다. 이는 사용자들의 육성 아이템 수요가 매우 크다는 것을 의미합니다. 아마도 육성 아이템의 소모량이 크기 때문에 사용자들이 일정 기간 동안 아이템을 모은 후 소모하는 경향이 있어, 데이터상으로는 획득 수가 소모 수보다 많아 보이는 현상이 나타난 것으로 추정됩니다.

마지막으로 분석 결과를 바탕으로 결론을 도출해야 합니다. 이 결론은 반드시 실질적인 가이드를 포함해야 하며, 단순히 "가설이 맞다"는 결론이 아니라 비즈니스에 실질적인 결정 단서를 제공해야 합니다. 표 2.1은 A 게임의 분석 담당자가 세 가지 가설을 어떻게 완전히 검증했는지 보여줍니다. 여기에서 각 가설에 대한 분석 결론이 모두 비즈니스에 대한 가이드 의견을 포함하고 있음을 알 수 있으며 이는 의사결정 방안을 수립할 때 참고할 수 있습니다.

표 2.1 "신규 사용자의 첫 결제율이 낮다"는 가설의 검증 과정

가설 제시	사용자가 게임 내 핵심 육성 아이템 구매를 꺼린다.	사용자의 다이아 소모 채널이 지나치게 제한적이다.	유료 다이아 구매 시 각 가격대의 환산 비율이 동일해 사용자가 고가의 다이아 구매를 꺼린다.
지표 검증	지표: 사용자가 핵심 육성 아이템을 획득할 수 있는 스테이지 참여 상황. 결과: 해당 스테이지 참여 횟수가 다른 스테이지 보다 훨씬 많음.	지표: 다이아 소모 분포 상황 결과: 뽑기에서 소모된 다이아가 전체 다이아 소모량의 90% 차지.	지표: 각 가격대별 다이아 구매 횟수 결과: 고가의 다이아 구매량이 적고, 다이아를 구매한 사용자의 비율이 전체 사용자 대비 낮음.
결론 도출	사용자의 핵심 육성 아이템 수요가 매우 높음. 아이템 및 해당 아이템을 획득할 수 있는 스테이지에서 결제 유도를 강화할 수 있음.	사용자의 뽑기 참여 의향이 매우 높으므로 신규 뽑기 이벤트나 한정 뽑기 등 추가 이벤트를 도입할 수 있으며, 더 다양한 다이아 소비 채널도 고려 가능함.	고가 다이아의 가성비가 낮아 사용자의 구매 의욕을 억제했을 가능성이 있음. 다만 전반적으로 사용자들의 다이아 구매 의욕 자체가 낮음.

가설의 성립 여부와 관계없이 최종 도출된 결론은 유효한 결정 단서로 활용될 수 있고 이후 의사결정 방안을 마련하는 데에 사용됩니다. 또한 이러한 단서를 바탕으로 새로운 가설을 계속해서 제기할 수 있으며, 새로운 가설이 더 이상 나오지 않을 때까지 이 과정을 반복할 수 있습니다. 이러한 방식으로 결정 단서의 포괄성을 보장하고 중요한 정보를 누락하지 않도록 할 수 있습니다.

2.2.3 의사결정의 방안 마련

충분한 의사결정 단서를 얻은 후에는 의사결정 방안을 마련해야 합니다. 이는 의사결정 목표를 실현하기 위한 구체적인 조치를 결정하는 것을 말합니다. 의사결정 방안을 마련하는 과정은 복잡하며, 게임의 유형과 수명주기 단계에 따라 비즈니스 담당자들이 수립하는 의사결정 방안도 달라질 수 있습니다. 여기에서는 의사결정 방안을 어떻게 마련하는지 간략하게 소개합니다.

앞서 언급했듯이 의사결정 단서는 지침성을 가져야 하므로 비즈니스 담당자들은 이를 바탕으로 구체적인 조치를 마련할 수 있습니다. 표 2.2는 A게임의 비즈니스 담당자가 세 가지 의사결정 단서에 따라 마련한 구체적인 조치를 나열한 것입니다.

표 2.2 "신규 사용자의 첫 결제율을 높이기" 위한 구체적인 조치

의사 결정 단서	단서1: 사용자가 핵심 육성 아이템에 대한 수요가 많으므로 아이템과 해당 아이템을 획득할 수 있는 레벨에서 결제 포인트를 늘릴 수 있음	단서2: 사용자의 뽑기 의향이 높으므로 더 많은 뽑기 단계를 추가할 수 있으며, 다이아몬드 소모 채널도 늘릴 수 있음	단서3: 고액 다이아몬드의 가성비가 낮아 사용자의 구매의향을 억제할 수 있으나, 사용자가 다이아몬드 구매의향 자체가 낮음
조치	이벤트에서 핵심 육성 아이템을 배포하고 이를 이벤트 선물 패키지에 추가	뽑기 티켓의 선물 패키지를 늘림	첫 결제 두배 및 첫 결제 보너스 이벤트 추가
조치	핵심 육성 아이템을 생산하는 레벨에서 다이아몬드를 사용해 추가 도전 기회를 구매할 수 있는 메커니즘 추가	고급 캐릭터가 포함된 신규 사용자 선물 패키지 추가	고액 다이아몬드의 교환비율 증가
조치	상점에 다이아몬드로 구매할 수 있는 더 많은 상품 추가, 예: 핵심 육성 아이템		다이아몬드 펀드 이벤트 추가

표 2.2에서 볼 수 있듯이 하나의 의사결정 단서로부터 여러 구체적인 조치를 도출할 수 있습니다. 이러한 조치를 실행할 때는 A/B 테스트나 그레이스케일 테스트와 같은 민첩한 방법을 사용하면 시행착오 비용을 줄이고 게임 최적화 및 반복의 빈도를 높일 수 있습니다. 또한 다른 의사결정 단서를 종합적으로 고려하여 조치를 마련할 수 있습니다. 예를 들어 표 2.2의 단서1과 단서2를 종합하여 비즈니스 담당자는 상점에 핵심 육성 아이템을 추가하고 이러한 아이템을 다이아몬드로만 구매할 수 있게 제안했습니다.

마지막으로 현재 데이터가 의사결정 효과를 평가할 수 있는지 주의해야 합니다. 현재 데이터에 누락이 있다면 의사결정 방안을 마련할 때 데이터 수집 계획을 잘 고려해야 하며, 조치가 온라인에 도입될 때 데이터 수집 코드를 준비해야 합니다. 예를 들어 게임의 대규모 이벤트나 새 버전 출시 시 새로운 게임 플레이나 시스템이 도입될 수 있습니다. 이러한 새로운 내용은 의사결정 목표와 밀접하게 관련되어 있으므로, 이러한 새로운 내용에 대해 어떤 데이터를 수집해야 할지 사전에 계획을 세우고, 게임의 새 버전 및 이벤트가 출시될 때 데이터 트래킹을 동시에 온라인에 도입해야 합니다. 이렇게 함으로써 의사결정 효과를 신속하게 평가할 수 있습니다.

2.2.4 의사결정의 효과 평가

의사결정 방안을 실행한 후에는 데이터 분석을 통해 다시 의사결정 효과를 평가해야 합니다. 효과를 평가할 때 고려할 수 있는 두 가지 유형의 지표가 있습니다. 첫 번째 유형은 의사결정의 핵심 지표로, 의사결정 목표가 달성되었는지를 직접 반영합니다. 핵심 지표는 정량화되어 있기 때문에 의사결정 효과를 평가하기가 매우 쉽습니다. A 게임의 최적화 버전이 출시된 후 분석가들이 "신규 사용자의 첫 결제율"을 다시 분석한 결과, 이 지표가 원래의 1%에서 15%로 증가했음을 발견했습니다. 이로 인해 게임의 전체 매출도 한 단계 상승했습니다. 의사결정 목표가 예상을 초과하여 달성되었다고 할 수 있습니다.

물론 의사결정 방안을 실행한 후에 항상 핵심 지표에 이렇게 뚜렷한 변화가 있는 것은 아닙니다. 이때는 두 번째 유형의 지표, 즉 조치의 효과를 반영하는 지표를 사용하여 더 세밀하게 평가해야 합니다. 예를 들어 사용자가 다이아몬드로 핵심 육성 아이템을 구매한 횟수를 통해 해당 조치의 효과가 기대에 부합하는지 평가할 수 있습니다. 핵심 지표의 변화가 뚜렷하지 않다면 조치의 유효성 분석을 통해 의사결정 방안이 최종적으로 성공했는지 평가할 수 있습니다.

효과 평가의 중요성은 의사결정 목표의 달성 여부를 밝히는 것 뿐만 아니라 의사결정 방안이 유효하거나 무효한 근본적인 이유를 이해하는 데에 더 큰 의미가 있습니다. A게임의 분석가들은 새롭게 도입된 "영웅 패키지"의 구매상황을 분석할 때 결과가 예상과 다름을 발견하고 더 심층적인 분석을 수행했습니다: 다양한 사용자 그룹의 데이터(예: 결제 상황, 패키지 내 "영웅"의 보유 여부 등)를 비교하여, 다른 사용자 그룹이 "영웅 패키지"에 대한 구매 선호도가 다른지, 결제가 높은 사용자가 이러한 패키지를 더 구매할 의향이 있는지를 이해했습니다. 실제로 많은 게임팀들이 여러 번의 이벤트평가 결과를 "이벤트-인구" 매트릭스로 요약하여, 다른 인구 집단에 적합한 다양한 이벤트(결제 촉진 또는 활성도 향상)을 기록합니다. 이는 추후 이벤트에 대한 의사결정을 할 때 참고하기 위함입니다. 의사결정 효과를 평가함으로써 분석가들은 의사결정의 성공적인 경험을 요약하고 후속 의사결정의 질을 향상시킬 수 있습니다.

2.2.5 결론

마지막으로 "신규 사용자 유도 퍼널의 전환율을 높이기"라는 의사결정 목표를 가지고 데이터 분석이 게임 의사결정에 미치는 동력을 정리해보겠습니다.

처음에 "신규 사용자 유도 퍼널의 전환율을 높이기"라는 의사결정 목표는 분석가들이 "사용자의 초기 유지율이 낮다"는 문제에 기반하여 정한 것입니다. 이 목표는 측정 가능하며 지침의 의미를 가지므로, "신규 사용자 유도 퍼널의 전환율"을 논리적 출발점으로 설정하고 여기서부터 의사결정 단서를 찾을 수 있습니다.

따라서 분석가들은 두 가지 가설을 제시했습니다.

1) 사용자가 게임 초반에 진입할 때 충분한 가이드가 없어 육성 콘텐츠를 이해하지 못하고 막히는 경우

2) 사용자가 3일차에 게임을 플레이할 때 목표가 부족해 전투력을 어떻게 향상시켜야 할지 모르는 경우

해당 지표를 검증한 결과 분석가들은 초기에 사용자에 대한 가이드가 부족한 문제가 실제로 존재한다는 것을 발견했으며, 3일차 이후 사용자가 부차적인 플레이를 하지 않아 전투력이 부족하고 "막힘" 현상이 발생한다는 것을 확인했습니다.

이러한 단서를 바탕으로 분석가들은 게임 초기에 더 많은 가이드를 추가하고, 육성 시스템 가이드를 강제적으로 변경하여 사용자가 신규 사용자 초기단계의 레벨을 통과할 수 있는 충분한 전투력을 확보하도록 결정했습니다. 또한 게임 내에서 사용자에게 일정한 목표를 설정하기로 했는데, 예를 들어 "매일 임무", "매주 임무"의 오픈 레벨을 낮추어 사용자가 더 빠르게 자원을 축적하고 전투력을 향상시킬 수 있도록 했습니다. 후속 버전에서는 "통과증"을 업데이트하여 사용자가 각종 플레이에 참여하는 동기를 부여했습니다. 마지막으로 분석가들은 이벤트를 통해 사용자가 게임 참여 습관을 형성할 필요가 있다고 판단하여, 신규 사용자 7일 이벤트에 육성 시스템과 부차적인 플레이 참여 보상을 추가해, 정해진 횟수만 참여하면 보상을 주어 사용자가 각 시스템에 익숙해질 수 있도록 했습니다.

결과적으로 의사결정 효과를 평가한 분석가들은 신규 사용자 유도 퍼널의 전환율이 현저하게 향상되었고 사용자가 초기에 겪었던 "막힘" 현상이 사라졌으며, 3일차 게임 플레이에 해당하는 퍼널 전환율도 크게 증가했다는 것을 발견했습니다. 그러나 사용자의 7일 유지율은 여전히 개선의 여지가 있으므로 분석가들은 이어서 새로운 게임 의사결정 라운드를 진행했습니다. 표 2.3은 "신규 사용자 유도 퍼널의 전환율을 높이기"의 완전한 의사결정 과정을 기록합니다.

표 2.3 "신규 사용자 유도 퍼널의 전환율을 높이기"의 의사결정 과정

가설 제시	사용자가 육성 콘텐츠를 이해하지 못함	신규 사용자가 게임 플레이 시 목표 지침이 부족함
지표 검증	초기 주요 레벨 통과율이 낮고, 대다수의 신규 사용자가 육성 플레이에 참여하지 않음	후속 레벨의 클리어율이 낮고, 부차적인 플레이 참여율이 낮음
결론 형성	사용자가 초기에 "막힘"을 경험하는 주요 원인은 육성 플레이에 대한 가이드가 부족해 해당 플레이에 참여하지 않고 캐릭터 전투력이 충분히 향상되지 않아 레벨을 통과하지 못하는 것임	사용자가 부차적인 플레이에 참여하는 동기가 부족하며, 해당 플레이에서 제공하는 전투력 없이는 후속 레벨을 통과할 수 없어 "막힘" 발생

조치 1	육성 시스템을 더 일찍 오픈	"매일 임무"와 "매주 임무"의 잠금 해제를 앞당김
조치 2	육성 시스템에 강제적인 가이드 추가	"통과증" 메커니즘 도입, 포인트를 각 플레이 참여도와 연동
조치 3	신규 사용자 7일 이벤트에서 사용자 행동을 유도, 육성 시스템 및 부차적인 플레이 참여 요구	

이러한 게임 의사결정은 A게임의 팀에서 여러 차례 진행되었습니다. 의사결정을 한 번 할 때마다 A게임의 시장 성과는 일정한 개선을 보였습니다. 여러 번의 성공적인 의사결정 후 A게임은 시장의 인정을 받기 시작하고, 정식 공개 테스트 후에는 일정한 성과를 달성했습니다. 이 사례는 데이터 분석이 게임 의사결정을 강력하게 주도할 수 있으며, 게임팀이 더 나은 작품을 만들어내는데 도움을 줄 수 있음을 증명합니다.

2.3 게임 의사결정의 효과 향상

올바른 게임 의사결정을 내리기 위해서는 데이터 분석 방법을 숙지하는 것 뿐만 아니라 강한 데이터 인식을 가지는 것도 중요합니다. 여기에서는 조직구축 측면에서 세 가지 제안을 드리며, 게임팀이 데이터 인식과 데이터 분석 능력을 강화하여 게임 의사결정의 효과를 높일 수 있는 방법에 대해 논의합니다.

먼저 전문적인 데이터 분석팀을 구성하는 것이 매우 중요합니다. 데이터 분석을 통해 유효한 결정적 단서를 얻고 게임 의사결정을 성공적으로 이끌 수 있는지 여부는 분석가의 전문성에 달려 있습니다. 전문성이 높다는 것은 핵심 결정적 단서를 놓치지 않고, 결정 효과를 평가할 때 결정이 유효한 진짜 이유를 빠르게 찾아낼 수 있음을 의미합니다. 분석가의 전문 수준은 데이터 분석 효과의 상한선을 결정합니다. 따라서 고품질의 분석 인력을 채용하고 전문적인 데이터 분석팀을 구성하며 분석가의 전문성을 향상시키는 것은 매우 중요합니다.

다음으로 일상업무에서 데이터 사용 상황을 늘리고 비즈니스 담당자의 데이터 인식을 키우는 것이 좋습니다. 예를 들어 비즈니스 담당자가 일상업무에서 지표를 자주 확인하고 가능하다면 일부 간단한 분석을 독립적으로 수행하도록 요구합니다. 게임 의사결정을 내릴 때는 데이터 분석에서 얻은 단서와 주관적 단서를 사용하여 결정을 완성해야 합니다.

   마지막으로 데이터 분석이 게임 의사결정을 이끄는 것은 부서간 협업을 필요로 하므로 조직 내에 완벽한 데이터 동기화 메커니즘을 구축해야 합니다. 예를 들어 분석가가 결정적 단서를 얻은 후 이를 비즈니스 담당자에게 신속하게 동기화할 수 있다면 비즈니스 담당자가 결정안을 마련하는 속도를 크게 높일 수 있습니다. 완벽한 데이터 동기화 메커니즘은 데이터가 부서 간에 원활하게 흐를 수 있도록 보장하며 결정의 효율성을 높입니다.

게임 데이터 분석 시스템의
세분화 구축

2장에서는 데이터 분석을 기반으로 한 게임 의사결정 방법론을 소개했습니다. 이 방법론을 충분히 활용하려면 정교한 게임 데이터 분석 시스템 구축이 필수적입니다. 이번 장에서는 이 정교한 게임 데이터 분석 시스템을 어떻게 구축할 수 있는지에 대해 다루겠습니다.

3.1 게임 데이터 분석 시스템의 발전

게임산업과 기술의 발전에 따라 게임 데이터 분석 시스템은 지속적으로 발전하여 현재까지 3세대를 거쳐왔습니다. 각각은 **기본 지표 시스템**, **경영 분석 시스템**, 그리고 **세분화 분석 시스템**입니다. 이제 각 세대 시스템의 기능과 장단점을 소개하겠습니다.

3.1.1 기본 지표 시스템(1세대)

최초로 데이터 분석을 실시한 게임 회사들은 주로 클라이언트 기반의 온라인 게임이나 유명한 웹게임을 보유한 대기업들이었습니다. 이러한 대규모 기업들은 막대한 자금을 투입해 현지 데이터센터를 구축하고, 데이터 수집부터 데이터 처리, 데이터 모델링, 데이터 시각화에 이르기까지 전체 시스템을 스스로 구현했습니다. 이와 같은 자체 데이터 시스템 구축에 드는 비용과 사용 진입 장벽은 매우 높아 대다수 게임 회사에게 적합하지 않았습니다.

모바일 인터넷 시대로 진입하면서 게임 업계는 빠르게 발전했고, 새로운 게임 제작팀이 우후죽순처럼 등장했습니다. 게임이 성공한 후 데이터 분석을 통해 운영을 보조하길 원하는 팀이 많아지면서 게임 데이터 분석 시스템에 대한 시장의 수요가 갈수록 높아졌습니다. 이 시기는 빅데이터 기술이 급속도로 발전하던 때였고, 많은 제3자 데이터 회사들이 오픈소스 빅데이터 컴포넌트를 기반으로 일반적인 데이터 분석 시스템을 개발했습니다. 이러한 시스템의 비용과 사용 난이도는 크게 낮아져 시장에서 빠르게 성공을 거두어 업계 표준이 되었습니다. 이러한 시스템을 1세대 게임 데이터 분석 시스템이라고 할 수 있습니다.

1세대 게임 데이터 분석 시스템의 가장 주요한 특징은 일반적인 기본 운영 지표 데이터를 제공하는 것이었습니다. 예를 들면 사용자의 신규 가입, 활성, 결제, 유지 및 이탈 상황에 대한 데이터 등이며, 이를 '기본 지표 시스템'이라고 할 수 있습니다. 시스템이 제공하는 이러한 기본 지표를 통해 게임팀은 게임 운영상황을 직관적으로 이해할 수 있었습니다. 현재 많이 잘 알려진 지표들은 1세대 게임 데이터 분석 시스템이 등장할 때 제안되어 업계에서 인정받았습니다.

기본 지표 시스템의 데이터 접근성도 비교적 단순했습니다. 일반적으로 이러한 시스템은 간단하고 표준화된 데이터 수집 도구를 제공하여, 단 한 명의 기술 인력이 하루 이틀 정도의 시간을 들여 데이터 접근 작업을 완료할 수 있었습니다. 데이터 접근을 완료한 후에는 시스템에 추가 설정이 필요없이 분석 인력이 모든 지표 데이터를 직접 확인할 수 있었습니다. 기본 지표 시스템은 게임팀이 데이터 분석체계를 빠르게 구축할 수 있도록 도와주어 곧 업계 전반의 인정을 받았습니다. 오늘날까지도 일부 게임팀은 프로젝트 초기 단계에서 이러한 시스템을 사용하기도 합니다.

그러나 기본 지표 시스템에는 큰 한계가 있습니다.

1) 지표가 너무 적습니다. 기본 지표가 매우 중요함에도 불구하고 게임을 운영하며 효율적이고 현명한 결정을 내리기 위해서는 기본 지표만으로는 충분하지 않습니다. 특히 모바일 게임이 여러 해에 걸쳐 발전하면서 게임 플레이의 깊이와 범위가 크게 변화했고, 기본 지표로는 사용자의 실제 게임 플레이 상황을 반영하기 어렵게 되었습니다. 기본 지표 시스템이 제공하는 지표 데이터가 너무 적어 분석 인력이 유효한 단서를 얻기 어렵게 되어, 운영상의 문제에 직면했을 때 "추측"에 의존해 결정을 내려야 하며 데이터의 가치를 충분히 활용하지 못했습니다.

2) 데이터 분석의 차원이 매우 제한적입니다. 대부분의 기본 지표 시스템은 서버, 채널, 플랫폼 등 가장 기본적인 분석 차원만을 제공합니다. 이벤트 결제 지표를 분석할 때 서버, 채널과 같은 비교적 거친 차원에서만 분석할 수 있어 사용자가 이벤트에 참여하는 깊이, 사용자의 활성도와 같은 더 세밀하고 사업에 더 부합하는 차원에서 분석을 시작할 수 없다면, 분석 인력은 사용자가 이벤트기간 동안 왜 결제를 하는지 이해할 수 없게 되고, 이벤트 결제율을 높이는 방법에 대한 결론을 내리기 어렵게 됩니다.

3) 데이터의 실시간성이 부족합니다. 기본 지표 시스템에서 거의 모든 지표 데이터는 T + 1 지연이 있어, 당일 데이터는 다음 날에야 볼 수 있습니다. 게임의 핵심 시점에서, 예를 들어 출시 첫날과 같은 경우 이러한 데이터 지연은 비즈니스 인력이 긴급상황에 신속하게 대응하기 어렵게 만들어 결국 큰 손실로 이어질 수 있습니다.

3.1.2 경영 분석 시스템(2세대)

기본 지표 시스템의 여러 한계점 때문에 많은 게임팀들이 자체 개발하거나 외주를 통해 더 강력하고 비즈니스에 더 밀접한 데이터 분석 시스템을 구축하기 시작했습니다. 이러한 시스템은 대부분 "경영 분석 시스템"이라고 불리며 이는 2세대 게임 데이터 분석 시스템입니다.

각 게임팀의 경영 분석 시스템은 기능의 세부사항에서 차이는 있겠지만, 기본 설계 목적은 기본 지표 시스템의 지표가 너무 적고 분석 차원이 너무 단순한 문제를 해결하는 것으로 일관되었습니다. 따라서 기본 지표 외에도 경영 분석 시스템은 게임 내 플레이 시스템 지표와 운영 이벤트 지표처럼 게임 비즈니스 상황을 반영하는 더 많은 지표를 제공해야 하며, 게임 유형과 지표의 특성에 따라 더 많은 세부분석 차원을 추가해야 합니다. 예를 들어 MMORPG 게임의 경우, 모든 지표를 사용자의 캐릭터 레벨과 직업별로 분류할 수 있고, 카드게임의 카드 뽑기 지표는 뽑기 풀 유형별로 세분화할 수 있습니다. 경영 분석 시스템은 기본 지표 시스템보다 훨씬 많은 지표를 제공하여 분석가들이 더 많은 유효 정보를 얻을 수 있게 합니다.

일부 게임팀은 경영 분석 시스템을 구축할 때 새로운 데이터 쿼리 기술을 사용하여 데이터의 실시간성을 향상시켰습니다. 예를 들어 많은 시스템이 H + 1의 데이터 지연을 실현할 수 있어 데이터가 수신된 후 1시간 이내에 쿼리할 수 있습니다. 소수의 팀은 데이터 지연을 몇 분 또는 몇 초로 줄여 실시간 분석이 가능하게 함으로써 기본 지표 시스템에 비해 성능이 크게 향상되었습니다.

그러나 경영 분석 시스템에도 몇 가지 한계가 있습니다.

1) 지표를 구현하는 데에 시간이 다소 걸립니다. 새로운 지표마다 기술 인력이 새로운 데이터 모델과 관련 대시보드 보고서를 개발해야 하며 이를 통해 분석가가 데이터를 볼 수 있습니다. 게임의 새 버전이 출시된 후 새로운 지표를 추가해야 할 경우 기술 개발팀은 지표 관련 개발작업 완료에 1~2주가 걸릴 수 있으며 효율성이 높지 않습니다. 또한 게임팀은 새로운 지표 개발과 시스템 유지보수 작업을 완수하기 위해 전문 데이터 개발팀을 구성해야 합니다.

2) 임시적인 분석 요구를 충족시키기 어렵습니다. 예를 들어 비즈니스 인력이 새로운 이벤트를 계획할 때 일반적으로 한 번만 사용될 더 세분화한 데이터가 필요할 수 있습니다. 이러한

요구를 '임시적인 요구'라고 합니다. 이러한 요구는 분석 시스템의 기존 보고서로는 충족될 수 없으며, 한 번만 사용될 데이터를 위해 새로운 지표를 개발하는 것은 비용대비 효과가 낮습니다. 따라서 비즈니스 인력은 기술 인력에게 데이터를 요청해야 하며 이 과정은 수일에서 일주일이 걸릴 수 있습니다. 때로는 결정을 지연시키지 않기 위해 비즈니스 인력은 기존의 거시적 데이터를 이용해 결정을 내려야 하며, 이로 인해 경영 분석 시스템의 가치가 완전히 발휘되지 못할 수 있습니다.

3) 기본 데이터 구조와 깊게 연결되어 있어 일반화하기 어렵습니다. 앞서 언급했듯이 경영 분석 시스템은 게임 내 다양한 플레이 데이터를 수집해야 합니다. 다양한 게임은 플레이와 시스템면에서 본질적인 차이가 있으며, 각기 다른 개발팀은 데이터 수집 관습이 다릅니다. 이로 인해 각 게임의 데이터 구조가 독특해지고 표준이 부족해집니다. 데이터 구조는 데이터를 분석할 때 어떻게 얻고 처리해야 하는지를 결정하므로 데이터 구조의 차이는 지표 구현 논리의 차이를 만듭니다. 예를 들어 "아이템 구매"를 기록할 때 게임 A는 구매한 아이템에 사용된 다이아몬드의 총량을 기록하는 반면, 게임 B는 개별 아이템의 다이아몬드 소모량과 구매한 아이템의 수량만을 기록할 수 있습니다. 그러면 "다이아몬드 총 소비량" 지표의 계산 논리가 두 게임에서 다르게 됩니다. 전자는 소비된 다이아몬드의 총합 계산만 하면 되지만, 후자는 먼저 개별 아이템의 다이아몬드 소모량을 구매한 아이템 수량에 곱하여 단일 구매의 다이아몬드 소비량을 구한 다음 다이아몬드의 총 소비량을 계산해야 합니다. 데이터 구조의 차이로 인해 한 게임의 경영 분석 시스템이 다른 게임에 직접적으로 재사용되기 어렵습니다.

3.1.3 세분화 분석 시스템(3세대)

최근 몇 년간 빅데이터 분야에서 매우 혁신적인 새로운 기술들이 등장했고, 그 중 데이터 쿼리 기술은 데이터 분석 시스템에 가장 큰 영향을 미쳤습니다. Impala, Trino, Clickhouse와 같은 쿼리 엔진이나 데이터베이스를 대표로, 이들은 전통적인 데이터베이스에 비해 조회 효율이 월등히 뛰어나며, 심지어 억 단위 이상의 빅데이터에도 초 단위의 조회 속도를 유지할 수 있습니다. 이러한 새로운 기술의 적용은 데이터 분석 시스템을 근본적으로 변화시켰고, 더욱 유연하고 효율적이며 맞춤형화된 제3세대 게임 데이터 분석 시스템이 등장하게 되었습니다.

새로운 유형의 데이터베이스가 조회 효율성을 크게 향상시킨 덕분에 제3세대 게임 데이터 분석 시스템은 각 지표를 개별적으로 개발할 필요없이, 어떤 지표를 분석하고자 할 때 즉시 해당 분석 보고서를 생성할 수 있습니다. 이러한 변화는 임시 분석 요구에 신속하게 대응할 수 있게 해주며, 분석의 세분화를 더욱 높일 수 있게 합니다(원본 데이터의 각 필드를 분석 차원으로 사용할 수 있기 때문에). 그래서 제3세대 게임 데이터 분석 시스템은 종종 "세분화 분석 시스템"으로 불립니다. 필자가 속한 씽킹데이터 회사가 출시한 TE 시스템 역시 세분화 분석 시스템에 속합니다.

비전문가도 쉽게 사용할 수 있도록 세분화 분석 시스템은 다양한 추상화된 분석 모델을 제공하며, 각 분석 모델은 독립적인 쿼리 알고리즘을 사용하고 다양한 그래픽, 인터랙티브 분석 컨트롤을 제공합니다. 분석가는 이러한 컨트롤을 선택하고 분석 차원, 필터 조건, 쿼리 논리를 조정하여 쿼리문을 작성하지 않고도 쿼리 요구를 충족시킬 수 있습니다. 예를 들어 분석가가 신규 사용자 가이드의 전환율을 최적화하고자 할 때, "퍼널 분석" 모델에서 퍼널 단계를 설정하면(그림 3.1과 같이) 직접 전환율을 계산할 수 있습니다. 신규 사용자 가이드의 단계를 조정해야 하는 경우 기존 설정을 기반으로 해당 설정을 수정하기만 하면 되며, 이 과정은 몇 분 밖에 걸리지 않습니다. 경영 분석 시스템에서는 이 퍼널 모델의 추가나 수정에 몇 시간이 걸릴 수 있습니다. 이 두 시스템을 비교하면 세분화 분석 시스템의 효율성이 훨씬 높다는 것을 명확히 알 수 있습니다.

세분화 분석 시스템은 일반적으로 "이벤트+사용자" 모델을 사용하는 통합 데이터 모델을 채택하여 데이터를 기록합니다. 간단히 말해, 게임 내에서 사용자가 생성하는 행동 데이터와 사용자 상태를 설명하는 데이터를 각각 이벤트 데이터와 사용자 데이터로 분류하고 이를 통합된 데이터 구조로 기록합니다.

이러한 추상적인 데이터 구조는 다양한 게임 유형 및 게임플레이에서 생성되는 데이터를 잘 기록할 수 있습니다. "이벤트+사용자" 모델의 또 다른 장점은 데이터 구조의 표준화입니다. 분석가는 필요한 데이터를 신속하게 추출할 수 있고, 분석 모델도 더 많은 데이터에 적용될 수 있습니다. 전반적으로 세분화 분석 시스템은 다양한 유형의 게임 데이터 분석에 사용될 수 있습니다.

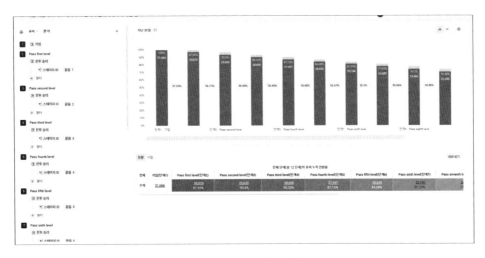

그림 3.1 TE 시스템의 "퍼널 분석" 모델

세분화 분석 시스템은 경영 분석 시스템의 여러 한계를 어느 정도 해소할 수 있고, 다양한 유형의 게임 데이터 분석에 사용될 수 있습니다. 또한 사용자 분류 기능과 같은 새로운 기능도 추가되어 게임 내에서의 사용자 행동에 따라 여러 수준으로 분류할 수 있습니다. 모델 분석을 사용할 때 분석가는 다양한 수준의 사용자 지표 데이터를 비교하여 데이터를 다른 관점에서 이해할 수 있습니다.

3.1.4 요약

표 3.1은 세대별 게임 데이터 분석 시스템의 기능적 차이를 비교한 것으로 각 세대가 이전 세대에 비해 상당한 진보를 이루었음을 알 수 있습니다. 특히 현재 가장 최신 시스템인 세분화 분석 시스템은 게임업계의 데이터 분석 요구를 모든 면에서 더욱 충족시킬 수 있습니다. 3.2에서는 세분화 분석 시스템을 구축하는 방법을 소개할 것입니다.

표 3.1 세대별 게임 데이터 분석 시스템의 기능적 차이

	기초 지표 시스템	경영 분석 시스템	세분화 분석 시스템
데이터 실시간성	T + 1의 지연이 있음	지연이 T + 1, H + 1, 또는 실시간	실시간
데이터 구조	기본 지표 데이터만 포함, 데이터 구조가 가장 단순	게임별로 데이터 구조가 다름	"이벤트+사용자" 모델을 사용, 모든 종류의 게임 데이터 구조를 포함할 수 있음
데이터 조회 효율성	기본 지표 조회 속도는 빠르나, 복잡하거나 커스텀 지표를 조회할 수 없음	기본 지표 조회 속도는 빠르나, 복잡하거나 커스텀 지표 조회가 느리거나 불가능함	다양한 조회 데이터 요구에 대하여 응답, 통계 조회 및 계산 속도가 빠름
지원하는 지표	기본 지표만 제공	게임 업무 지표를 지원하지만 사전에 정의가 필요	게임 지표를 통해 지표를 구축, 새로운 지표를 쉽게 추가할 수 있음
커스텀 분석	지원하지 않음	SQL 문을 통해 실현 가능하나 효율이 낮음	SQL 문을 통해 실현, 효율이 매우 높음
사용자 분류	지원하지 않음	대부분의 경영 분석 시스템에서 실현 불가능, 일부 시스템에서 간단한 시간 경로 생성 가능	추상 분류를 통해 생성된 게임에서 커스텀된 사용자 그룹별 세그먼트 분석 및 시뮬레이션을 직접 생성 가능
분석 차원	차원이 적고 고정됨	차원을 사전에 정의해야 하며 상대적으로 고정됨	모든 데이터 차원에 대해 드릴다운 가능, 동시에 매우 빠른 템포에 대하여 드릴다운 지원

3.2 세분화 분석 시스템 구축

여기에서는 세분화 분석 시스템을 구축하는 방법과 구축 과정에서 주의해야 할 사항에 대해 소개합니다.

3.2.1 시스템 구축 방식 선택

첫 번째 단계는 어떤 방식으로 시스템을 구축할지 결정하는 과정입니다. 일반적으로 두 가지 접근 방식이 있는데, 하나는 자체 개발 시스템이고 다른 하나는 제3자가 개발한 시스템을 구매하는 것입니다. 어떤 방식을 선택할지는 게임팀이 자신들의 규모, 기술 역량, 분석 요구사항, 예산, 게임의 수명주기 등 여러 요인을 종합적으로 고려해 결

정해야 합니다. 여기서는 이 두 방식의 장단점을 간략하게 비교해 보겠습니다.

자체 개발 시스템은 게임팀이 데이터 분석 시스템의 구조를 직접 설계하고 개발을 완료하는 것을 의미합니다. 이 방식의 장점은 분명합니다: 시스템이 팀 내에서 개발되므로 특정 업무 요구를 충분히 만족시킬 수 있습니다. 하지만 초기 개발부터 운영까지 상당한 시간과 인력 비용이 들고, 높은 진입 장벽 때문에 전문 개발 및 운영 인력을 채용하고 전담 부서를 설립해야 합니다. 이러한 이유로 자체 개발은 기술 역량이 뛰어나고 맞춤형 요구가 많은 대형이나 중형 규모의 게임팀에 적합합니다.

제3자가 개발한 시스템을 구매하면 이론적으로 시간과 인력 비용을 절약할 수 있습니다. 그러나 실제 효과는 구매한 시스템의 전문성에 달려 있습니다. 현재 시장에서 제공되는 다양한 분석 시스템 중 씽킹데이터가 개발한 TE 시스템은 게임 업계에 초점을 맞춰 효율적이고 유연한 데이터 수집, 다차원 교차 분석, 프라이빗 클라우드 배포 및 2차 개발을 지원합니다. 이는 다양한 규모의 게임 기업이 통합 데이터 운영 분석을 통해 게임 사업의 성장을 실현할 수 있도록 돕습니다.

3.2.2 데이터 연동

시스템 선택을 마친 후 다음으로 고려해야 할 것은 데이터 연동 방법입니다. 데이터를 전혀 수집하지 않은 게임 프로젝트의 경우 데이터 연동에는 세 단계가 필요합니다.

1) 데이터 연동 방식 결정
2) 트래킹 계획 설계 및 실행
3) 데이터 검수 및 관리.

이미 데이터를 보유하고 있는 게임 프로젝트의 경우 이 데이터를 새 시스템으로 이전해야 하며, 이 과정은 여기 후반부에서 간단히 소개될 예정입니다.

1. 데이터 연동 방식 결정

데이터 연동 방식을 결정하는 것은 데이터 수집 방법을 결정하는 것을 의미합니다: 클라이언트에서 데이터를 보고할 것인지 서버에서 데이터를 기록할 것인지, 아니면 두 가지 방식을 혼합해서 사용할 것인지 결정해야 합니다. 클라이언트 연동과 서버 연동은 각각 장단점이 있으며, 두 방식을 혼합해서 사용하는 것이 좋지만 많은 세부사항에 주의해야 합니다. 어떤 연동 방식을 선택해야 할지는 4장에서 더 자세히 설명합니다.

대부분의 제3자 데이터 분석 시스템 서비스 제공업체는 데이터 보고를 돕는 SDK를 제공하여 개발자가 데이터를 수집할 수 있도록 합니다. 현재 대부분의 게임은 게임 개발 엔진을 통해 제작되며 게임 개발 엔진은 플랫폼 및 시스템 간의 호환성을 제공합니다. 게임 개발 엔진의 SDK를 직접 사용해 데이터를 연동하면, 단 한 번의 트래킹으로 모든 플랫폼 및 시스템의 데이터를 얻을 수 있어 중복 작업을 피할 수 있습니다. 따라서 서비스 제공업체가 게임 개발 엔진의 SDK를 제공하는지 여부도 제3자 개발 데이터 분석 시스템을 구매할 때 고려해야 할 요소입니다.

2. 트래킹 계획 설계 및 실행

데이터 연동 방식을 결정한 후에는 데이터 수집 방법을 고려해야 합니다. 일반적으로 데이터 수집 작업은 두 단계로 구분됩니다.

- 1단계: 비즈니스 담당자나 분석가가 수집할 데이터 유형과 구체적인 내용을 결정한다(트래킹 계획 설계).
- 2단계: 개발자가 데이터 수집을 위한 코드를 작성한다(트래킹 실행).

데이터 분석의 전제 조건이 데이터라면 데이터를 얻는 전제 조건은 트래킹입니다. 트래킹의 질은 데이터 분석의 유효성과 정확성에 직접적인 영향을 미칩니다. 그렇다면 어떻게 완벽한 트래킹 계획을 설계할 수 있을까요? 여기에서는 3가지 데이터 분석 사고 방식을 기반으로 몇 가지 제안을 제시합니다.

먼저 구조화된 사고를 활용하여 모듈을 분해하는 방식으로 트래킹 계획을 설계하여 누락을 방지합니다. 즉 게임을 기본 모듈, 플레이 모듈, 육성 모듈, 경제 모듈, 이벤트 모듈 등 큰 카테고리로 나눈 다음, 이 큰 카테고리를 구체적인 플레이와 시스템으로 세분화합니다. 또 주요 레벨, 자원 복사, 경기장 등의 플레이 모듈을 세분화하고 경제 시스템, 아이템 시스템, VIP 시스템, 길드 및 친구 시스템 등을 세분화합니다. 마지막으로 각 플레이 및 시스템에 대해 구체적인 트래킹 계획을 설계합니다. 예를 들어 주요 레벨을 "레벨 진입", "레벨 통과", "레벨 실패" 등의 이벤트로 세분화합니다. 이러한 분해를 통해 트래킹 계획은 게임의 모든 플레이와 시스템을 커버할 수 있습니다.

다음으로 비즈니스 지향적 사고를 활용하여 트래킹 계획을 설계할 때 먼저 비즈니스 목표를 고려합니다. 어떤 데이터와 차원이 비즈니스 분석에 도움이 되는지 어떤 것이 도움이 되지 않는지 구분해야 합니다. 사용자의 게임 플레이 상태를 반영하는 데이터와 차원에 대해서는 트래킹 계획을 더 세밀하게 설계할 수 있습니다. 예를 들어 더 많은 차원을 추가하고, 더 많은 수집 지점을 추가할 수 있습니다. 예를 들어 주요 레벨은 게임에서 매우 핵심적인 플레이입니다. 트래킹 계획을 설계할 때 사용자가 이 레벨에 처음 도전하는지, 이미 통과했는지, 레벨을 통과하는데에 걸린 시간 등 더 많은 내용을 추가할 수 있습니다. 기록된 데이터가 더 상세할수록 분석에 사용할 수 있는 데이터도 더 많아지며, 분석가가 사용자를 더 잘 이해할 수 있습니다.

마지막으로 전방위적 사고를 활용하여 트래킹 계획을 설계할 때 트래킹의 장기적인 반복 가능성을 고려합니다. 새로운 버전과 이벤트 출시에 따라 게임에는 계속해서 새로운 콘텐츠가 추가되고 새로운 데이터가 생성될 것입니다. 따라서 트래킹은 미래에 추가될 데이터에 대해 미리 계획을 세워야 합니다. 자주 콘텐츠가 추가되는 모듈의 경우, 일반적인 추상 데이터 구조를 설계하여 데이터를 기록할 수 있도록 고려해야 합니다. 일반적으로 게임은 계속해서 새로운 이벤트를 출시하며, 일 년에 이벤트 유형이 십여 가지에 이를 수 있습니다. 모든 유형의 이벤트 데이터를 기록할 수 있는 일반적인 이벤트 데이터 구조를 사용할 수 있습니다. 또 "이벤트 참여" 항목을 사용하여 모든 유형의 이벤트 데이터를 기록하고, 사용자가 실제로 참여한 이벤트의 구체적인 내용을 기록하기 위해 하나 또는 두 개의 속성을 사용할 수 있습니다. 예를 들어 "이벤트 유형" 속성을 사용하여 사용자가 참여한 구체적인 이벤트를 기록하고, "이벤트 설명" 속성을 사용하여 추가 설명정보를 기록할 수 있습니다. 이 방법을 사용하면 모든 이벤트 데이터를 하나의 데이터 구조로 기록할 수 있어 트래킹이 너무 복잡해지는 것을 방지할 수 있습니다.

개발자가 트래킹을 쉽게 실행할 수 있도록 온라인 문서 형태로 트래킹 계획을 기록하는 것이 좋습니다. 트래킹 계획에는 트래킹의 트리거 시간, 속성의 취득 논리 등 더 많은 보조 정보를 추가할 수 있어 개발자가 데이터 수집 요구 사항을 이해하고, 트래킹의 실행이 설계 계획과 일치하지 않는 문제를 방지할 수 있습니다.

3. 데이터 검수 및 관리

새로운 데이터를 수신하면 즉시 이 데이터를 검수하여 가능한 빨리 문제를 찾아내야 합니다. 데이터 검수에는 두 가지 측면이 있습니다.

1) 데이터 수집 논리 검증: 데이터 수집의 논리가 트래킹 계획과 일치하는지 주로 검사합니다. 데이터 유형이 트래킹 계획과 일치하는지, 데이터 내용이 정확한지, 데이터가 보고될 때 누락이 없는지를 주로 검사합니다.

2) 데이터 논리 검증: 이 데이터를 기반으로 주요 지표를 계산할 수 있는지 검증합니다. 이는 해당 분석 모델에서 새로운 데이터를 사용하여 계산한 결과가 예상과 일치하는지 확인하는 과정입니다.

데이터 검증이 문제가 없다면 새로운 데이터에 이름을 지정하고, 분류하고, 비고를 작성하여 데이터를 관리할 수 있습니다. 이렇게 하면 분석가와 비즈니스 담당자가 후속 작업에 데이터를 쉽게 사용할 수 있습니다. 데이터 관리에는 분석 시 사용하기 어려운 필드를 더 쉽게 사용할 수 있는 형태로 처리하는 작업도 포함됩니다. 가장 흔한 예로 "아이템 ID", "서버 ID" 등의 필드가 있으며, 데이터에서는 일반적으로 내부 ID 형태로 기록됩니다. 예를 들어 아이템 ID "10001", 서버 ID "123" 등입니다. 이러한 필드를 사용할 때 분석가는 ID가 지정하는 구체적인 내용을 명확히 알아야 합니다. 그렇지 않으면 분석 과정이 방해받을 수 있습니다. 데이터 관리단계에서는 ID에 해당하는 구체적인 내용을 데이터 분석 시스템에 연결하는 것이 좋습니다. 예를 들어 아이템 ID "10001"이 "초급 강화석"에 해당한다면, 분석 시 직접 아이템 이름을 사용할 수 있어 분석 결과가 더 직관적이고 분석 과정이 더 원활해질 수 있습니다.

4. 데이터 이전 절차 및 권장 사항

기존 게임 데이터를 기존 시스템에서 새 시스템으로 이전해야 하는 경우 두 가지 작업을 완료해야 합니다.

1) 데이터 동기화 작업으로 기존 시스템의 데이터를 새 시스템으로 전송
2) 데이터 동기화를 완료한 후 새 데이터의 보고 주소를 새 시스템으로 전환.

데이터 이전은 두 시스템 간의 전환을 포함하며, 새로운 시스템과 기존 시스템 사이에는 필연적으로 많은 차이가 있습니다. 따라서 데이터 이전을 수행할 때 다음 두 가

지 문제를 고려해야 합니다.

- 새로운 시스템과 기존 시스템의 데이터 구조 차이. 데이터 구조의 차이는 이전 시 데이터 변환의 복잡성과 작업량을 결정합니다. 데이터 구조의 차이가 클수록 데이터 변환작업이 더 복잡하고 더 많은 시간이 소요되며 문제가 발생하기 쉽습니다. 데이터에 오류가 발생하면 다시 전송해야 하므로 많은 시간과 노력이 낭비됩니다.
- 데이터 이전기간 동안의 시스템 사용 문제. 데이터 이전에는 일정 시간이 소요되므로 이전기간 동안 분석가가 데이터를 조회하고 분석하는 요구를 어떻게 충족시킬지 고려해야 합니다.

이 두 가지 문제에 대해 다음 두 가지 권장사항을 제시합니다.

- 데이터 이전 시 "작은 단계로 빠르게 실행"하는 방식을 채택합니다. 먼저 소규모 데이터로 새 시스템의 데이터 처리 논리를 검증합니다. 예를 들어 각 데이터 유형별로 하루 이틀 정도의 데이터만 전송하여 검증을 완료한 후 대량의 데이터를 가져옵니다. 이 방법을 통해 데이터 처리 논리를 빠르고 저렴하게 검증할 수 있어 이전 효율을 높일 수 있습니다.
- 데이터 이전기간 동안 시스템을 병렬로 사용하는 전략을 채택합니다. 즉 일정기간 동안 두 시스템을 병렬로 사용합니다. 이 기간 동안 새 시스템의 데이터 품질을 지속적으로 검증하고 기존 시스템에서 데이터를 계속 볼 수 있도록 합니다.

3.2.3 지표체계 구축

데이터 연동을 완료한 후 다음으로 해야 할 일은 지표체계를 구축하는 것입니다. 지표체계는 데이터 분석 시스템의 주요 모듈로, 게임 운영상황을 반영할 수 있는 모든 지표를 포함하는 완전한 지표체계가 되어야 합니다. 이에는 핵심 지표, 플레이 시스템 지표, 사용자 생태계 지표 및 이벤트 참여도 지표가 포함되지만 이에 국한되지는 않습니다.

지표체계를 기반으로 세분화 데이터 분석 시스템은 두 가지 중요한 기능을 제공할 수 있습니다. 첫 번째 기능은 지표 대시보드로, 지표 데이터를 시각화해 운영자가 게임의 최신 트렌드를 신속하고 직관적으로 파악할 수 있게 하고, 분석가가 핵심 정보를 한눈에 얻을 수 있게 합니다. 두 번째 기능은 모니터링과 경고로, 중요한 지표에 대한 임계값을 시스템에 설정하여 지표 데이터에 비정상적인 변동이 발생할 때 비즈니스 담당자가 즉시 통보 받아 신속하게 조치를 취할 수 있습니다. 제5장에서 지표체계 구축 방법에 대해 자세히 설명할 예정입니다.

3.3 세분화 분석 시스템의 심층 활용

세분화 분석 시스템은 지표 추가를 용이하게 하고, 사용자 분류 및 다양한 분석 차원을 지원합니다. 사실 핵심 지표를 보여주고 게임 생태계를 모니터링하는 것 외에도 더 복잡한 데이터 분석 작업을 완수하고 데이터 가치를 깊이 파고들 수 있습니다. 여기에서는 세분화 분석 시스템을 심도 있게 활용하는 두 가지 사례를 제시하여 독자들에게 일부 영감을 제공할 것입니다.

3.3.1 주제별 분석 및 탐색적 분석

게임 데이터 분석은 크게 두 가지 유형으로 나눌 수 있습니다. 특정 주제에 기반한 주제별 분석과 주제를 사전에 설정하지 않은 탐색적 분석입니다.

이름에서 알 수 있듯이, 주제별 분석은 구체적인 주제 중심으로 펼쳐지는 분석으로 게임의 새 버전 내용 검증, 이상 데이터 조사, 이미 출시된 이벤트의 효과 평가 등이 주제별 분석에 해당합니다. 분석 보고서 작성과정에서 분석가들은 데이터 분석 시스템을 빈번하고 심도 있게 사용하여 데이터 근거를 얻습니다. 세분화 분석 시스템의 유연한 드릴다운 분석 기능은 분석가에게 세심하고 독특한 분석 관점을 제공하여, 데이터 뒤에 숨겨진 사용자의 심리를 이해하고 분석의 정확도를 향상시키는 데에 도움을 줍니다. 제6장에서 세분화 분석 시스템이 어떻게 분석가가 보다 효율적이고 유연하게 주제별 분석을 수행할 수 있게 도와주는지 소개할 것입니다.

반면 탐색적 분석은 다소 낯설게 들릴 수 있습니다. 이는 탐색적 분석이 주로 커스텀 분석에 크게 의존하기 때문이며, 따라서 세분화 분석 시스템이 등장하기 전에는 탐색적 분석을 수행하기 어려웠습니다. 탐색적 분석은 주제를 사전에 설정하지 않지만 분석 목표는 매우 명확하며, 그것은 사용자의 활동성, 결제 및 이탈 뒤에 있는 진짜 이유를 찾아내고, 사용자가 게임을 하는 심리적 메커니즘을 이해하며, 게임 최적화의 단서를 얻는 것입니다. 제7장에서 탐색적 분석을 어떻게 수행하는지 살펴볼 것입니다.

3.3.2 데이터의 다양한 활용

데이터를 확인하고 비즈니스 문제를 해결하는 것 외에도 세분화 분석 시스템은 더 큰 가치를 발휘할 수 있습니다. 가장 흔한 예는 사용자에게 "태그"를 붙이는 것으로, 세분화 분석 시스템을 사용해 특정 특성을 지닌 사용자를 찾아내고, 이들 사용자에게 비즈니스 시스템 내에서 "태그"를 붙여, 운영진이 특정 "태그"가 붙은 사용자 그룹을 타겟팅하여 처리하거나 개입할 수 있게 합니다.

많은 MMORPG 게임팀이 이 방법을 사용해 공개 채팅 채널에서의 이상 사용자를 식별합니다. 세분화 분석 시스템에서 짧은 시간 내에 많은 발언을 하지만 핵심 게임 플레이에는 거의 참여하지 않으면서도 진행상황이 앞서 있는 사용자를 찾아내어 이들에게 "스팸 사용자" 태그를 붙이고, 운영진은 이들을 쉽게 차난하거나 계정을 정지시킬 수 있습니다. 또한 일부팀은 시스템에서 최근 몇 일간 게임 플레이 횟수가 크게 감소한 유료 사용자를 찾아내어 이들에게 "잠재 이탈 사용자" 태그를 붙이고, 이후 이들에게 문자 메시지 호출과 같은 개입 전략을 사용하여 다시 활성화할 수 있습니다.

데이터 분석 시스템을 업무그룹(예: 오피스 메신저, 슬랙 등)과 연동할 수도 있습니다. 예를 들어 시스템 내의 핵심 지표 데이터를 기반으로 주간 보고서와 일간 보고서를 생성하여 업무그룹에 게시함으로써 분석가는 핵심 데이터를 실시간으로 확인할 수 있고, 팀 구성원은 업무그룹 내에서 보고서에 포함된 데이터 문제에 대해 직접 논의하여 업무 효율성과 데이터 활용도를 높일 수 있습니다. 또한 지표 알림 기능을 업무그룹과 연동하여, 지표 데이터에 이상이 발생하면 운영진이 메신저에서 메시지를 받아 상황을 확인하고 즉시 조치를 취할 수 있습니다. 이러한 방식으로 데이터 분석을 비즈니스 프로세스와 더 잘 통합하여 다양한 직무의 팀 구성원 모두가 혜택을 받을 수 있습니다.

3.4 결론

이 장에서는 게임 데이터 분석 시스템이 어떻게 발전해 왔는지 그리고 어떻게 정교한 게임 데이터 분석 시스템을 구축할 수 있는지를 주로 다루었습니다. 다음 장에서는 TE 시스템의 주요 데모 데이터 플랫폼을 통해 세분화 분석 시스템이 어떻게 가치를 발휘하는지 자세히 설명하겠습니다.

제 2 부

게임 데이터 분석
구현 방법

게임 데이터 수집

데이터 수집은 데이터 분석의 기본입니다. 고품질 데이터가 없다면 아무리 정교한 분석 방법도 가치 있는 결론을 도출하기 어렵고 때로는 분석을 시작조차 할 수 없습니다. 인터넷 기술의 급속한 발전으로 게임 데이터의 생성 채널과 저장 방식이 다양해지고 있습니다. 데이터는 클라이언트로부터 직접 수집될 수도 있고 서버에서 생성될 수도 있습니다. 또한 데이터의 출처는 기업 내부에만 국한되지 않고, 서드파티 데이터도 높은 비즈니스 가치를 지니고 있습니다. 장면과 비즈니스의 다양성은 데이터 수집과 접근에 새로운 도전을 가져왔습니다.

이 장에서는 가치 있는 데이터를 완전하고 정확하며 합리적이고 규범적으로 수집하고 데이터 플랫폼에 통합하는 방법을 소개합니다.

4.1 개요

데이터 수집의 개념은 이해하기 쉽습니다. 즉 "다양한 접점을 통해 특정 사용자 행동 데이터를 수집하고 데이터 플랫폼으로 전송하는 과정"입니다. 자세한 설명은 다음과 같습니다:

- 접점은 사용자가 각종 행동 데이터를 생성하는 지점(예: 클라이언트, 서버 등)을 의미합니다. 각종 상황에서의 데이터는 그 자체로 특정한 가치를 가지며, 전체 접점 데이터의 통합은 데이터 수집 계획을 수립할 때의 핵심 초점입니다.
- 특정 사용자 행동을 강조하는 것은 사용자의 모든 행동 데이터를 수집할 필요는 없다는 의미입니다. 예를 들어, MOBA(멀티플레이어 온라인 배틀 아레나) 게임에서의 마우스 클릭 및 캐릭터 이동 데이터 같은 경우, APM(분당 액션 수)이 높은 사용자는 1초 내에 10번 클릭할 수 있습니다. 이러한 데이터는 대량의 저장 공간을 차지하며 후속 분석에 큰 가치가 없어 수집할 필요가 없습니다.
- 접점과 특정 사용자 행동을 결정한 후에는 데이터 수집 및 보고가 가능합니다. 데이터 수집은 트래킹을 통해 이루어질 수 있으며, 이는 인터페이스에 코드 조각을 배치하여 해당 코드가 표시하는 사용자 행동 데이터를 수집하고 데이터 플랫폼으로 패키지 보고하는 것입니다.

데이터 통합 후 비즈니스 시스템과 데이터 플랫폼이 연결되어 데이터를 비즈니스 시스템에서 사용할 수 있게 되어 비즈니스 현황을 반영할 수 있습니다. 데이터 통합을 통해 기업 내외부에 흩어져 있는 다양한 비즈니스 데이터를 수집하고, 전송 및 처리 후 특정 형식으로 데이터 플랫폼에 저장하여 후속 분석을 위해 사용할 수 있습니다.

후속 데이터 분석 요구를 충족하기 위해 데이터 수집 계획은 완전성, 실시간성, 협업성, 실행 가능성의 4가지 원칙을 따라야 합니다.

1. 완전성

데이터 수집 계획의 완전성은 비즈니스 측면의 완전성과 기술 측면의 완전성으로 나뉩니다. 비즈니스 측면의 완전성은 수집된 사용자 행동 데이터, 속성 데이터가 완전하며 후속의 다양한 분석 시나리오를 지원할 수 있음을 의미합니다. 기술 측면의 완전성은 모든 접점에서 수집된 데이터가 데이터 플랫폼으로 완전히 전송될 수 있으며 중간에 데이터 손실이 발생하지 않음을 의미합니다. 데이터가 수집, 전송, 변환 과정에서 손실되면 후속 데이터 분석에 점진적으로 누적되는 편향을 초래할 수 있습니다.

2. 실시간성

실시간성은 데이터 분석에서 가장 흔한 문제점 중 하나입니다. 실시간 데이터 수집은 데이터 분석의 시기적절성을 보장하는 주요 조건입니다. 데이터 수집 계획의 실시간성을 보장하기 위해서는 사용자 행동 데이터를 즉시 수집하고 가능한 낮은 지연 시간으로 데이터 서버로 전송해야 합니다. 동시에 이러한 데이터는 계산에 직접 사용될 수 있어야 하며, 데이터 분석 결과가 비즈니스에 시기적절한 지침을 제공할 수 있어야 합니다.

3. 협업성

협업성은 종종 간과되는 원칙입니다. 많은 기업의 데이터 수집 계획에서 트래킹 방안은 다른 팀이 각각 담당하고 있습니다. 예를 들어, 클라이언트팀은 클라이언트측 트래킹을, 서버팀은 서버측 트래킹을 담당합니다. 데이터 수집 접점이 다양한 경우, 각기 다른 접점을 담당하는 개발자들이 각자 해당하는 트래킹 작업을 완료함으로써 프로젝트팀 내에서 모든 트래킹을 통합 분석할 수 있는 사람이 없을 수 있습니다. 트래킹 계획이 아무리 완벽해도 데이터의 협업성 부족은 데이터 분석의 전체적인 관점을 결여하게 하며, 데이터의 활용성을 크게 저하시킬 수 있습니다.

4. 실행 가능성

데이터 수집 계획의 실행 가능성은 트래킹의 실행 가능성 및 복잡도와 관련이 있으며, 트래킹의 합리성(주로 "개발비용이 분석 가치를 초과하는" 트래킹 요구)을 신중히 고려해야 합니다. 일반적으로 데이터 분석의 우선 순위는 비즈니스보다 낮으며, 특정 데이터를 수집할 때 트래킹의 복잡도가 높고 심지어 핵심 비즈니스에 영향을 줄 수 있다면, 해당 계획은 실행 불가능한 것으로 간주될 수 있습니다.

예를 들어, 사용자 "수명주기" 속성 데이터를 수집하는 과정에서 로그인 이벤트 발생시 "사용자가 제품을 사용한 일수"를 수집하는 요구사항이 있습니다. 이 속성 데이터의 계산 로직은 간단하지만, 사용자가 1월 1일에 등록하고 1월 2일에 로그인하면 로그인 행동은 사용자 수명주기의 2일째에 발생합니다. "사용자가 제품을 사용한 일수"와 같은 데이터는 사용자 "수명주기" 속성 데이터를 매번 수집할 때마다 사용자의 등록 시간을 기준으로 계산되어야 하며, 실시간으로 서버로 전송되어야 합니다. 하지만 이러한 요구사항은 데이터 수집 단계에서 구현하기 어려우므로 실제로는 이러한 요구를 후속 데이터 처리, ETL, 데이터 분석 과정에서 해결할 수 있습니다.

4.2 일반적인 데이터 수집 방법

게임산업은 다른 산업에 비해 데이터가 훨씬 복잡하고 관련 부서와 인원도 많아 데이터 수집 작업이 종종 더 많은 도전을 안고 있습니다. 데이터 분석의 첫 단계로서 데이터 수집 작업의 질은 데이터 분석의 효율성과 깊이를 결정짓습니다. 게임 데이터 분석에서 일반적으로 사용되는 데이터 수집 방법에는 클라이언트측 수집, 서버측 수집, 하이브리드 수집, 서드파티 플랫폼 연동 등이 있습니다.

4.2.1 클라이언트측 수집

클라이언트측 수집은 스마트폰, 태블릿, PC 등 사용자의 장치에서 데이터 수집을 완료하는 것을 말합니다. 클라이언트측 수집에는 다양한 플랫폼과 장치 유형이 관련되어 있으며, 여러 종류의 모바일 장치, 브라우저, 미니 게임 플랫폼 등을 포함합니다. 플랫폼의 다양성은 클라이언트 데이터 수집의 복잡성과 실행 비용을 크게 증가시킵니다. 일반적으로 다양한 SDK를 통해 해당 데이터 수집을 완료할 수 있습니다. 게임엔진에 개발된 데이터 수집 SDK는 크로스 플랫폼 데이터 트래킹 배치를 잘 지원하여 데이터 수집 비용을 크게 줄일 수 있습니다.

클라이언트측 수집의 가장 큰 장점은 사용자 장치와 관련된 정보를 직접 얻을 수 있다는 것입니다. 예를 들어, 장치의 광고 ID, 네트워크 상태, 장치 모델, 화면 크기 등의 데이터입니다. 또한 사용자 작업과 관련되어 있지만 서버와의 상호 작용을 필요로 하지 않는 데이터는 클라이언트에서만 수집할 수 있습니다. 예를 들어, 운영진이 이벤트를 온라인에 올렸고 사용자가 이벤트 페이지를 탐색하고 도달했지만 참여하지 않았을 경우, 페이지 탐색은 서버와 직접 상호 작용하지 않으므로 해당 행동의 데이터는 클라이언트에서만 수집할 수 있습니다.

클라이언트측 수집의 단점도 명확합니다.

1) 데이터 누락 문제를 피할 수 없습니다. 앞서 언급했듯이 데이터 수집은 핵심 비즈니스가 아니므로 네트워크 등의 이유로 데이터 보고가 실패하면 클라이언트는 끝없이 기다리거나 재시도할 수 없습니다. 따라서 클라이언트측 수집은 데이터의 완전성을 100% 보장할 수 없습니다.

2) 클라이언트 환경의 다양성으로 인해 "쓰레기 데이터"(원본 시스템에서 지정되지 않은 범위의 데이터, 비즈니스 측면에서 의미 없는 데이터, 형식이 부적합한 데이터, 또는 소스 시스템의 비표준 코딩 및 모호한 비즈니스 논리로 인해 사용하기 어려운 데이터)가 쉽게 발생할 수 있습니다. 예를 들어, 어떤 사용자가 레벨업이나 선물 패키지의 시간을 빠르게 갱신하기 위해 클라이언트의 로컬 시간을 소성할 경우, 이로 인해 데이터 수집 과정에서 시간 순서가 엉키는 현상이 발생할 수 있습니다. 이를 서버 시간으로 교정할 수는 있지만 이는 개발의 복잡성과 작업량을 증가시킵니다.

4.2.2 서버측 수집

서버측 데이터 수집은 서버측 SDK나 데이터 수집 도구를 통해 비즈니스 데이터베이스의 데이터나 로그 데이터를 데이터 플랫폼으로 가져오는 것을 말합니다. 서버측 접근의 가장 큰 장점은 데이터의 정확도를 100% 보장할 수 있다는 것입니다. 비즈니스 데이터베이스의 데이터와 로그 데이터는 이론적으로 완벽하게 일대일 대응합니다.

또한 서버측은 보다 포괄적인 비즈니스 데이터를 수집할 수 있습니다. 예를 들어, 어떤 게임의 운영 이벤트는 해당일 24:00에 수치 결산을 진행하며, 1등 사용자는 10,000개의 금화, 2등은 5,000개의 금화, 3등은 1,000개의 금화를 받게 됩니다. 결산은 서버측에서만 수행될 수 있으며, 클라이언트측에서 결산을 진행할 경우 사용자가 게임 앱을 열지 않는다면 획득한 금화 데이터는 보고되지 않습니다. 어떤 의미에서 서버측은 "신"의 관점에서 비즈니스 데이터를 보다 포괄적으로 수집하며, 더 깊이 있는 정보를 제공한다고 할 수 있습니다.

하지만 서버측 데이터 수집에도 단점이 있습니다.

1) 사용자 단위의 행동 흐름을 수집하기 어렵습니다. 예를 들어, 어떤 이벤트에 3개의 입구가 있고 사용자가 세 번째 입구를 통해 이벤트 페이지에 들어간 경우, "입구3을 통해 이벤트 페이지에 진입"하는 것은 단일 사용자의 행동 흐름에 속합니다. 단일 사용자의 행동 흐름 데이터는 일부 분석 상황에서 핵심 행동에 대한 보다 포괄적인 맥락 정보를 제공할 수 있습니다. 그러나 많은 행동 흐름 데이터는 서버와의 상호작용을 포함하지 않기 때문에 클라이언트측에서만 수집될 수 있습니다.

2) 서버는 동시에 수십만 혹은 그 이상의 사용자 요청을 처리해야 하며, 모든 데이터를 서버 측에서 수집하게 되면 상당한 성능 부하를 초래할 수 있습니다. 일부 성능 부하를 클라이언트 측으로 옮겨서 처리하는 것은 개발팀이 선호하는 방식입니다.

4.2.3 하이브리드 수집

앞서 언급한 바와 같이, 서버측과 클라이언트측 데이터 수집은 각각 적합한 시나리오가 있습니다. 게임 데이터를 수집할 때 대부분의 경우 클라이언트와 서버가 협력하여 사용자의 행동 경로를 완전히 포착할 수 있도록 해야 합니다. 실제로 클라이언트와 서버가 혼합하여 데이터를 수집하는 방식이 더 널리 적용됩니다. 다음으로 우리는 혼합 접근 방식의 시나리오를 논의하기 위해 두 가지 사례를 사용할 것입니다.

첫 번째 사례는 사용자가 이벤트에 참여하여 결제를 완료하는 시나리오입니다. 그림 4.1에서 보듯이, 사용자가 게임 상점에 진입하면 이벤트 팝업에서 950원짜리 슈퍼 밸류 패키지를 보게 되며, 사용자는 팝업을 클릭하여 이벤트 페이지를 열고 이벤트에 참여한 후 결제를 완료합니다.

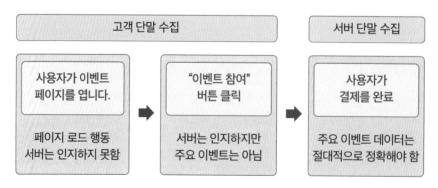

그림 4.1 사용자가 이벤트에 참여하여 결제를 완료하는 과정

이 과정에서 사용자가 이벤트 페이지를 여는 것은 페이지 로딩을 유발할 뿐이며, 일반적으로 서버와의 상호작용이 필요하지 않습니다. 사용자가 페이지를 열고 "이벤트에 참여하기" 버튼을 클릭하면, 서버는 결제 인터페이스의 팝업 또는 결산 작업을 통해 사용자의 이벤트 참여 행동을 인지할 수 있습니다. "이벤트에 참여하기" 버튼을 클릭하는 것은 핵심 이벤트가 아니며, 대부분의 경우 클라이언트측에서 이러한 유형의 이벤트 관련 데이터를 수집할 수 있습니다. 핵심 이벤트는 신규 사용자 수, 활성도, 결제율 등의 거시적 지표를 반영하며, 서버측에서 수집되어야 합니다. 이벤트에 참여한 후 일부 사용자는 "결제" 버튼을 클릭하여 결제를 완료합니다. "결제완료"는 게임수입 평가, 광고채널 평가, 제3자 데이터 대조 등의 작업에 직접적인 영향을 미치는 핵심 활동이므로, 데이터 정확성을 보장하기 위해 서버측에서 이 이벤트 데이터를 수집하는 것이 가장 좋습니다.

두 번째 사례는 사용자가 경기장 이벤트에 참여하고 시스템이 결산을 수행하는 시나리오입니다. 그림 4.2에서 볼 수 있듯이 사용자는 경기장 페이지에 진입하고 경기장 전투를 시작하는 등의 행동을 합니다. 동시에 시스템은 매일 24:00에 주기적인 자동 결산을 시작하여 당일 경기장 순위에 따라 사용자에게 해당하는 아이템과 보상을 지급합니다.

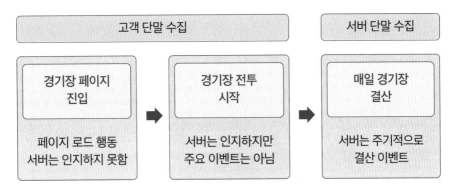

그림 4.2 사용자가 경기장 이벤트에 참여하는 데이터 수집

경기장 결산은 서버에서 정기적으로 시작하는 작업으로 서버에서 대량으로 생성되므로 데이터 수집은 서버를 통해서만 완료될 수 있습니다. 반면에 경기장 페이지 진입과 경기장 전투시작 등의 행동 데이터 수집은 클라이언트 측에서 이루어질 수 있어 서

버의 부담을 줄일 수 있습니다.

4.2.4 서드파티(3rd Party) 플랫폼 연동

게임 내에서 생성되는 데이터(클라이언트 및 서버측에서 접근한 데이터 포함) 외에도, 많은 경우에는 더 포괄적인 데이터 분석을 위해 서드파티 플랫폼의 데이터를 통합할 필요가 있습니다. 게임업계에서 흔히 볼 수 있는 서드파티 플랫폼 데이터에는 마케팅 관련 데이터가 포함되며, 이러한 데이터에는 서드파티 귀속 플랫폼의 채널 귀속 데이터, 미디어 채널의 노출 데이터, 광고 수익화 플랫폼의 수입 데이터 등이 포함됩니다. 일반적인 서드파티 플랫폼은 그림 4.3에서 보여집니다.

그림 4.3 일반적인 서드파티 플랫폼

서드파티 플랫폼 데이터를 접근한 후에는 사용자의 출처 채널, 광고비용, 광고 실현 수입 등의 데이터를 사용자의 게임 내 행동 데이터와 함께 분석할 수 있습니다. 예를 들어, 비용과 수입 데이터를 바탕으로 사용자의 LTV(고객 생애 가치)와 전체 ROI(투자대비 수익) 지표를 계산할 수 있으며, 이를 통해 다양한 채널의 사용자 가치를 비교 분석하여 광고 효과나 광고소재의 효과를 평가할 수 있습니다.

서드파티 플랫폼 데이터는 세부 데이터와 집계 데이터 두 가지 유형으로 나뉩니다. 일부 플랫폼은 사용자 수준의 세부 데이터를 제공할 수 있으며, 사용자 식별 ID를 통해 이러한 데이터를 게임 제작사 데이터 플랫폼 내의 사용자 데이터와 연결하여 다양한 지표를 유연하게 구축할 수 있습니다. 그러나 많은 경우 서드파티 플랫폼은 집계 데이터만을 제공합니다. 예를 들어, 많은 플랫폼은 광고 캠페인 수준의 비용 데이터만 제공하며 광고 노출 행위의 세부 데이터는 제공하지 않습니다. 이럴 때는 데이터 플랫폼 내에서 특정 방법을 사용하여 집계 데이터를 해당 광고 캠페인을 통해 활성화된 게임 사용자에게 배분하여 후속 분석을 위한 구매 비용을 용이하게 합니다.

4.3 데이터 수집 방안 지정

데이터 수집 과정에서 데이터의 구조, 데이터 수집 절차, 접근한 데이터의 범위와 규모, 그리고 연구개발 및 운영유지에 대한 데이터 규격과 표준 등에 대해 더 깊이 이해할 필요가 있습니다. 게임에 완벽한 데이터 수집 계획을 어떻게 마련할까요? 우선 명확한 목표를 설정해야 하며, 이를 통해 요구사항 문서를 보다 전반적으로 설계하여 후속 데이터 분석 작업의 효율을 높이고, 데이터 보고 및 저장 과정에서의 의사소통 문제 등을 피할 수 있습니다. 그 다음으로 데이터 관리 계획을 명확히해서 데이터가 구체적인 분석 요구를 만족시키도록 해야 합니다. 마지막으로, 데이터 트래킹을 계층화하고 각 계층별로 데이터 트래킹 계획을 실행해야 합니다.

4.3.1 데이터 수집 방안의 접근점

데이터 수집 접근 방안을 수립할 때 첫 단계는 명확한 목표를 설정하는 것입니다. 후속 작업에 착수하기 전에 데이터가 해결할 문제와 그 문제의 중요성에 대해 깊이 고민해야 합니다. 목표가 명확하지 않으면 수집된 데이터가 분석 요구를 충족하지 못해 나중에 조정이 필요할 수 있습니다. 이는 추적 비용을 증가시킬 뿐만 아니라, 추적 구현에 시간이 걸려 비즈니스 성장에도 부정적인 영향을 미칠 수 있습니다. 데이터 수집 접근방안 수립 과정에서 가장 중요한 부분은 추적 계획을 마련하는 것이므로 이후의 내용은 주로 추적 계획을 예로 들어 설명하겠습니다.

데이터 수집 접근 방안을 마련할 때는 비즈니스 목표와 사용자 두 가지 관점에서 접근할 수 있습니다.

1. 비즈니스 목표 관점에서 접근

비즈니스 목표 관점에서 접근한다는 것은 먼저 비즈니스상의 데이터 분석 목표를 명확히 설정한 다음, 해당 목표를 기반으로 지표를 세분화하고 필요한 데이터 유형을 단계적으로 결정하는 것을 의미합니다. 데이터 수집 접근 방안의 설계는 기술적 능력보다는 비즈니스 역량과 데이터 사고력을 평가합니다. 비즈니스 목표가 명확할수록 수집되는 데이터의 질이 높아지며, 추적 기술과 방법은 데이터 질에 상대적으로 적은 영향을 미칩니다.

다음 예시를 통해 비즈니스 목표 관점에서 데이터 추적 계획을 어떻게 수립하는지 설명하겠습니다. 이 사례의 비즈니스 목표는 "신규 사용자 경험 최적화"이며, 추적 계획의 구체적인 사고 과정은 그림 4.4에 나타나 있습니다. 이 사례에서는 "신규 사용자 경험 최적화"라는 핵심 비즈니스 목표를 신규 사용자의 첫날 핵심 지표, 신규 사용자 교육 전환율, 신규 사용자 레벨 클리어 상황 등 3개의 주요 차원으로 세분화한 후각 차원에 대해 관련된 핵심 이벤트와 속성을 구체적으로 분석합니다. 이처럼 상위 목표를 하위로 분해하는 과정을 통해 비즈니스 목표를 구체적인 핵심 속성에 "착륙시키고", 이를 바탕으로 추적 계획을 수립합니다.

일반적으로 사용자 행동 이벤트의 원인과 결과는 매우 중요하며, 데이터 수집 단계에서 가능한 많은 데이터 체인을 수집하여 후속 분석에 더 많은 유연성을 제공해야 합니다. 따라서 핵심 속성 외에도 게임 내 일반 속성 데이터(예: 사용자의 유입 경로, 서버, 캐릭터 직업 등)도 기록해야 합니다. 이러한 일반 속성은 대부분의 사용자 행동 이벤트와 관련이 있으며, 사용자가 행동할 때의 핵심 상태나 맥락을 보여줍니다. 이 일반 속성은 모든 이벤트에서 기본적으로 수집해야 하며, 추적 설계 과정에서 통합적으로 처리할 수 있습니다.

비즈니스 목표 관점에서 후속 추적계획을 설계하려면 비즈니스에 대한 깊은 이해가 필요합니다. 그러나 실제로 추적을 구현할 때는 비즈니스 목표와 해당 지표를 모두 포괄하기 어려운 경우가 많습니다. 이때 사용자 관점에서 접근해 설계를 보완할 필요가 있습니다.

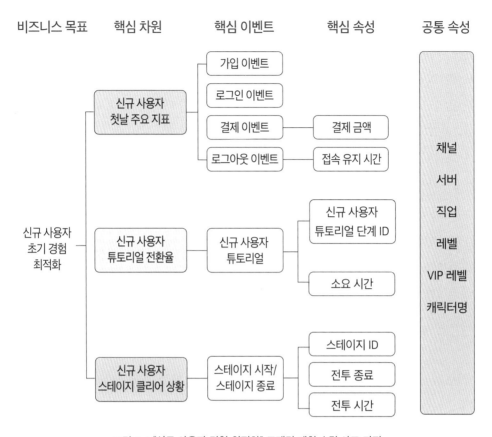

비즈니스 목표　핵심 차원　핵심 이벤트　핵심 속성　공통 속성

그림 4.4 "신규 사용자 경험 최적화" 트래킹 계획 수립 사고 과정

2. 사용자 관점에서 접근

　사용자 관점에서 접근하는 방법은 하위에서 상위로의 설계 사고방식을 채택합니다. 비즈니스 목표가 완전히 확정되지 않았을 때, 사용자 관점에서 고려하여 후속 분석 시나리오에서 사용할 수 있는 데이터를 수집할 수 있습니다. 데이터 수집 접근방안은 실행 가능해야 하며, 비즈니스 목표가 아무리 명확해도 실행 가능성이 없다면 의미가 없습니다. 사용자 관련 이벤트는 사용자 주도 이벤트와 사용자 수동 이벤트 두 가지로 나눌 수 있습니다. 사용자 주도 이벤트는 사용자가 상황에 따라 결정을 내린 후 주도적으로 발생시키는 이벤트입니다. 사용자 수동 이벤트는 시스템이 트리거하는 사용자 관련 이벤트로, 주로 사용자의 주도적 행동에 대한 시스템의 피드백 이벤트입니다.

　사용자 주도 이벤트의 경우 명시적 속성과 암시적 속성에 주목해야 합니다. 예를 들어, 경기장 도전 이벤트를 살펴보면, 명시적 속성은 게임 인터페이스에서 확인할 수 있는 게임플레이 관련 속성입니다. 명시적 속성은 사용자가 행동 결정을 내리기 전에 시스템이 경기장의 다른 사용자에 대해 기록하는 정보입니다. 이러한 기록된 명시적 속성(예: 상대방의 레벨, 상대방 팀 구성, 도전 성공시 보상 등)을 바탕으로 사용자는 "이 상대와 대결하겠다"는 결정을 내립니다. 사용자가 결정을 내릴 때의 명시적 속성을 기록해 두면, 나중에 사용자가 경기장에 참여한 이유, 경기장을 좋아하는 이유 또는 경기장 도전으로 인해 이탈한 이유 등을 분석할 때 중요한 데이터 근거로 활용할 수 있습니다.

암시적 속성은 이벤트 상황에서 명확히 드러나지 않지만, 사용자의 결정에 영향을 미치는 관련 속성입니다. 예를 들어, 경기장 인터페이스에서는 사용자가 보유한 영웅의 속성과 전투력 값을 보여주지 않지만, 사용자는 이러한 정보를 바탕으로 경기장 참여 여부와 영웅의 출전 순서 등을 결정합니다. 이러한 속성도 미래 분석에 매우 유용한 참고자료가 됩니다. 사용자 주도 이벤트의 경우 명시적 속성과 암시적 속성을 결합해야 사용자가 결정을 내린 상황을 완전히 설명할 수 있습니다.

사용자 수동 이벤트는 다음과 같이 세 가지 유형으로 나눌 수 있습니다:

- 피드백형 이벤트: 사용자의 행동에 대한 시스템의 피드백으로, 예를 들어 결제 성공, 아이템 획득 등이 있습니다.
- 결산형 이벤트: 이벤트 결과를 결산하는 이벤트로, 예를 들어 경기장 순위 결산 등이 있습니다.
- 수동 수신형 이벤트: 다른 사용자가 트리거한 이벤트로, 예를 들어 사용자가 경기장에서 다른 사용자에게 공격받는 경우입니다.

수동 이벤트는 사용자의 특정 행동과 직접 연관되지 않을 수 있으므로 클라이언트 측에서 데이터를 수집하기 어렵습니다. 예를 들어, 사용자가 경기장에서 다른 사용자에게 공격당할 때 시스템은 사용자의 이벤트를 트리거하지만, 그 시점에 사용자가 게임에 로그인하지 않았을 수 있습니다. 수동 이벤트의 데이터는 일반적으로 서버측에서 수집되며 해당 이벤트를 사용자 ID와 연결합니다.

비즈니스 목표 관점과 사용자 관점에서 추적계획을 설계하는 두 가지 방법은 각각 장단점이 있으며, 그 비교는 표 4.1에서 확인할 수 있습니다.

표 4.1 비즈니스 목표 관점 vs. 사용자 관점

	비즈니스 목표 관점에서 접근	사용자 관점에서 접근
방식	게임의 현재 핵심 비즈니스 목표와 주요 차원에서 시작하여 해당 이벤트와 속성으로 세분화	사용자의 게임 내 결정행위 및 결정결과를 기반으로 완전한 추적 계획을 설계
장점	추적 목표가 명확하며 데이터의 유용성이 높음	사용자 행동의 원인과 결과 데이터를 모두 수집하여 후속 작업에서 효과적으로 활용 가능
단점	수집된 데이터의 확장성이 낮아 과거 데이터에서 속성이 누락될 가능성 있음	구현시 작업량이 많고, 수집된 데이터 중 불필요한 정보가 포함될 수 있음

비즈니스 목표를 기반으로 설계된 데이터 수집 접근 방식은 수집된 네이터의 높은 품질을 보장하며, 즉각적인 비즈니스 분석에 활용될 수 있습니다. 그러나 비즈니스 목표를 완전히 파악하기 어렵고, 게임 버전이 반복적으로 업데이트됨에 따라 목표가 변할 수 있습니다. 이러한 변화에 대응하기 위해서는 사용자 관점에서 접근하여 설계된 데이터 수집 방안을 통해 데이터를 보완하고 완성하는 것이 중요합니다.

실제 실행과정에서는 일반적으로 비즈니스 목표에 따라 우선적으로 분석할 모듈을 선정합니다. 예를 들어, 신규 사용자 경험을 분석하려면 신규 사용자 가이드, 초기 레벨, 게임 플레이 등의 모듈에 주목해야 합니다. 그 다음 각 분석 모듈에 따라 핵심 이벤트를 설정합니다. 이와 동시에 특정 레벨에서 사용자가 행동을 결정할 때의 명시적 속성과 암시적 속성에 주목하여 사용자 행동에 영향을 미칠 수 있는 정보를 기록합니다. 이를 통해 이중 차원의 분석체계를 구축할 수 있습니다. 비즈니스 목표와 사용자 관점에서 설계된 추적계획은 상호 보완적입니다. 이 방법으로 수집된 데이터는 즉시 사용 가능할 뿐만 아니라 이후 요구 사항을 충족하지 못하는 상황을 방지할 수 있습니다.

비즈니스 목표에 기반한 데이터 수집 방안을 설계하면 수집된 모든 데이터가 높은 품질을 유지하며, 즉각적인 비즈니스 분석에 활용될 수 있습니다. 그러나 비즈니스 목표는 완전히 예측하기 어렵고, 게임 버전의 반복적인 업데이트에 따라 변화할 수 있기 때문에 사용자 관점에서 설계방안을 보완하는 것이 데이터를 더욱 완성시킬 수 있습니다.

실제 실행과정에서는 보통 비즈니스 목표에 따라 주요 분석 모듈을 우선적으로 결정합니다. 예를 들어, 신규 사용자의 경험을 분석하려면 튜토리얼, 초기 레벨, 게임 플레이 등의 모듈에 주목해야 하며, 각 분석 모듈에 따라 중요한 이벤트를 설정합니다. 동시에, 사용자가 특정 레벨을 진행할 때의 명시적 속성과 암시적 속성에 주목하여, 사용자 행동 결정에 영향을 미치는 정보를 기록하고, 이를 바탕으로 이중 차원의 분석 체계를 구축합니다. 이와 같이 설계된 이벤트 태그는 비즈니스 목표와 사용자 두 가지 관점에서 상호 보완적이며, 수집된 데이터는 즉시 사용 가능할 뿐만 아니라, 이후 요구 사항을 충족하지 못하는 상황을 방지할 수 있습니다.

4.3.2 데이터 관리 방안의 명확화

데이터 수집 접근방법을 설계할 때 우리는 먼저 비즈니스 목표를 바탕으로 중점 분석 모듈을 정의하고, 이를 통해 자연스럽게 필요한 사용자 행동 이벤트를 파악합니다. 이 과정에서 사용자 관점에서 접근하여 사용자 행동에 영향을 미치는 데이터를 수집하는 것이 전체 계획의 보완이 됩니다. 이번 섹션에서는 데이터 수집 접근방안의 실행 세부사항, 즉 데이터 관리에 대해 더 자세히 설명합니다. 사용자 행동 이벤트 데이터를 완전하고 정확하게 설명하기 위해 우리는 4W1H 프레임워크(Who, When, Where, What, How)를 사용하여 데이터를 기술합니다. 아래 그림 4.5에서 볼 수 있듯이 이 프레임워크는 사용자 행동 이벤트 데이터를 표현하는 데 유용합니다.

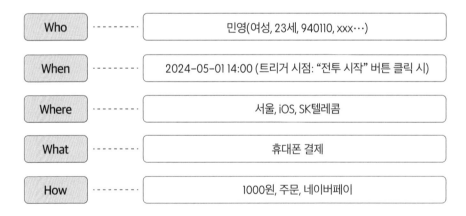

그림 4.5 4W1H 프레임워크를 사용한 사용자 행동 이벤트 데이터 설명

일반적으로 사용자 행동 이벤트 데이터는 다음과 같은 차원의 정보를 포함합니다:

- Who(누가): 이벤트의 주체. 일반적으로 특정 캐릭터나 계정을 의미하며 캐릭터 ID나 계정 ID로 식별합니다. 이벤트 주체와 관련된 정보에는 성별, 신분증 번호, 나이, 지역, 출신 등 수집 가능한 모든 속성 데이터가 포함될 수 있습니다.
- When(언제): 이벤트가 발생한 시간. 실제 물리적 시간 뿐만 아니라 해당 이벤트의 트리거 시점도 중요합니다. 예를 들어, "전투시작"이라는 행동이 "전투시작" 버튼을 클릭하는 순간 트리거됩니다. 시간 정보를 수집할 때는 장치 시간의 신뢰성과 다양한 시간대에 대한 일관성을 고려해야 합니다.
- Where(어디서): 사용자의 지리적 위치, 사용중인 장치 및 네트워크, 어떤 화면으로 게임을 플레이했는지를 의미합니다.
- What(무엇을): 사용자가 수행한 행동. 예를 들어 결제, 전투시작, 로그인 등이 이에 해당합니다.
- How(어떻게): How는 위의 4W를 더 세분화하여 설명하는 부분으로 이벤트의 속성을 나타냅니다. 예를 들어, 사용자가 결제한 후 해당 결제 이벤트 하에 결제 금액, 주문 번호, 결제 채널 등의 정보가 이에 해당합니다.

4W1H 프레임워크를 통해 우리는 사용자 행동 이벤트 데이터에 포함되어야 할 요소를 잘 이해할 수 있습니다. 여기서 중점적으로 연결되는 네 가지 핵심 요소는 이벤트, 이벤트 속성, 트리거 시점, 그리고 사용자 속성입니다.

1. 이벤트와 이벤트 속성

이벤트와 이벤트 속성 두 개념은 혼동하기 쉽습니다. 예를 들어, "900원 결제"를 이벤트로 취급하여 데이터를 수집하고 기록하는 것은 게임 내용과 버전이 단기간 내에 변하지 않는다면 실행 가능한 방법입니다. 그러나 이러한 데이터 수집방법은 현재 상황에만 집중되어 있어 미래를 위한 확장성이 부족합니다. 만약 미래에 게임 내 결제 금액 구간이 2천 원, 4천 원, 2만 원 등으로 확장된다면, 추가적인 결제 이벤트를 도입해 데이터 수집을 보완해야만 합니다.

사용자가 결제 금액을 커스텀할 수 있는 상황에서는 데이터 수집을 어떻게 설계해야 할까요? 명백히 "이벤트"와 "이벤트 속성"을 결합하여 데이터 수집하는 것은 데이터 이해와 관리의 비용을 증가시키며, 미래에 모든 결제 이벤트를 함께 분석하고자 할 때 어려움을 겪을 수 있습니다.

이러한 상황에서는 "이벤트"와 "이벤트 속성"을 명확히 구분할 필요가 있습니다. 전자는 사용자가 무엇을 했는지를 설명하고, 후자는 이벤트 발생시의 상황 정보를 기록합니다. 위의 예시에서는 "결제" 행위를 이벤트로 기록하고, "결제금액"이라는 속성을 사용하여 결제된 금액을 표현하는 것이 올바른 방법입니다. 이 경우 "결제금액" 속성의 값은 900원입니다.

2. 트리거 시점

트리거 시점은 실제 환경에서 종종 간과되기 쉬운 데이터 수집 요소입니다. 통계적 관점과 데이터의 완전성 측면에서 보면, 트리거 시점은 이후 분석에 중요한 영향을 미칩니다. 예를 들어, "이벤트참여" 이벤트가 사용자가 이벤트 페이지를 탐색할 때 트리거되는지, 아니면 사용자가 이벤트를 완료했을 때 트리거되는지에 따라 해당 이벤트와 관련된 일련의 분석 로직과 분석 결론에 영향을 미칩니다. 또 다른 예로, "레벨 시작"과 "레벨 종료"와 같이 레벨과 관련된 이벤트가 있으며, 레벨 내에는 여러 "레벨 전투" 이벤트가 있습니다. 후속 분석에서 더 세분화한 분석을 진행할 수 있도록 하기 위해 사용자가 레벨을 종료할 때만 이벤트를 기록하는 것이 아니라, 사용자가 레벨에 진입하고 레벨 내에서 전투를 시작할 때 각각 관련 이벤트를 기록해야 합니다. 이렇게 수집된 데이터는 더 완전합니다.

3. 사용자 속성

이벤트와 관련된 내용 뿐만 아니라 사용자의 상태와 관련된 속성도 기록해야 합니다. 이들은 사용자의 특징을 설명합니다. 이벤트 속성은 이벤트와 관련된 상황 정보를 기록하는 반면, 사용자 속성은 사용자와 관련된 상태 정보를 기록합니다. 일반적으로 사용자 속성은 자주 변하지 않습니다. 예를 들어, 사용자의 생일, 성별과 같은 사회적 속성과 사용자의 출처 채널, 등록 시간, 현재 레벨과 같은 게임 내 속성 등이 있습니다. 사용자 속성은 단독으로 분석하여 사용자의 특징과 프로필을 이해하는데 도움을 줄 수 있으며, 이벤트와 함께 연관 분석 및 비교 분석에도 사용될 수 있습니다.

실제로 이 4가지 핵심 요소는 이벤트와 사용자 두 가지 큰 범주로 나눌 수 있으며, 데이터를 저장할 때는 이 두 범주에 중점을 둡니다. 이벤트와 이벤트 속성은 이벤트

테이블에 저장되어 사실 데이터를 기록하며, 사용자 속성은 사용자 테이블에 저장되어 사용자의 특징을 설명합니다.

사용자 테이블과 이벤트 테이블을 기반으로 하여 특정한 거시적 지표에만 초점을 맞추는 것 뿐만 아니라 다차원 교차 분석을 손쉽게 수행할 수 있습니다. DAU, ARPU, LTV, ROI, 다음 날 잔존율 등의 거시적 지표는 현재 무슨 일이 일어났는지를 더 설명합니다. 만약 왜 그런 일이 일어났는지를 더 깊이 분석하려면, 데이터를 수집할 때 표준화된 데이터 관리 계획을 수립하여 수집된 데이터를 나중의 세부 분석과 비교 분석에 사용할 수 있게 해야 합니다.

4.3.3 데이터 수집 계획의 계층화

4.3.2에서는 어떤 데이터를 수집할지, 데이터의 구조와 데이터 관리 방법에 대해 자세히 설명했고, 여기에서는 실제로 데이터 수집을 어떻게 실행할지에 대해 더 자세히 다룹니다. 많은 팀이 모든 데이터의 수집 계획을 한 번에 설계하고 데이터 플랫폼에 연동하길 원하지만, 실제로는 비즈니스가 항상 변화하고 비즈니스 목표도 지속적으로 조정되기 때문에 데이터 수집계획은 한 번에 완성될 수 없으며 지속적으로 반복되고 점진적으로 개선될 수밖에 없습니다.

데이터 수집계획을 설계할 때는 사용자가 게임에서 하는 모든 행동을 중요성과 특성에 따라 계층화해야 합니다. 그런 다음 행동의 계층화를 바탕으로, 비즈니스의 발전 상황을 고려하여 점차적으로 데이터 수집계획을 개선하고 데이터를 연동해야 합니다. 실제로 사용자 행동을 핵심행동, 생태행동, 주변행동 등 3가지 범주로 나눌 수 있으며, 이 3가지 행동의 데이터 수집은 데이터 수집계획에서 3개의 계층에 해당됩니다.

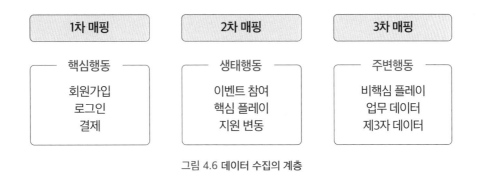

그림 4.6 데이터 수집의 계층

1. 1단계 데이터 수집

1단계 데이터 수집은 사용자가 게임에서 하는 핵심행동에 해당하며 우선적으로 수행해야 할 작업입니다. 이는 모든 후속 작업의 전제이며, 최종 비즈니스 요구사항이 어떻게 변하든 사용자의 핵심행동은 데이터 분석의 전제와 기반이 되므로 사용자의 핵심행동에 대한 데이터 수집을 반드시 완료해야 합니다. 예를 들어, 어떤 유형의 게임이든 신규 사용자 수, 활성도, 결제율은 가장 기본적으로 주목해야 할 지표이며, 이와 관련된 사용자 행동인 등록, 로그인, 결제 등이 핵심행동입니다.

2. 2단계 데이터 수집

2단계 데이터 수집은 사용자의 생태행동에 해당합니다. 생태행동은 최종 결과 데이터와 관련된 일련의 사용자 행동을 말합니다. 예를 들어, "결제"라는 결과에는 사용자가 게임 운영 이벤트에 참여하거나, 핵심 게임 플레이를 체험하고, 리소스 변동과 같은 사건이 연관될 수 있습니다. 바로 이러한 사용자의 핵심 게임 플레이 및 운영 이벤트에서 발생하는 일련의 행동이 최종적으로 "결제"를 유발하기 때문에 생태행동 데이터를 완전히 수집하는 것만이 특정 지표 변동의 원인을 구체적으로 분석할 수 있게 합니다.

3. 3단계 데이터 수집

마지막으로 고려해야 할 것은 주변행동으로, 이를 3단계 데이터 수집으로 설계하고 실행해야 합니다. 사용자의 주변행동에 대한 데이터 수집은 앞서 언급한 두 범주의 행동 데이터 수집을 보완하며, 주로 이전 두 단계의 데이터를 더욱 설명하고 완성하는데 목적이 있습니다. 주변행동 데이터는 중요하지 않은 것이 아니라, 앞서 언급한 핵심 지표 및 핵심 게임 플레이 분석과 결합될 때 더 높은 분석 가치를 지닙니다. 예를 들어, 제3의 데이터 소스로부터 사용자의 출처를 표시할 수 있지만, 다른 출처 채널의 사용자가 게임에서 어떻게 행동하는지를 결합 분석할 때 비로소 분석 가치가 생깁니다.

데이터 수집 계층화 후 우선순위에 따라 각 계층의 데이터 수집계획을 결정할 수 있습니다. 사용자의 핵심행동 데이터 수집 설계를 우선 고려하고, 사용자의 핵심행동 데이터 수집이 트리거될 때 해당 이벤트와 이벤트 속성 데이터를 수집합니다. 각 핵심행동에 대해 관련된 생태행동을 고려하고, 마지막으로 다른 연관 데이터를 데이터 플랫폼에 연동하는 방법을 고려합니다.

4.4 데이터 관리

데이터 수집계획을 완성한 후에는 실제로 데이터 수집을 실행할 수 있습니다. 데이터 수집을 실행하고 이후 데이터를 이용한 비즈니스 분석 과정에서 데이터 관리는 매우 중요합니다.

먼저 데이터 수집은 유지 관리가 필요합니다. 외부 요구사항의 변경으로 기존의 데이터 수집 포인트가 조정되거나 중단될 수 있으며, 게임에 새로운 특징이 추가될 때 새로운 데이터 수집 요구가 발생할 수 있습니다. 데이터 플랫폼을 처음 구축할 때부터 데이터의 정의, 유형, 의미를 명확히 하고 메타데이터 관리 계획을 수립해야 합니다. 이렇게 하면 나중에 여러 부서의 사람들이 협업할 때 의사소통 문제를 방지하고, 데이터 분석 오류의 가능성을 효과적으로 줄일 수 있습니다.

둘째, 데이터 분석에는 고품질의 데이터가 필요합니다. 데이터의 누락, 중복 등의 문제는 분석에 불편을 초래하며, 데이터 오류는 잘못된 분석 결론을 도출하여 더 많은 비용을 발생시킬 수 있습니다.

마지막으로, 데이터의 사용 범위가 점점 넓어짐에 따라 데이터 프라이버시와 데이터 보안문제가 점점 더 중요해지고 있습니다. 이러한 문제에 적극적으로 대응할 필요가 있습니다. 데이터 보호 법률과 규정을 준수하고, 사용자의 개인정보를 안전하게 관리하며, 데이터의 안전한 저장 및 전송을 보장하기 위한 적절한 기술적, 관리적 조치를 취해야 합니다. 이는 믿을 수 있는 데이터 환경을 구축하고 사용자 신뢰를 유지하는데 필수적입니다.

4.4.1 메타데이터 관리

메타데이터는 데이터에 대한 데이터로, 데이터의 정의, 유형, 의미를 설명하며 데이터 클래스의 적용에 매우 중요합니다. 메타데이터 관리는 매우 큰 개념으로, 이를 전체적으로 소개하고 설명하는 것은 이 책의 범위를 넘어섭니다. 여기에서는 메타데이터 관리의 세 가지 측면에 대해 간단히 설명합니다.

1. 비즈니스 담당자가 데이터를 더 잘 이해하고 사용할 수 있도록 지원

디자인 트래킹, 구현 트래킹, 사용 트래킹을 하는 사람이 종종 다르기 때문에 모든 참여자가 데이터에 대해 일관된 인식을 가지는 것이 중요합니다. 실제 상황에서 데이터를 이해하는 것은 데이터 분석의 첫 단계입니다. 데이터에 대한 인식과 이해가 부족하면 후속 분석은 시작할 수 없습니다.

게임 데이터에 대해, 데이터 플랫폼은 메타데이터 목록과 메타데이터 간의 관계를 표시하고, 메타데이터의 별칭과 커스텀 메모 정보 등을 관리하고 수정할 수 있는 기능을 제공함으로써 사용자가 데이터의 출처, 내포된 의미 및 상호 연관성을 더 명확하게 이해할 수 있도록 도와줍니다. 이는 비즈니스 관계자가 데이터를 깊이 이해하고 더 잘 사용할 수 있도록 돕습니다.

2. 데이터의 효율적 관리, 누락 데이터 수정, 메타데이터의 통합 관리 실현

실제 상황에서 초기 트래킹 데이터의 누락이나 오류 등의 문제를 마주할 수 있습니다. 다시 트래킹하는 것은 비용이 많이 들고 시간이 오래 걸리며, 특정 상황에서는 실현 불가능할 수도 있습니다. 이럴 때 트래킹 데이터를 변환하거나 누락된 데이터를 수정하는 기술적 수단을 통해 데이터 분석의 유연성과 편리성을 크게 향상시킬 수 있습니다. 일반적인 데이터 플랫폼은 이벤트와 속성 두 가지 측면에서 기존 데이터를 확장하고, 확장된 데이터를 데이터 분석에 사용할 수 있는 기능을 지원합니다.

TE 시스템은 가상 이벤트를 지원합니다. 즉, 간단한 설정을 통해 커스텀 이벤트 목록을 생성하고, 목록에 있는 어떤 이벤트가 트리거될 때마다 해당 가상 이벤트가 트리거된 것으로 간주합니다.

예를 들어, 아이템 획득이 "아이템 획득", "아이템 구매", "몬스터 드랍" 등의 이벤트에 기록될 수 있으며, 아이템 소모는 "아이템 소모", "아이템 사용", "아이템 만료" 등의 이벤트에 기록될 수 있습니다. 이 경우 아이템의 획득 및 소모 상황을 분석하고자 할 때 가상 이벤트를 사용하여 유사 데이터를 통합하고 분석할 수 있습니다.

TE 시스템에서는 이미 보고된 이벤트 속성과 사용자 속성에 대해 가상속성 설정이나 차원 테이블 속성 업로드를 통해 원래 보고된 데이터를 다른 표시값이나 계산값으로 매핑할 수 있습니다. 가상속성은 SQL 표현식을 사용하여 이미 데이터베이스에 저장된 속성 필드에 대한 2차 계산을 통해 새로운 속성 필드를 생성하는 것을 말합니다. 실제 상황에서는 여러 속성 필드를 결합하여 계산을 수행해 가상속성값을 얻을 수 있습니다. 예를 들어, 사용자 속성 중 "등록 시간"과 이벤트 속성 중 "이벤트 시간"의 간격을 계산하여 "수명주기 일수" 값을 가진 가상속성을 얻을 수 있습니다. 차원 테이블 속성은 사전 형태로 기존 속성 필드를 확장하여 데이터 수집 접근체계의 확장성을 크게 향상시킬 수 있습니다. 데이터 수집 시 채널 번호를 사용하여 채널을 식별할 수 있습니다. 예를 들어, "A01"을 사용하여 구글 채널(구글 플레이스토어)을, "A02"를 사용하여 애플 채널(애플 앱 스토어)을 표시할 수 있습니다. 분석 시 한국어를 사용하려면 "채널" 속성에 대해 차원 테이블 속성을 생성하고, 차원 테이블에서 채널 번호에 해당하는 한국어 이름을 설정할 수 있습니다. 계산 시 한국어 채널 이름에 해당하는 차원 테이블 속성을 직접 호출하여 후속 계산을 완료할 수 있습니다.

3. 데이터 사용 상황을 파악하고, 데이터 변경이 다른 비즈니스에 미치는 영향을 신속하게 분석

데이터의 출처, 가치, 영향을 정확히 파악하는 것은 메타데이터 관리에서 매우 중요합니다. 데이터의 원천과 흐름을 정확히 파악함으로써 데이터의 중요성 평가와 변동 시의 영향 범위를 평가하는데 도움이 됩니다. 인간의 혈연관계를 빗대어 데이터의 "혈연관계"를 표현하여 데이터의 원천, 데이터 간의 연관성 및 계층 관계, 데이터의 최종 사용 시나리오 등을 더 명확하게 표현할 수 있습니다.

데이터의 "혈연관계"를 통해 데이터의 출처를 추적하고, 예외 데이터 발생 원인을 적시에 정확히 파악할 수 있습니다. 게임 데이터 분석 상황에서 데이터 접근방식은 매우 다양하며, 다양한 유형의 클라이언트 접근, 서버 접근, 비즈니스 로그를 데이터 가져오기 도구를 통해 가져오기 및 서드파티 플랫폼과의 연동을 통해 데이터를 획득하는 등을 포함합니다. 다양한 출처의 데이터는 품질과 안정성이 각기 다른 수준에 있으며, 데이터에 예외가 발생하면 데이터 출처를 적시에 추적하여 위험을 적절한 수준으로 제어할 필요가 있습니다.

데이터의 "혈연관계"를 기반으로 데이터의 가치와 영향 범위를 더 전반적으로 평가할 수 있습니다. 혈연관계 다이어그램을 통해 데이터의 흐름을 볼 수 있으며, 최종적으로 특정 유형의 데이터를 얼마나 많은 사용자가 사용하고, 데이터 사용방식 및 빈도 등을 확인할 수 있습니다. 수요가 부족한 데이터는 비효율적일 수 있으므로 삭제하여 비용을 절감할 수 있습니다. 특정 유형의 데이터 사용 빈도가 낮다면, 데이터가 비즈니스 관계자에게 효과적으로 전달되지 않았을 수 있으므로 관련 정보를 적시에 동기화할 필요가 있습니다. 동시에 데이터 업데이트의 규모 및 빈도 등 지표를 모니터링함으로써 데이터의 가치를 데이터 규모와 신선도 등의 관점에서 평가할 수 있습니다.

4.4.2 데이터 품질 관리

비즈니스 담당자는 분석 요구를 바탕으로 수집해야 할 이벤트, 이벤트 속성, 사용자 속성을 확정하고 트래킹 계획을 수립합니다. 데이터 개발자는 확정된 계획에 따라 트래킹을 구현하고 데이터를 신속하고 정확하게 완전히 보고함으로써 데이터 품질을 보장하고, 분석 가치가 있는 데이터를 얻을 수 있습니다.

그러나 실제로는 데이터 개발자가 도구 지원이 부족하여 데이터 문제를 신속하게 파악할 수 없거나 트래킹 데이터가 누락되거나, 보고된 속성의 유형이 계획된 유형과 일치하지 않는 등의 문제가 발생하여 보고된 데이터를 분석에 사용할 수 없게 되는 경우가 자주 발생합니다. 데이터 분석을 시작하기 전에 데이터 요구자는 트래킹 후 얻은 데이터의 품질을 이해하여 분석 결과의 사용 가능성을 보장해야 합니다.

데이터 트래킹과 데이터 접근 전체 과정은 한 번에 완전히 완성될 수 없으며 지속적으로 새로운 트래킹을 추가해야 하며, 일정 기간 사용 및 최적화 후에야 데이터 품질 관리체계가 비교적 완벽해질 수 있습니다.

완벽한 데이터 품질 관리체계는 일반적으로 다음 모듈을 포함합니다:

1. 트래킹 계획 관리

트래킹 계획은 데이터 측정 기준의 일관성을 보장하기 위해 게임 프로젝트팀이 장기간 유지해야 합니다. 트래킹 계획은 이벤트 이름, 이벤트 속성, 사용자 속성, 속성 유형, 속성값 제한 등을 포함해야 합니다. 트래킹 계획을 유지하고 업데이트할 때 트래킹의 기본 표준을 설정하고, 나중에 트래킹을 추가할 때 팀간의 의사소통 비용을 줄이고 트래킹 효율을 높일 수 있습니다. 동시에 권한제어 및 승인절차를 통해 트래킹 계획을 규범적인 절차로 관리할 수 있습니다. 마지막으로 트래킹 계획은 나중에 데이터 수신규칙 설정, 데이터 수용 기준으로 사용될 수 있습니다.

2. 데이터 수용

데이터 수용은 트래킹 계획과 시스템 데이터를 비교하여 데이터 품질을 평가하는 과정입니다. 데이터 수용은 다음 3단계로 구성됩니다:

- 단계1: 데이터 범위 선택. 즉 수용할 데이터의 범위를 결정하며 지정된 시간, 지정된 채널의 데이터에 대해 수용을 진행할 수 있습니다.
- 단계2: 수용 기준 결정. 예를 들어, 공백값, 불법값에 대해 엄격하게 비교할지 여부와 같은 예외값의 기준을 명확히 해야 합니다. 수용 기준은 수용 결과에서 어떤 상황이 예외로 표시될지 결정합니다.
- 단계3: 수용 결과 확인. 즉 현재 계획이 데이터 요구자의 데이터 분석 요구를 충족하는지, 데이터 테스트 단계의 데이터 보고 및 사용과정이 정상인지 등을 확인합니다.
  - 보고된 데이터와 트래킹 계획의 모든 차이: 보고된 이벤트가 모두 보고되었는지, 계획 외 이벤트(트래킹 계획에 없는 이벤트)가 있는지; 속성 누락, 계획 외 속성(트래킹 계획에 없는 속성), 보고된 속성 유형이 예상 유형과 일치하지 않는 경우가 있는지를 포함합니다.
  - 보고된 속성의 공백값 비율과 예외값: 속성 공백값 비율이 임계값을 초과하면 수용 결과에 예외로 표시됩니다; 지정된 필드의 값 범위를 설정한 후 필드 범위를 초과하는 값이 나타나면 마찬가지로 예외로 표시됩니다.

3. 데이터 처리 규칙

데이터 수용은 사후처리 과정이며 데이터 품질을 더 잘 보장하기 위해 일부 시나리오에서는 엄격한 데이터 처리 규칙을 설정하여 데이터 처리단계에서 요구사항을 충족하지 않는 데이터를 제외시키고, 나중에 더러운 데이터 처리비용을 줄일 수 있습니다. 일반적으로 트래킹 계획에 대한 ETL(추출-변환-로드, 데이터를 소스에서 추출해 변환 후 목적지로 로드하는 과정을 설명하는 용어) 규칙을 설정할 수 있으며, 이벤트 규칙과 속성 규칙을 포함합니다. 이벤트 규칙을 통해 특정 이벤트를 사용하지 않도록 설정할 수 있으며, 이

후 해당 이벤트의 데이터를 더 이상 수신하지 않습니다; 트래킹 계획에 없는 이벤트는 데이터베이스에 저장할 수 없도록 설정할 수 있습니다. 속성 규칙을 통해 트래킹 계획에 없는 이벤트 속성/사용자 속성을 버리고, 속성 유형이 트래킹 계획과 일치하지 않을 때 해당 속성을 버릴 수 있습니다.

4. 데이터 검증

데이터 품질 문제가 일찍 드러날수록 영향이 적고 수리 비용도 낮습니다. 따라서 트래킹 실행 단계에서 데이터 플랫폼은 개발자가 가능한 빨리 트래킹 문제를 발견할 수 있도록 도와주는 기능을 제공해야 합니다. 예를 들어, 데이터 플랫폼은 특정 장치에 대해 검증모드를 활성화하고 데이터 문제를 개별적으로 비교하고, 불법 데이터와 데이터가 불법인 이유를 표시하는 기능을 제공할 수 있습니다.

5. 데이터 모니터링

전체 데이터 품질을 모니터링하고 관리하는 것은 매우 중요합니다. 일반적으로 데이터 플랫폼은 데이터 보고 기능을 제공하여 필요한 데이터 및 최근 데이터 처리상황을 통계하고, 데이터 예외 및 오류를 발견하는데 도움을 줍니다.

4.4.3 데이터 컴플라이언스

빅데이터 기술의 발전과 함께 데이터 보안과 개인정보 보호에 대한 관심이 점점 높아지고 있습니다. 데이터 보안은 아주 넓은 범위를 포함하며 여기에서는 개인정보 및 프라이버시 보안과 관련된 데이터 준수에 대해서만 논의합니다. 2018년 5월 25일, 일반 데이터 보호 규정(GDPR)이 유럽연합 회원국에서 시행되었습니다. 이 규정은 개인 식별 정보의 수집, 저장 및 사용방법과 데이터를 무단 액세스로부터 보호하는 방법에 대한 많은 상세 요구사항을 제시합니다. GDPR은 유럽연합 회사 뿐만 아니라 유럽연합 내에서 사업을 진행하는 모든 회사나 조직에 적용됩니다. 2020년 1월 1일, 미국 캘리포니아주의 캘리포니아 소비자 프라이버시 법안(CCPA)이 시행되었으며, 이는 미국 캘리포니아주에서 사업을 운영하는 대부분의 기업에 사용자 데이터 보호 요구사항을 제시합니다. 2021년, 중국에서는 데이터 보안법과 개인정보 보호법이 시행되었습니다. 개인정보 보호법은 중화인민공화국 영토 내에서 자연인의 개인정보 처리 활동 뿐만 아니라 일정한 영역 외 적용 범위를 규정하여, 영토 외에서 중국 영토내 자연인의 개인정보를 처리하는 활동에 대한 제한을 두고 있습니다.

데이터 준수를 추진함으로써 기업은 관련 프라이버시 법규를 위반하여 발생할 수 있는 재정적 비용을 피하고, 프라이버시 유출로 인한 사용자의 신뢰 문제를 회피하며, 준수 위험을 방지하고 비즈니스의 지속 가능한 발전을 실현할 수 있습니다. 데이터 준수는 많은 내용을 포함하며 각종 법규는 데이터 준수에 대해 상세한 규정을 하고 있습니다. 여기에서는 법규의 세부사항은 논의하지 않고 데이터 보안, 프라이버시 보호, 그리고 국경간 데이터 전송 등 3가지 핵심 주제를 중심으로 데이터 준수를 추진하는 아이디어와 방법을 논의합니다.

1. 데이터 보안

관련 법규는 기업이 개인정보를 보호해야 하며, 조직 외부의 접근 뿐만 아니라 조직 내부 구성원의 데이터 접근도 관리해야 한다고 요구합니다. 일반적으로 기업이 데이터 준수를 추진하는데에는 다음과 같은 3단계가 있습니다:

- 데이터 준수 및 보안관리 체계를 확립하며, 데이터 보안 책임자를 임명하고 관련 제도를 마련하며 보안의식 교육을 강화합니다.
- 기업의 데이터 위험을 정리하고 데이터 분류 체계를 완성하여 다양한 등급의 데이터에 대해 다른 데이터 관리 규칙을 설정합니다.
- 기술적 측면에서 데이터 보호를 실현하여 데이터 수집, 전송, 저장, 사용의 전 과정에서 해당하는 조치를 취해 데이터가 악의적으로 획득되고 사용되는 것을 방지합니다.

기술적 관점에서 데이터 보호 조치는 다음과 같은 3가지 측면을 포함합니다:

- 시스템 보안 보호 등급을 높이고 암호화 전송, 방화벽 등 시스템 보안 방어수단을 제공합니다.
- 민감한 데이터에 대해 "투명 암호화" 조치를 취하여 인증된 클라이언트만 관련 데이터에 접근할 수 있습니다. 클라이언트가 데이터를 읽을 때 데이터는 복호화되고, 쓸 때는 암호화됩니다. 인증되지 않은 클라이언트는 암호화된 데이터 스트림만 볼 수 있어 파일 수준의 데이터 유출을 방지합니다.

- 비즈니스 층에서 데이터를 암호화하고 탈감도화합니다. 데이터 암호화는 데이터 수집 단계에서 관련 데이터를 암호화하는 것을 의미하며, 복호화해야만 이 데이터를 사용할 수 있습니다. 데이터 탈감도화는 실제값이 필요 없는 데이터에 대해 탈감도화하여 전송 및 저장하는 것을 말합니다. 또한 민감한 데이터의 읽기 및 권한부여 등 작업시 중요한 로그 정보를 남겨 감사를 위한 전체 데이터 보안체계의 완전성을 강화해야 합니다.

2. 프라이버시 보호

프라이버시 보호는 현재 인터넷 법규의 주요 목표입니다. 사용자 개인 프라이버시 관련 데이터를 보호하는 이러한 법규의 핵심 이념은 사용자가 자신의 개인 데이터에 대한 소유권을 명확히 하고, 사용자가 기업이 자신의 개인 데이터를 수집하고 사용하는 것을 알 권리가 있으며, 기업이 자신의 개인 데이터 사용을 통제할 권리가 있다는 것입니다. 관련 법규는 모두 개인 데이터의 과도한 사용을 금지합니다 — 데이터 수집을 과도하게 해서는 안 되며, 데이터 사용을 일정 범위 내로 제한해야 합니다. 게임 데이터 분석의 상황에서 개인 데이터 사용에 특히 주의해야 할 몇 가지 측면은 다음과 같습니다:

- 정보 제공권: 사용자 데이터 수집을 시작하기 전에 수집할 데이터 내용과 적용 시나리오를 사용자에게 명확히 알려야 합니다. 제3자 SDK를 사용하여 데이터를 수집하는 경우, 총 개인정보 보호정책에서 사용자에게 게임에서 사용하는 SDK와 각 SDK의 개인정보 보호정책을 알려야 합니다. 사용자가 해당 개인정보 보호정책에 동의한 경우에만 기업이 데이터 수집을 시작할 수 있습니다.
- 거부권: 필수적인 상황을 제외하고 사용자 개인 데이터 수집을 서비스 사용의 전제조건으로 해서는 안 됩니다. 일반적으로 기업은 데이터 주체(사용자)가 특정 유형의 데이터 처리에 대해 거부할 수 있도록 허용해야 합니다. 사용자가 기업의 개인 데이터 수집을 명확히 거부하고 이 선택이 핵심 프로세스에 영향을 주지 않는 경우, 기업은 계속해서 서비스를 제공하면서 해당 사용자의 관련 데이터 수집을 피해야 합니다.
- 삭제권/잊힐 권리: 사용자가 기업이 이미 수집한 개인 데이터를 삭제할 수 있도록 하고, 이후 그들의 개인 데이터가 더 이상 기록되지 않도록 합니다. 기업의 데이터 플랫폼은 해당 사용자 데이터를 삭제하는 인터페이스와 관련된 작업 기록을 제공해야 합니다.

개인 데이터의 수집과 보호는 데이터 수집 접근 과정에서 매우 중요하게 고려해야 합니다. 개인 프라이버시 데이터 관련 법규를 위반하면 게임이 각종 앱스토어에서 내려질 수 있으며, 게임 제작사는 관련 기관의 처벌을 받을 수도 있습니다.

3. 국경간 데이터 전송

제어되지 않은 데이터의 국경간 이동은 비즈니스 비밀 유출은 물론 국가비밀 유출의 가능성도 있어 국가안보를 위협할 수 있습니다. 따라서 많은 법규는 데이터의 국경간 이동을 제한합니다. 예를 들어, GDPR은 유럽연합 회원국 외의 국가로 데이터를 전송할 때 해당 국가의 법률에 대한 유럽연합의 "충분성 판단"을 충족해야 한다고 요구합니다. 우리나라의 "네트워크 보안법"도 데이터의 로컬 저장에 대한 규정을 하고 있습니다. 현재 데이터 국경간 전송에 대해 각국 및 조직의 법규는 큰 차이가 있으며, 아직 통용되는 국제 규칙이 형성되지 않았습니다. 그럼에도 불구하고 기업이 국경간 비즈니스 데이터를 처리할 때는 관련 법규의 제한을 충분히 고려해야 합니다.

국경간 데이터 전송의 상황에서 일반적으로 전 세계에 여러 데이터 수신 및 저장 노드를 배포하여 사용자의 상세 데이터를 해당 국가의 클러스터에 저장할 수 있습니다. 동시에 전 세계 데이터에 대해 핵심 지표의 집계 계산 및 표시를 위한 집계 조회 로직을 구축하여 완전한 데이터 관점을 제공할 수 있습니다.

MEMO

게임 데이터
지표체계 구축

앞 장에서는 데이터 수집에 대해 소개했습니다. 그렇다면 이 데이터를 어떻게 이해하고 분석을 펼쳐나갈까요? 이때 데이터 지표체계의 활용이 필요합니다. 고품질의 데이터 지표체계는 비즈니스 목표 측정, 문제 정의, 그리고 비즈니스 성장 촉진에 있어 큰 역할을 합니다.

이 장에서는 먼저 게임 데이터 지표체계에 대해 소개한 다음, 게임 데이터 지표체계를 구축하는 사고방식과 방법을 설명합니다. 그리고 가상의 게임을 사례로 들어 테스트 단계에서 데이터 지표체계를 어떻게 구축하는지 소개하며, 데이터 지표체계의 깊은 가치에 대해 논의합니다.

5.1 개요

데이터 지표는 기본 지표와 복합 지표로 구성됩니다. 기본 지표는 프로젝트팀이 게임의 시장 성능을 평가하는데 도움을 주며, 동시에 다양한 부서가 비즈니스를 설명할 때 일관된 기준을 가지도록 하여 소통 비용을 줄입니다. 데이터 지표체계를 구축할 때는 적절한 기본 지표를 선택할 뿐만 아니라 기본 지표를 유연하게 조합하고 매칭하여 게임의 특성과 현재 단계에 가장 적합한 데이터 지표체계를 형성해야 합니다. 이를 통해 게임의 운영 상태를 정확하게 표현할 수 있습니다. 여기에서는 게임 데이터 지표체계가 무엇인지 자세히 소개하고, 다양한 게임 프로젝트에서 어떤 요소가 데이터 지표에 영향을 미치는지 설명합니다.

5.1.1 게임 데이터 지표체계의 정의

데이터 지표(이하 '지표')는 게임의 비즈니스 목표를 세밀하게 나누고 정량화한 측정값입니다. 이는 비즈니스 목표를 기술 가능하고, 분해 가능하며, 측정 가능하게 만듭니다. 주로 비즈니스 성과를 측정하는데 사용됩니다. 기본 지표는 계산을 통해 얻을 수 있는 지표로, 예를 들어 DAU(일일 활성 사용자 수), PV(페이지 뷰)가 있습니다. 복합 지표는 기본 지표를 사칙연산을 통해 얻은 것으로, 예를 들어 결제율(결제 사용자 수 / 활성 사용자 수), ARPU(평균 사용자당 수익)가 있습니다.

특정 의미를 지닌, 어떤 객관적 사실을 반영하는 지표들을 일정한 순서와 연결로 조합하여 비즈니스 참조 가치가 있는 전체로 만드는 것, 이 전체가 바로 지표체계입니다. 포괄적인 게임 데이터 분석을 실현하려면, 먼저 비즈니스와 가장 관련있는 지표를 찾아내고 그에 기반한 지표체계를 구축해야 합니다. 일반적으로 게임 데이터 지표체계는 다음과 같은 비즈니스 특성의 영향을 받습니다:

1. 산업 트렌드

산업 트렌드는 업계의 최신 비즈니스 발전 방향과 업계 추세를 결정하는 핵심 요소를 반영합니다. 산업 트렌드의 변화는 지표체계의 범위와 깊이에 지속적인 영향을 미칩니다. 최근 몇 년 동안 게임업계의 배급채널은 점점 더 집중되어, 점차 증가 시장에서 보유 시장으로 전환하고 있습니다. 따라서 게임 데이터 지표체계는 대규모에서 미세한 세분화로 전환하여 더 세분화 제품/비즈니스 단계를 측정하고 지도해야 합니다.

2. 게임 유형

다른 매체, 다른 카테고리의 게임은 운영모델이 크게 다르며, 우리가 관심을 가지는 지표도 다릅니다. 따라서 지표체계를 구축할 때의 초점도 다릅니다.

- 매체 유형에 따라 게임은 PC게임, 모바일 게임 등으로 나뉩니다. 두 가지는 배급채널과 타깃 오디언스가 크게 다릅니다. 예를 들어, 모바일 게임의 지표체계는 다양한 앱 채널의 데이터를 포함해야 하지만 PC게임은 그렇지 않습니다.
- 게임의 내용에 따라 게임은 MMORPG, SLG 등으로 나뉩니다. 다른 카테고리의 게임은 수익 모델과 수명주기가 다릅니다. 예를 들어, MMORPG는 핵심 전투, 자원 획득, 싱장 요구와 관련된 지표에 더 중점을 둡니다.
- 게임의 길이에 따라 게임은 가벼운 게임, 중간 게임, 무거운 게임으로 나뉩니다. 이러한 게임은 사용자에게 다른 경험을 제공하고 운영 전략이 다릅니다. 따라서 해당 지표체계는 차이가 있으며, 가벼운 게임의 지표체계는 핵심 지표를 중심으로 구축되며, 무거운 게임보다 지표의 세분성 요구가 낮습니다.

3. 게임의 수명주기

게임의 수명주기는 일반적으로 개발계획, 비공개 테스트(여러 라운드의 내부 테스트 포함), 공개 테스트, 장기운영 등 4단계를 포함합니다. 각 단계의 비즈니스 목표는 점진적입니다. 게임 데이터 지표체계는 각 단계에 서비스해야 합니다.

그림 5.1 게임의 수명주기

- 개발계획 단계: 주로 게임의 아이디어와 내용 설계를 검증하는 것으로, 제품 분석, 경쟁제품 분석 등을 포함하여 게임의 비용과 수익을 추산합니다.
- 비공개 테스트 단계: 게임이 정식 출시 운영 요구를 충족했는지를 검증하고, 게임의 품질을 더

평가하여 후속시장 자원 배치에 참고를 제공하는 것이 주목적입니다.

- 공개 테스트 단계: 게임이 커버할 수 있는 사용자 그룹을 확장하는 것이 주목적으로, 대규모 유입, 채널협력을 통해 유입을 이끌어내며 정식 운영을 시작합니다.
- 장기운영 단계: 게임의 영향력을 확대하고, 사용자 충성도를 높이며 게임 내 소비를 촉진하는 것이 주목적입니다.

게임 데이터 지표체계는 비즈니스를 서비스하기 위한 것으로, 이 체계는 비즈니스 담당자가 주목하는 데이터 지표를 체계적으로 요약하여 비즈니스 운영을 지도해야 합니다. 게임 데이터 지표체계의 특징은 게임의 비즈니스 특성에 의해 결정되며, 게임 유형, 수명주기 단계, 비즈니스 분담(비즈니스 참여자) 등 요소의 영향을 받습니다.

5.1.2 일반적으로 사용되는 게임 데이터 지표

완전하고 실시간의 기본 지표를 확보하는 것은 깊이 있는 데이터 분석을 수행하는 데 필수적인 전제조건이며, 모든 게임 데이터팀이 반드시 수행해야 하는 과제 중 하나입니다. 우리가 기본 지표를 통해 게임의 현재 상태를 명확히 파악할 때 게임 데이터는 그 역할을 발휘한 것입니다.

표 5.1은 게임 운영중에 자주 사용되는 지표를 나열한 것입니다.

표 5.1 게임 운영에서 자주 사용되는 지표

지표	의미
DAU(Daily Active Users)	일일 활성 사용자수
MAU(Monthly Active Users)	월간 활성 사용자수
DNU(Day New Users)	당일 신규 사용자수
ACU(Average Concurrent Users)	평균 동시 온라인 사용자수
CCU(Concurrent Users)	동시 온라인 사용자수
PCU(Peak Concurrent Users)	최고 동시 온라인 사용자수
CPM(Cost Per Mille)	천 번의 광고 노출당 비용

eCPM(Effective Cost Per Mille)	실질적인 천 번 노출당 비용 (실제로 발생한 광고수익)
PUR(Paid Users Rate)	유료 사용자 비율
ARPU(Average Revenue Per User)	사용자당 평균 수익
ARPPU(Average Revenue Per Paying User)	유료 사용자당 평균 수익
LTV(Life Time Value)	사용자 생애 가치
ROI(Return On Investment)	투자 수익률
ROAS(Return On Advertising Spend)	광고 지출대비 수익률

게임 데이터팀은 또한 각자의 특색 있는 지표를 정의합니다. 특색 지표는 대부분 복합 지표로, 예를 들어 DAU/MAU와 같이 다양한 데이터 결과가 다른 추세를 반영합니다.

- DAU/MAU와 DAU 모두 상승: 운영 이벤트/버전 변경이 일부 잠자는 사용자를 깨웠지만 신규 사용자는 적은 상황을 나타냅니다.
- DAU/MAU 상승 DAU 하락: 충성도가 낮은 사용자의 이탈이 증가하며, 게임이 이 사용자들의 요구를 충족시키지 못했음을 나타냅니다.
- DAU/MAU와 DAU 모두 하락: 게임의 핵심 플레이에 문제가 있거나 경쟁제품 등의 요소로 인해 영향을 받았음을 나타냅니다.
- DAU/MAU 하락 DAU 상승: 신규 사용자가 증가했지만 활동성이 지속되지 않아 사용자 이탈율이 높음을 나타냅니다.

위에서 언급한 두 번째 상황에서, MAU는 하락하고 DAU는 크게 하락하지 않는다면, 이는 일일 핵심 사용자수가 안정적이라는 것을 의미하며, MAU의 하락은 충성도가 낮은 사용자의 이탈 때문일 가능성이 높습니다.

일반적으로 사용되는 복합 지표와 그 계산 방법은 표 5.2와 같습니다.

표 5.2 일반적으로 사용되는 복합 지표와 계산 방법

복합 지표	계산 방법
활성화율	활성 사용자수 / 설치 사용자수
결제율	결제 사용자수 / 활성 사용자수
다음 날 유지율	첫 날 신규 사용자 중 둘째 날 로그인한 사용자수 / 첫 날 신규 사용자수
7일 유지율	첫 날 신규 사용자 중 7일째에 로그인한 사용자수 / 첫 날 신규 사용자수
APRU	총수익 / 활성 사용자수
ARPPU	총수익 / 결제 사용자수
LTV	사용자당 평균 수익 / 수명주기
ROI	(총수익 - 투자비용) / 투자비용
ROAS	총수익 / 광고 지출

이러한 일반적인 지표는 우리가 데이터 분석을 빠르게 완성하는데 도움을 줍니다. 그러나 일반적인 지표만으로는 데이터 주도 결정을 내리기에 충분하지 않으며, 더 완전하고 유연한 지표체계를 구축할 필요가 있습니다.

5.2 게임 데이터 지표체계 구축 방법과 사례

게임 데이터 지표체계를 구축하는 것은 체계적인 작업으로, 과학적인 구축 사고방식과 방법을 적용하면 효과를 두 배로 높일 수 있습니다. 주의해야 할 점은 게임의 유형, 수명주기 단계, 운영방식 등에 따라 차이가 있기 때문에 최종적인 데이터 지표체계도 다를 수 있다는 것입니다. 여기에서는 게임 데이터 지표체계(이하 '지표체계')를 구축하는 일반적인 방법을 소개하고, 가상의 게임을 예로 들어 단계별로 설명합니다.

5.2.1 지표체계 구축시 따라야 할 세 가지 원칙

합리적인 지표체계는 목적성, 체계성, 실용성 세 가지 원칙을 준수해야 합니다.

1. 목적성

지표체계를 구축하는 목적 중 하나는 비즈니스 상황을 객관적이고 정확하게 반영하여 사용가능한 의사결정 정보를 제공하는 것입니다. 따라서 선택된 지표는 비즈니스 의사결정을 촉진할 수 있어야 합니다. 어떤 지표가 비즈니스의 중대한 결정과 관련이 있는지를 판단하는 방법으로는 "북극성 지표"를 이용해 비즈니스의 목표를 정할 수 있으며, 이는 5.2.2에서 자세히 소개합니다.

2. 체계성

지표체계에 포함된 지표는 다각도, 다층적으로 비즈니스 발전 상황을 전체적으로 반영할 수 있어야 하며, 비즈니스 현황을 설명할 수 있어야 합니다. 중복되지 않고 누락되지 않아야 합니다. 지표체계의 체계성을 보징하기 위해 일반적으로 OSM 모델을 사용합니다.

3. 실용성

실용성은 두 가지 의미를 포함합니다: 1) 지표는 명확한 의미와 방향성을 가져야하며 운용 가능성(즉 수집된 데이터를 통해 계산될 수 있고, 실제로 운영하기 쉽고 실현가능해야 함)이 있어야 합니다. 2) 지표는 비교 가능성을 가져야 하며, 지표가 가치를 발휘하는 가장 기본적인 방법은 비교와 관찰입니다. 지표 설정 시 가로축과 세로축의 비교 가능성을 최대한 보장해야 합니다. 보다 완성된 지표구축 접근법을 형성한 후에는 OSM 모델을 결합하여 지표를 분류함으로써 실제 요구에 더 부합하게 해야 합니다.

5.2.2 지표체계 구축방법

지표체계를 구축하는 것은 목표를 명확히 하고 문제를 발견하며, 원인을 탐색하고 실행에 옮긴 다음, 이를 요약하는 지속적인 반복과정입니다. 먼저 비즈니스 목표를 명확히 하고, 목적성 원칙을 따라 게임 비즈니스와 가장 관련 있는 북극성 지표를 찾습니다. 그 다음 OSM 모델을 활용하여 비즈니스 전략 효과를 측정하는 지표를 결정합니다. 마지막으로 OSM 모델을 기반으로 한 지표를 더욱 세분화하여 2차, 3차지표로 나눕니다.

1. 가장 관련 있는 북극성 지표 찾기

북극성 지표는 제품 가치에 대한 깊은 이해와 추출로 제품의 가장 중요한 지표입니다. 최근 북극성 지표는 게임팀이 비즈니스 발전을 지도하는 중요한 지표로 점점 자리 잡고 있습니다. 북극성 지표는 게임팀이 특정 목표에 더 집중하게 하여 일상업무에 시간을 낭비하는 것을 방지합니다. 어떤 지표가 게임 비즈니스 발전을 촉진할 수 있는지 여부를 기준으로 북극성 지표를 결정할 수 있습니다.

그렇다면 북극성 지표를 어떻게 선택해야 할까요? 수명주기가 짧은 게임은 수익을 북극성 지표로 삼을 수 있으며, 장기운영 게임은 사용자 요구와 게임 목표 사이의 관계를 측정해야 합니다. 사용자에게 지속적으로 가치를 제공하는 것이 게임의 핵심 목표입니다. 북극성 지표는 게임의 핵심 가치가 최대한 반영되어야 합니다. 예를 들어, 장기 운영되는 캐주얼 게임은 사용자의 일일 평균 온라인 시간을 북극성 지표로 할 수 있습니다. 대규모 게임은 복잡한 생태계를 가지고 있으며, 모든 시스템이 함께 잘 작동해야 합니다. 회사 수준의 북극성 지표로 모든 비즈니스 목표를 포괄하는 것은 지표를 경직되게 만들어 실제 비즈니스에 대한 지도력을 잃을 수 있으므로, 북극성 지표 선택 논리를 전술 수준에 적용할 수 있습니다. 단일 게임 프로젝트의 경우 회사 최고 전략목표 아래에서 비즈니스 전체 목표를 각 비즈니스 단계의 북극성 지표로 세분화해야 합니다.

북극성 지표는 게임 프로젝트의 발전방향을 지시합니다. 북극성 지표를 구체적으로 선택할 때 다음 기준을 참조할 수 있습니다:

- 게임이 사용자에게 제공하는 핵심 가치를 반영하나요?
- 게임 수명주기에 부합합니까?
- 비즈니스 행동을 지도할 수 있나요?
- 팀에 쉽게 이해되고 인정받을 수 있나요?

북극성 지표의 설정은 지속적으로 최적화되는 과정이며, 게임의 발전단계에 따라 적시에 조정되어야 합니다. 게임 제품의 다른 수명주기 단계에서는 비즈니스의 중점이 다르므로 선택하는 북극성 지표도 다릅니다. 예를 들어, 제품 탐색기간에는 게임 주제나 게임플레이가 시장과 얼마나 잘 맞는지를 확인하고 각 단계의 전환율을 높이는데 더 많은 관심을 기울입니다; 제품이 성숙기에 접어들면 다양한 전략을 통해 사용자 활성도를 높이고 유지율을 보장하며 유료 사용자 전환율을 확보하는 것이 주요 목표입니다. 성숙기의 비즈니스 중점이 사용자 활동상태인 경우, 북극성 지표는 일/주/월 사용자 활성도가 될 수 있습니다.

2. OSM 모델을 활용하여 비즈니스 전략 효과를 측정하는 지표 결정

OSM 모델(Objective 목표, Strategy 전략, Measurement 측정)은 분석 프레임워크의 하나로, 목표를 정의하고 이 목표를 달성하기 위해 취해야 할 전략을 결정한 다음, 그 전략의 효과를 측정하는 지표를 결정하는 기본적인 생각입니다. OSM 모델에 따라 목표를 실행 가능하고 측정 가능한 행동으로 세분화하여 행동방향이 목표와 전략과 일치하도록 보장합니다.

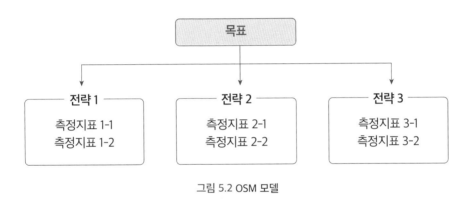

그림 5.2 OSM 모델

- 목표 정의: 여기서의 목표는 게임 프로젝트팀의 목표나 구체적인 게임사업 목표가 될 수 있으며, 북극성 지표를 선정하는 방식을 참조하여 정의할 수 있습니다. 목표를 명확히 함으로써 후속으로 분해하는 사업 목표가 사업의 핵심 가치와 일치하도록 보장할 수 있습니다.
- 전략 수립: 목표를 확정한 후 자신의 경험, 시장조사 결과 등을 바탕으로 해당하는 사업 전략을 수립할 수 있습니다.
- 명확한 측정: 전략의 효과를 적절한 수치를 통해 평가하는 것을 의미합니다.

예를 들어, 어떤 모바일 게임의 사업 목표가 "활성 사용자수를 최대화하고, 사용자의 일일 온라인 시간을 증가시키는 것"이라 할 때, 사업 과정은 주로 투입, 등록, 체험의 세 단계로 나뉩니다. 사업 담당자는 이 세 단계에 따라 "신규 사용자 프로세스 최적화, 신규 사용자 전환율 향상", "게임 내부 동기부여 증가", "등급 외부노출 증진" 등의 사업 전략을 수립했습니다.

전략의 효과를 측정하기 위해 사업 과정을 측정 분해할 수 있습니다. 예를 들어, "신규 사용자 프로세스 최적화, 신규 사용자 전환율 향상" 전략을 측정할 때, 신규 사용자 전환율의 과정 중요 지점을 분해하고, 각 단계의 전환율과 전체 전환율을 평가하여 이 전략을 측정하는 일련의 구체적인 지표를 얻을 수 있습니다.

3. 지표 분류

지표 분류는 게임 프로젝트의 전략과 사업 전략에 따라 지표를 상향식으로 분류하는 것을 말합니다. 분류 과정에서는 OSM 모델을 결합하여 지표를 확정할 수 있습니다. 지표는 일반적으로 세 단계로 나눌 수 있으며, 회사 전략 측면, 사업부서 전략 측면, 사업실행 측면순으로 고려합니다.

첫 번째 단계 지표(T1)는 회사 전략 측면의 지표로, 회사의 전체 전략목표 달성상황을 평가하는데 사용됩니다. 이러한 지표는 사업과 밀접하게 결합되어 있으며, 보통 업계 표준이 있어 회사 전체에 핵심적인 지도 의미를 가집니다.

두 번째 단계 지표(T2)는 사업부서 전략 지표로, 회사 전략 측면의 지표를 달성하기 위해 목표를 사업부서로 분해한 후 확립된 지표입니다. 이는 사업부서가 회사 전략 목표를 지원하는 정도를 반영하며 또한 사업부서의 핵심 지표이기도 합니다.

세 번째 단계 지표(T3)는 사업실행 측면의 지표로, 사업부서 전략 지표를 분해한 후 확립된 지표입니다. 보통 과정성 지표로, 일선 직원이 업무를 수행하는데 지침을 제공합니다.

T1: 회사 전략 차원 지표	T2: 사업부서 전략 지표	T3: 업무실행 지표

그림 5.3 지표 분류 방법 도식

5.2.3 사례: 보드 게임의 지표체계 구축

여기에서는 체스 및 카드 게임을 예로 들어 지표 시스템을 구축하는 방법을 소개합니다. 체스 및 카드 게임의 핵심 게임 플레이는 매우 고정되어 있어 거의 수정할 수 없으며, 동시에 감각적으로 사용자에게 더 많은 자극을 제공하기 어렵습니다. 따라서 체스 및 카드 게임 운영의 성공여부는 주로 지표 시스템의 합리성과 데이터 분석의 품질 관리에 달려 있습니다.

앞서 언급했듯이 게임 수명주기의 다른 단계에서 운영 목표는 각기 다릅니다. 게임의 수명주기 단계와 비즈니스 목표를 결합하여 지표 시스템을 설계해야 합니다. 우리는 체스 및 카드 게임을 세 단계로 나눕니다: 테스트 기간, 홍보 기간, 플랫폼 기간. 이제 각 단계에서 중점적으로 관심을 가질 지표를 차례로 소개하겠습니다.

1. 테스트 기간

테스트 기간의 목표는 게임의 안정성, 플레이 가능성, 상호 작용성을 테스트하고 사용자의 게임에 대한 관심도 및 초기 사용자 유지 상황을 파악하며, 이를 바탕으로 시장 전략을 조정하여 예열효과를 달성하는 것입니다. 테스트 기간의 목표에 따라 이 단계에서 체스 및 카드 게임의 지표를 다음 두 가지 큰 범주로 나눌 수 있습니다.

(1) 대상 사용자 프로필 데이터

체스 및 카드 게임은 매우 뚜렷한 지역 특성을 가지고 있습니다. 예를 들어, 특정 플레이 방식의 체스 및 카드 게임은 그 오디언스의 지역도 상대적으로 고정되어 있습니다. 또한 체스 및 카드 게임 사용자의 특성은 다른 게임 사용자와 크게 다르므로 다른 게임의 운영 경험을 단순히 따라할 수 없으며, 테스트 기간동안 사용자 프로필 데이터를 심층적으로 연구하여 대상 사용자의 특성을 파악해야 합니다. 핵심 사용자 프로필 데이터에는 다음이 포함됩니다:

- 사용자가 주로 사용하는 단말기.
- 사용자가 앱을 사용하는 시간대 분포.
- 사용자의 성별 비율, 나이, 지역 분포 등.

이러한 데이터는 사용자의 게임 습관, 결제능력 등을 직관적으로 반영할 수 있으며,

게임 플레이, 운영 활동 및 홍보 전략의 수립에 결정적인 역할을 합니다.

(2) 게임 테스트 기간의 핵심 데이터

게임이 아직 테스트 기간에 있기 때문에 사용자 수가 제한적이며, 게임 제작사와 채널의 협력도 아직 시작되지 않았기 때문에, 이 단계에서 지표의 핵심 가치는 게임 플레이와 수치의 조정을 지도하는 것입니다. 체스 및 카드 게임에서 조정의 핵심은 사용자 심리에 가까운 경기 모드를 구축하고 매력적인 보상을 설정하는 것입니다.

테스트 기간 동안 유지율, 결제율 등의 지표 외에도 체스 및 카드 게임은 사용자가 초보자 기간에 표현하는 것과 경기 모드에 대한 선호도를 주목해야 합니다. 또한 체스 및 카드 게임이 사용자에게 강렬한 감각적 체험 또는 캐릭터 육성에 대한 성취감을 제공하기 어려운만큼, 자원의 이익과 손실 및 경기 리듬의 디자인을 통해 사용자에게 지속적인 자극을 제공해야 합니다. 승률, 결제율, 온라인 시간 등은 테스트 기간동안 체스 및 카드 게임이 주목해야 할 지표의 핵심입니다.

2. 홍보 기간

테스트 기간의 주요 목적은 사용자가 게임 플레이와 핵심 수치 디자인을 수용하는지를 검증하는 것입니다. 홍보 기간에 들어서면, 게임 제품을 지속적으로 다듬는 것 외에도 채널 홍보 상황과 사용자 증가에 주목해야 합니다. 업계 벤치마크 제품과의 비교를 통해 자사 제품이 건강한 상태에 있는지 판단합니다. "제품을 건강한 상태로 유지"하는 비즈니스 목표에 대해, 우리는 OSM 모델을 사용하여 비즈니스 전략을 수립할 수 있습니다: 사용자 활성도, 유지율, 결제율을 높이고, 사용자 이탈율을 낮추는 등입니다. 전략 실행과정의 측정을 분해함으로써 이 전략을 평가할 수 있는 일련의 지표를 얻을 수 있습니다.

- 활성 사용자수와 활성도.
- 사용자 유지상황(다음 날 유지율, 7일 유지율, 월 유지율).
- 사용자 결제 상황(ARPU, LTV).
- 이탈 사용자수 및 이탈 시점.

위 지표 데이터를 분석해 게임 상태를 평가하고 게임을 최적화 및 반복할 수 있으며, 홍보 채널의 가중치를 조정하여 게임 홍보의 투자 수익률을 극대화할 수 있습니다.

3. 플랫폼 기간

플랫폼 기간, 즉 안정기에는 이 단계에서 사용자 증가속도가 느려지기 시작하며, 핵심 비즈니스 목표는 게임 상업 가치의 최대화를 추구하는 것입니다. 여기에서 우리는 상업 가치를 간단히 매출액으로 이해할 수 있으며, 이를 표현하는 공식은 다음과 같습니다:

$$활성\ 사용자수 * 활성\ 사용자\ 평균수입 = 매출액$$

게임의 매출액을 높이고 싶다면 활성 사용자수와 활성 사용자 평균수입 이 두 매개변수에 해당하는 지표에 주목해야 합니다. 예를 들어:

- 일일 활성 사용자수(DAU)
- 결제 전환율
- 사용자당 평균수입(ARPU)

다른 게임에 비해 체스 및 카드게임의 결제는 명확하며 사용자는 결제의 의미를 매우 명확하게 알고 있고 결제 여부에 대해 너무 많이 고민하지 않습니다. 따라서 체스 및 카드게임에서 가장 주목해야할 데이터는 사용자의 유지상황입니다. 사용자가 게임에서 지속적으로 활성화되고 일정한 효과를 형성한 후에는 자연스럽게 결제행위가 발생합니다.

5.3 지표체계의 심층적 가치

여기에서는 지표체계의 심층적 가치를 탐구합니다. 사업 담당자는 지표 대시보드를 구축하여 게임의 상태를 실시간으로 모니터링할 수 있으며, 지표체계를 기반으로 사업 예방 시스템을 구축하여 게임 생태계가 통제불가능한 방향으로 발전하는 것을 방지할 수 있습니다.

5.3.1 지표 대시보드 구축, 게임 건강상태 모니터링

지표체계를 구축한 후에는 지표 대시보드를 구축하여 지표를 실시간으로 모니터링할 수 있습니다. 지표 대시보드는 데이터 시각화의 매체로 현재의 비즈니스, 운영 및 관리 관련 데이터와 차트를 표시할 수 있습니다. 합리적인 페이지 레이아웃 및 디자인을 통해 지표 대시보드는 지표를 직관적이고 형상화된 형태로 전시하여, 게임 프로젝트팀이 실시간으로 비즈니스 발전 상황을 이해하고 데이터 변화에 따라 결정을 내릴 수 있도록 돕습니다.

지표 대시보드를 구축할 때 "누구를 위해(목표 사용자), 어떤 목표를 실현(비즈니스 지표), 어떤 서비스를 제공해야 하는가"의 생각으로 접근할 수 있습니다.

- 목표 사용자: 지표 대시보드는 게임 운영을 위한 것이며, 게임의 운영은 여러 부서(역할)가 서로 협력해야 합니다. 부서 모두가 지표 대시보드를 사용해야 하므로 지표 대시보드를 구축할 때는 다양한 부서의 요구를 고려해야 합니다. 예를 들어, 게임팀 고위층을 위한 지표 대시보드는 일반적으로 핵심 데이터만을 전시하며 복잡한 차트는 필요하지 않습니다. 중간 관리자(예: 게임 프로젝트 책임자, 기획자 등)는 비즈니스 실행과정에 더 관심이 많으므로 제공되는 지표 대시보드에는 데이터의 변화나 분포를 보여주는 추세 그래프나 분포 그래프를 사용해야 합니다. 게임 프로젝트의 비즈니스 직원은 일반적으로 비즈니스 세부사항에 관심이 많으며, 지표 대시보드에는 각 채널의 신규 사용자수, 선물 패키지 구매상황, 사용자의 경기장 참여 상황 등 비즈니스 지표가 주로 표시됩니다.
- 실현할 목표: 지표 대시보드는 게임 프로젝트팀이 비즈니스 현황을 신속하게 파악하고, 기존 비즈니스 지표 데이터에서 문제를 발견하거나 새로운 기회를 발견하여 비즈니스를 반복할 수 있도록 도와야 합니다.
- 제공할 서비스: 지표 대시보드는 비즈니스를 중심으로 해야 하며, 분석 결과는 비즈니스와 강력하게 연관되어야 합니다.

또한 대시보드상의 지표 구성 방식을 결정한 후에는 지표에 적합한 표현 형태, 즉 시각화 차트 유형을 선택해야 합니다. 적절한 차트 유형은 정보를 충분히 완전하게 표시하고 중점을 강조할 수 있습니다. 차트의 특성에 따라 이를 비교류, 비율류, 추세류, 분포류 등으로 분류할 수 있습니다.

- 비교류: 막대 그래프, 바 차트, 레이더 차트 등.
- 비율류: 파이 차트, 면적 그래프, 게이지 차트 등.
- 추세류: 선 그래프, 막대 그래프, 면적 그래프 등.
- 분포류: 산점도, 버블 차트, 히트맵, 지도, 퍼널 차트 등.

5.3.2 업무 조기경보, 게임 운영사고 방지

데이터 분석의 비즈니스 적용 시나리오는 대략 세 가지로 나눌 수 있습니다: 사전 예측, 사중 모니터링, 사후평가. 비즈니스 조기경보는 사전 예측 시나리오 중 가장 대표적인 예로, 핵심 지표의 수치 변화에 경고 임계값을 설정하여 게임 운영중의 문제를 적시에 발견하고 사고를 방지하는 것입니다.

비즈니스 남당자에게 게임의 다양한 수명주기 단계에서 주목해야 할 지표가 많아 모두를 신경쓰기 어려울 수 있으므로 비즈니스 조기경보는 매우 중요합니다. 데이터 분석가가 지표 대시보드를 적극적으로 확인하거나 지표 데이터를 다차원적으로 분석하여 문제를 발견하는 것과 비교할 때, 지표체계를 바탕으로 한 비즈니스 지표 조기경보 시스템을 구축하면 언제든지 비즈니스의 운영상태를 알 수 있고, 사용자나 비즈니스에 중대한 영향을 미치는 핵심 지표에 변화가 생길 경우, 관련 직원이 즉시 푸시 메시지를 받아 적시에 대응할 수 있어 비즈니스에 미치는 부정적인 영향을 피할 수 있습니다.

비즈니스 지표 조기경보 시스템을 구축할 때 두 가지 핵심 포인트가 있습니다.

1) 주목해야할 지표를 결정하는 것
2) 지표의 이상값을 정의하는 것

예를 들어, 경쟁 게임의 플레이는 공정성에 중점을 둡니다. 운영자는 사용자가 게임 내에서 자원을 획득하는 상황에 특별히 주목해야 합니다. 현재 단일 게임의 수명주기가 점점 더 길어짐에 따라, 게임의 운영작업이 게임이 얼마나 멀리 갈 수 있는지를 결정하는 경우가 많습니다. 실시간 비즈니스 지표 조기경보 시스템이 있으면 게임 제작사는 문제를 즉시 발견하고 운영사고가 게임에 미치는 부정적인 영향을 줄일 수 있습니다.

지표의 이상값을 정의할 때 역사적 데이터의 변화 추세, 주기성 등을 결합하여 지표의 수치예측 범위를 계산할 수 있으며, 지표 수치가 "예측값 상한을 초과"하거나 "예측값 하한을 미달"할 때 경고를 발생시킬 수 있습니다. 지표의 실제값과 예측값을 비교하여 이상 여부를 판단합니다.

사용자 집합 데이터에 대한 조기경보 외에 일반적인 비즈니스 조기경보에는 예외 사용자에 대한 조기경보도 포함됩니다. 예외 사용자 조기경보는 일반적으로 사용자 개인에 대한 것입니다. 많은 게임에서 단일 사용자의 지표 수치가 이상적으로 나타나더라도 전체 게임 또는 게임 내 특정 서버의 특정 지표 수치에 큰 변화를 일으키지는 않지만, 전체 게임 생태계에 악영향을 미칠 수 있습니다. 예를 들어, 평균 DAU가 10,000인 서버에서 어떤 사용자가 비정상적인 방법으로 정상 상황에서 얻을 수 있는 금화수의 백 배를 얻었다면, "서버 금화 생산"이라는 지표 관점에서 이 사용자의 행동은 지표의 1% 변동만을 일으키고, 일반적으로 정상적인 주기적 변동으로 간주될 수 있습니다. 하지만 이는 이 서버의 사용자에게 큰 영향을 미쳐 유료 사용자의 경험을 저하시키고, 단기간에 게임내 물가에 변동을 일으키며, 심지어 이러한 금화 획득 비정상 방법이 광범위하게 퍼져 게임 생태계를 예측할 수 없는 방향으로 발전시킬 수 있습니다.

게임 종류와 직접적으로 관련된 예외 사용자 조기경보는 고정된 조기경보 지표가 없으며, 일반적으로 다음과 같은 몇 가지 관점에서 조기경보 지표를 구축할 수 있습니다:

(1) 화폐 자원: 대부분의 중대형 게임에는 화폐체계와 성장라인과 관련된 자원체계가 있으며, 두 가지 모두 사용자에게 게임 내외에서 큰 이익을 가져다 줄 수 있습니다. 따라서 게임 내에서 화폐자원이 사용자 레벨을 얼마나 커버하는지 살펴보고, 사용자가 획득한 화폐자원량이 그들이 있는 게임 단계나 레벨과 맞는지 관찰할 수 있습니다.

(2) 게임 플레이 기능: 사용자는 게임 내에서 대부분의 시간을 다양한 게임 플레이에 소비하며, 게임 플레이는 화폐 및 자원의 주요 생산경로입니다. 많은 작업실은 게임 내에서 반복할 수 있는 레벨과 자원생산이 풍부한 레벨을 반복하여 부당한 이익을 얻기 위해 찾습니다. 따라서 게임 플레이 횟수에 대한 조기경보 지표를 구축하고, 정상 사용자의 해당 게임 플레이

횟수를 임계값으로 설정하여 예외 사용자를 선별하고 효과적으로 관리할 수 있습니다.

(3) 채팅 내용: 점점 더 많은 중대형 게임이 사용자에게 조화로운 커뮤니케이션 환경을 조성하려고 합니다. 이는 사용자가 게임 내에서 다양한 게임 플레이의 레벨 진행을 돕고, 사용자의 사회적 깊이를 증가시키며, 사용자의 접착성을 높일 수 있기 때문입니다. 게임내 채팅 내용에 대해 조기경보 지표를 설정할 수 있으며, 예를 들어, 내용에 특정 키워드가 나타날 경우 실시간으로 내용을 자동으로 검열하거나, "이상한" 발언을 하는 사용자에 대해 계정을 차단하는 등의 조치를 취하여 조화로운 게임사회 생태계를 유지할 수 있습니다.

5.4 결론

데이터 지표체계 구축은 게임 운영자가 게임의 운영상태를 더 직관적으로 이해하게 하고, 분석가가 데이터 분석 작업을 더 민첩하게 진행하게 하며, 원래 복잡한 데이터를 체계적이고 이해하기 쉬운 형태로 변환하는 것을 목적으로 합니다. 이 장에서는 게임산업의 특성을 바탕으로 게임 데이터 지표체계를 구축하는 방법을 소개하고, 체스 및 카드 게임 사례를 통해 지표체계의 구축 단계를 설명했습니다. 독자 여러분께서는 일반적인 구축 사고방식을 먼저 이해한 후 자신의 비즈니스 특성에 맞는 방법을 선택하여 전체적인 구축 사고방식을 형성하는 것이 좋습니다.

MEMO

게임 데이터
전문분석

앞 장에서는 구축된 데이터 지표체계가 프로젝트팀이 게임의 실제 운영 상태를 이해하고 올바른 결정을 내리는데 어떻게 도움을 주는지, 그리고 이를 통해 데이터 기반의 비즈니스를 어떻게 실현할 수 있는지를 설명했습니다. 그렇다면 실제 작업에서는 이러한 지표체계를 어떻게 활용하여 데이터 분석을 수행하고, 게임의 시장 성과를 어떻게 개선할 수 있을까요?

여기에서는 게임 데이터에 대한 전문분석을 소개하고, 몇 가지 사례를 통해 이러한 전문분석이 게임 프로젝트의 비즈니스 성장에 어떻게 기여할 수 있는지 설명합니다.

6.1 개요

   게임의 핵심 목표는 사용자의 인정을 받아 유지율과 결제율을 높이는 것입니다. 게임 운영팀은 뛰어난 작품을 제공함과 동시에 게임의 수익이 지속적으로 건강하게 성장하도록 보장하는 역할을 합니다. 게임 데이터 전문분석은 운영팀이 의사결정을 내리는데 중요한 도구로 활용되며, 팀은 이를 통해 게임을 조정하여 더욱 건강하고 안정적인 방향으로 발전시킬 수 있습니다. 여기에서는 게임 데이터 전문분석의 정의와 유형을 소개하고, 각 유형의 전문분석이 게임에 어떤 가치를 제공하는지 설명합니다.

6.1.1 게임 데이터 전문분석의 정의

   국내 게임시장은 초기의 거친 성장단계를 지나 이제 고품질 게임이 각 제조사가 시장에서 돋보일 수 있는 핵심요소가 되었습니다. 광고 투입과 사용자 유입, 빠른 손익분기점 달성에서 사용자 잔존율, 운영, 장기적인 수익성에 중점을 두는 변화과정을 거치면서 게임 제조사들은 게임의 장기적 운영과 시스템의 지속적인 최적화에 주목하게 되었습니다. 게임 데이터 분석은 탐색적 분석과 전문분석으로 세분화되어 각각 데이터 분석 기술과 비즈니스를 중심으로 진행됩니다.

   게임 데이터 전문분석은 주로 게임 프로젝트팀이 지표체계를 활용하여 프로젝트의 비즈니스 요구와 결합해 수행하는 데이터 분석을 말합니다. 데이터 수집작업 완료 후 새로운 비즈니스 분석요구가 생길 때 프로젝트팀은 필요한 데이터를 유연하게 추출하고 실시간으로 분석을 완료할 수 있습니다. 게임 운영자에게는 데이터 분석을 활용하여 게임 운영상태를 실시간으로 모니터링하는 것이 중요합니다. 법규가 허용하는 범위 내에서 사용자 정보를 더 많이 파악할수록 사용자를 끌어들이는 게임을 시장에 출시하거나 새로운 게임플레이를 제공하여 신규 사용자 유치 가능성을 높일 수 있습니다. 사용자 행동데이터를 기반으로 프로젝트팀은 사용자 행동 피드백에서 유효한 정보를 얻고, 게임플레이와 이벤트 디자인을 최적화하며 출시된 게임과 이벤트의 효과를 평가할 수 있습니다.

   이러한 전문분석은 게임 내용이 사용자에게 얼마나 잘 받아들여지는지 직관적으로 반영하며, 고품질화 방향으로 게임을 조정하는데 필요한 근거를 제공하여 더 많은 사용자의 사랑을 받을 수 있도록 합니다.

6.1.2 게임 데이터 전문분석의 유형

게임의 고급화와 장기운영이 점차 주류가 되면서 게임 데이터의 전문분석도 지속적으로 세분화되고 향상되고 있습니다. 이 분석은 주로 다음 세 가지 유형을 포함합니다:

- 최적화형 전문분석: 게임 최적화 방법에 초점을 맞춥니다.
- 설계형 전문분석: 새로운 이벤트 및 게임 업데이트 내용 설계에 중점을 둡니다.
- 평가형 전문분석: 새로 출시된 이벤트 및 게임 버전의 효과를 평가합니다.

최적화형 전문분석은 게임의 전체 수명주기 동안 적용되며 게임 최적화 가능성을 탐색하는 과정으로, 게임 수명의 연장을 목표로 합니다. 이는 가장 기본적인 게임 데이터 분석유형에 속합니다. 설계형 전문분석은 게임 내의 새로운 게임플레이와 이벤트 등 혁신적인 내용을 대상으로 하여 이들이 출시 후 뛰어난 성과를 낼 수 있도록 지원합니다. 평가형 전문분석은 이미 출시된 게임 플레이와 이벤트의 성과를 평가하며 이를 통해 데이터를 기반으로 한 게임플레이와 이벤트의 효과를 분석하고 향후 유사 프로젝트에 대한 인사이트를 제공합니다.

6.2~6.4에서는 이 세 가지 유형의 게임 전문분석을 각각 소개하고 사례를 제공합니다.

6.2 최적화형 전문분석

게임인구의 보너스가 점차 사라지고 대기업의 시장진입이 경쟁을 가속화하면서 국가의 게임산업에 대한 규제도 점점 더 엄격해지고 있습니다. 이에 따라 게임제작사들은 게임의 품질을 높이고 게임의 수명주기를 연장하는데 주력하고 있습니다. 이는 게임개발에 대한 요구가 더 높아질 뿐만 아니라 운영단계에서도 시장 경쟁력을 높이기 위해 게임을 지속적으로 조정해야 한다는 것을 의미합니다. 최적화형 데이터 전문분석의 목적은 데이터 분석을 활용하여 운영자가 사용자의 행동경로를 명확히 파악하고, 조정단서를 얻어 조정목표를 달성하는데 도움을 주는 것입니다.

6.2.1 최적화형 전문분석의 내용

게임 수명주기를 연장하는 가장 일반적인 방법 중 하나는 지속적인 최적화입니다. 품질이 높은 게임일수록 최적화 작업도 더 자주 이루어집니다. 이러한 맥락에서 게임 내에서 최적화할 수 있는 요소를 찾는 것이 최적화형 전문분석의 주된 목적이며 이는 분석가의 일상업무에 속합니다.

최적화형 전문분석은 주로 중요 지표나 북극성 지표를 최적화 목표로 삼습니다. 예를 들어, 신규 사용자 수, 결제율, 잔존율 등의 지표를 분석하여 최적화 단서를 찾습니다. 이 지표들을 세밀하게 분석하거나 관련 지표를 찾아보는 방법을 사용합니다. 성공적인 최적화형 특별분석을 수행하기 위해서는 데이터 지표체계를 활용하여 중요한 지표를 파악하는 것은 물론 유연하고 효율적인 분석 플랫폼과 첨단 분석방법의 도움을 받는 것이 필수적입니다. 6.2.2에서는 특정 시나리오를 통해 분석가가 최적화 방법을 찾는 전체 과정을 자세히 설명하고, 최적화형 전문분석을 수행하는 방법을 소개합니다.

6.2.2 사례: 익일잔존율 최적화

이 사례는 한 ARPG 게임에서 나온 사례로, 분석가가 사용자 잔존율 지표를 검토하는 과정에서 다음 날의 잔존율이 낮다는 문제를 발견했습니다. 이 핵심 지표를 기준으로 문제를 파악한 그는 다음 날의 잔존율을 최적화하기 위해 분석을 시작했습니다.

분석의 첫 단계로 사용자가 게임 첫날 어떻게 플레이했는지 분석했습니다. 이를 통해 사용자가 게임을 계속하지 않은 이유를 파악할 수 있기를 기대했습니다. 따라서 그는 분석의 다음 단계로 첫날 사용자가 머문 레벨의 분포를 살펴보았습니다.

그림 6.1은 사용자가 첫날 머문 레벨 분포를 보여주며, 가로축은 사용자가 최종 도달한 레벨을, 세로축은 해당 레벨에 도달한 사용자 수를 나타냅니다.

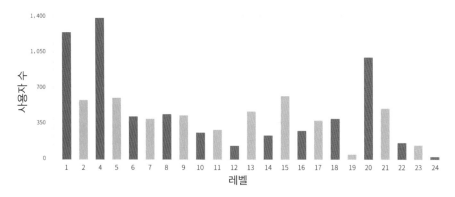

그림 6.1 어떤 ARPG 게임의 사용자 첫날 유지 등급 분포

  분석 결과 이 게임의 사용자 첫날 레벨 분포는 전형적인 패턴과 다르게 매우 불규칙한 것을 발견했습니다. 일반적으로 사용자 레벨 분포는 초반에 급격하게 감소하다가 후반으로 가며 점차 안정되는 경향이 있어야 합니다. 그러나 이 게임에서는 변동폭이 크고 몇몇 이상한 플롯 포인트들이 나타났습니다. 다음은 세 가지 주요 데이터 문제입니다:

- 문제 1: 3레벨에는 아무도 머물지 않았으며, 4레벨에 머문 사용자 수는 1레벨에 머문 사용자 수와 비슷하고 2레벨에 머문 사용자보다 훨씬 많습니다. 19레벨에서도 비슷한 상황이 나타나 20레벨에는 많은 사용자가 머물지만 19레벨에는 거의 없습니다.
- 문제 2: 10~20레벨 사이에서 특히 12레벨과 14레벨에 머문 사용자 수가 주변 레벨에 비해 현저히 적습니다.
- 문제 3: 21레벨 이후로는 사용자 수가 급격히 감소합니다.

  이러한 문제를 바탕으로 분석가는 문제가 있는 레벨에서 사용자의 상황을 재검토하고 분석해서 다음 날 잔존율을 개선할 방법을 찾기 시작했습니다. 그는 이 데이터를 사업적 관점에서 해석하며 비정상적인 레벨 구간을 조사했습니다.

  먼저 문제 1을 살펴봅시다. 분석가는 3레벨에 사용자가 없고 4레벨에 사용자가 많다는 점을 발견했습니다. 초보자 가이드를 검토한 결과 사용자들이 2레벨을 마치고 나면 튜토리얼을 완료해 많은 경험치를 얻고 직접 4레벨로 승급하게 됩니다. 이로 인

해 3레벨 사용자가 없는 것이 확인되었습니다. 따라서 4레벨에는 2레벨과 5레벨의 사용자 수를 합친 것의 두 배가 모여 있으며, 이는 두 레벨의 사용자가 4레벨에 집중되어 높은 잔존율을 나타내는 것을 보여줍니다. 마찬가지로 19레벨 사용자의 경우 18레벨에서 완료한 일일 임무를 통해 많은 경험치를 얻어 직접 20레벨로 승급하는 사례를 발견했습니다.

문제 2는 12레벨과 14레벨에서 사용자 수가 비정상적으로 변동하는 문제입니다. 게임 디자인 측면에서 이 두 레벨은 특별히 "경험치 던전"을 통해 첫 클리어 후 많은 경험치를 제공하여 사용자들이 직접 다음 레벨로 승급할 수 있습니다. 사용자들은 12레벨과 14레벨에서 약 3분 동안 머물며, 13레벨과 15레벨에서는 약 10분 동안 머물렀다는 데이터를 확인할 수 있습니다. 이는 "경험치 던전"이 두 레벨에서 사용자의 승급 속도를 가속화하여 이 레벨에 머무는 사용자 수가 적다는 것을 의미합니다.

마지막으로 문제 3은 21레벨에서 22레벨로 넘어갈 때 사용자 수가 급격히 감소하는 문제입니다. 대부분의 ARPG 게임은 스태미나 메커니즘을 도입하여 사용자의 게임 진행속도를 제한합니다. 이 게임에서는 사용자가 처음 받은 스태미나만으로 21레벨까지만 진행 가능합니다. 결제를 통해 추가 스태미나를 얻어 더 많은 던전을 클리어하고 레벨을 올릴 수 있기 때문에 21레벨과 22레벨 사이의 사용자 수 차이는 무료와 유료 사용자의 경계를 나타낼 수 있습니다.

이 세 가지 데이터 문제를 사업적 관점에서 분석하면, 비정상적인 데이터 포인트가 실제로는 게임 디자인의 필연적 결과와 부합한다는 것을 알 수 있습니다. 이런 반전을 발견하는 것은 분석 과정에서 자연스러운 일입니다. 분석가는 이전의 논리를 바탕으로 새로운 접근방식을 찾거나 분석방향을 조정해야 할 때가 있습니다. 다음으로 분석가는 다양한 레벨에서 머문 사용자의 다음날 유지 상황을 분석하여 잔존율이 낮은 문제를 해결할 계획입니다.

TE 시스템은 첫날 머문 레벨을 그룹핑 항목으로 사용하여 다음날 잔존율을 계산합니다. 결과는 사용자의 첫날 머문 레벨과 잔존율이 일반적으로 동시에 증가하는 것을 보여줍니다. 이는 새로운 사용자가 첫날 게임에서 많이 플레이할수록 다음날 계속 플레이할 확률이 높다는 것을 나타냅니다. 특히 16레벨과 20레벨에서 잔존율이 높아 이 레벨의 데이터 분석은 사업적 관점에서 매우 중요합니다.

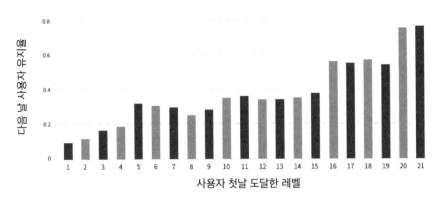

그림 6.2 사용자 첫날 유지 등급과 각 등급 사용자의 다음날 잔존율

분석가는 사용자들이 16등급과 20등급에서의 게임 경험을 회고하며 각 등급에서 경기장 플레이와 길드 플레이가 해금되는 것을 발견했습니다. 이 두 플레이 모드는 모두 PVP(플레이어 간 대결)에 속하며 사용자 간의 협력 및 대결을 포함하는 게임 방식입니다. ARPG 게임에서 PVP는 사용자를 매료시키는 중요한 요소로, 새롭고 기대에 부합하는 경험을 제공함으로써 사용자가 게임에 더 오래 머무르게 합니다.

이러한 발견을 바탕으로 사업 담당자는 최적화 방안을 결정했습니다. 이 계획은 두 플레이 모드의 해금등급을 앞당겨 사용자들이 이 매력적인 플레이를 더 일찍 경험하게 하는 것입니다. 최적화 방안이 확정된 후 게임 최적화의 주제 분석은 일단락되었습니다. 하지만 게임 의사결정을 실행한 후에는 그 효과를 평가해야 합니다. 최적화가 온라인에 도입된 후 효과를 검증하기 위해 지표를 통해 최적화가 효과적인지, 추가 최적화가 필요한지를 분석해야 합니다.

최적화가 온라인에 도입된 후 일주일, 분석가는 최적화 전후의 다음날 잔존율을 비교하여 최적화 후 잔존율이 이전에 비해 10% 상승한 것을 확인했습니다. 이는 상당한 향상을 나타내며 최적화가 성공적이었음을 보여줍니다.

이 과정은 지속적인 시행착오와 탐색을 요구합니다. TE 시스템의 유연하고 효율적인 특성 덕분에 분석가는 데이터 뒤에 숨은 비즈니스 의미를 고민하고, 언제든지 분석 방향을 조정할 수 있으며 최적화 단서를 보다 쉽게 찾을 수 있습니다.

6.3 설계형 전문분석

게임의 장기적인 운영을 위해 사용자들에게 지속적으로 새로운 경험을 제공하기 위해서 게임 운영부서는 새로운 버전과 이벤트를 지속적으로 설계합니다. 이 과정에서 수집된 데이터를 분석하여 게임 설계의 효과를 개선하는 것을 '설계형 전문분석'이라고 합니다.

6.3.1 설계형 전문분석의 내용

게임의 기존 내용을 조정하는 것 외에 새로운 콘텐츠를 출시하는 것도 게임의 수명을 연장하는 중요한 방법 중 하나입니다. 새로운 콘텐츠 개발은 막대한 자원을 요구하고 팀이 예상치 못한 도전에 직면할 수도 있습니다. 예를 들어, 새로운 게임 플레이가 사용자들에게 어떻게 받아들여질지, 새 버전이 신규 사용자를 유치할 수 있을지 등이 고려됩니다. 설계형 전문분석을 통해 게임 운영자는 새로운 버전이나 이벤트 설계에 필요한 중요한 정보를 얻을 수 있습니다. 이 분석은 객관적인 데이터에 기반하여 새로운 콘텐츠가 사용자의 기대에 부응하고 게임 성과를 향상시킬 수 있도록 하는 것을 목표로 합니다.

6.3.2에서는 한 카드 게임의 이벤트 설계사례를 소개합니다. 이 사례에서는 운영자가 누적결제 이벤트를 통해 게임수익을 증가시키기를 기대하였으며, 이에 따라 누적결제 이벤트의 디자인에 대한 특별한 분석을 수행했습니다.

6.3.2 사례: 누적결제 이벤트 설계

누적결제는 많은 게임 운영자들이 설계하는 일반적인 운영이벤트로, 이러한 이벤트를 설계할 때 운영자들은 종종 비슷한 경쟁 게임의 누적결제 방안을 참고합니다. 기존의 방안을 참조해 자신의 게임에 맞게 조정하려고 하지만 서로 다른 게임은 운영 단계에서 차이가 있고 각각 다른 사용자 그룹을 보유하고 있으며, 사용자들의 결제능력, 게임 플레이 습관, 게임자원의 가치 등에서도 차이가 있습니다. 이로 인해 다른 게임의 이벤트설계를 그대로 복제하는 것은 '물리적 부적응' 상태에 빠질 위험이 있습니다. 예를 들어, 수명주기의 후반기에 있는 게임과 초기 단계에 있는 게임에서는 희귀 카드의 가치가 크게 다르기 때문에 같은 이벤트방안을 사용하면 효과가 달라질 수 있습니다.

게임 운영자는 참고자료를 바탕으로 하지만 궁극적으로는 자신의 게임에서 출발하여 누적결제와 관련된 지표 데이터를 분석하고, 게임에 적합한 이벤트방안을 설계해야 합니다. 누적결제 이벤트를 설계할 때는 주로 두 가지 핵심 문제를 고려합니다.

1) 어떻게 결제 등급을 설계하여 사용자가 결제하는 금액에 따라 적절한 보상을 받을 수 있는가
2) 각 결제 등급에 어떤 보상을 제공할지 결정하며, 이 보상이 사용자의 참여를 유도하면서도 보상의 가치를 저하시키지 않도록 해야 한다.

이 두 문제를 해결하기 위해 게임 내에서 다양한 결제능력을 가진 사용자들의 주요 요구사항과 현재 사용자 그룹의 결제능력을 면밀히 분석해야 합니다.

이를 위해 TE 시스템 내의 분포 분석모델을 활용하여 최근 7일 동안의 결제 사용자들의 결제금액 분포를 계산합니다. 누적결제 이벤트가 일주일 동안 지속되기 때문에 이 7일간의 데이터 분석을 통해 이벤트기간 동안 사용자들의 결제능력을 기본적으로 파악할 수 있습니다. 이 결과는 표 6.1에서 확인할 수 있습니다.

표 6.1 사용자 최근 7일간 결제 금액 분포 및 비율 상황

최근 7일간 결제 금액 (원)	사용자 분포	사용자 비율
[0, 3000)	5781	73.73%
[3000, 6000)	1255	16.01%
[6000, 9000)	470	5.99%
[9000, 12000)	235	3%
[12000, 15000)	64	0.82%
[15000, 18000)	25	0.32%
[18000, 21000)	9	0.11%
[21000, 24000)	2	0.03%

표 6.1의 데이터에 따르면 대부분의 결제 사용자가 최근 7일간 6000원 이하를 결제했으며, 이들이 결제 사용자의 약 90%를 차지합니다. 반면 12000원 이상 결제한 사용자는 약 1%에 불과합니다. 이 데이터를 바탕으로 누적결제 이벤트의 최고 등급을 너무 높게 설정하지 않는 것이 바람직합니다. 사용자의 반감을 일으키지 않도록 6000원 이하에서 더 많은 등급을 설정하여, 예를 들어 1000원, 3000원과 같은 낮은 금액의 등급을 마련하여 사용자들의 첫 결제를 유도하고 지속적인 결제습관을 형성할 수 있습니다.

다음 단계는 각 결제금액 구간의 사용자 요구를 이해하는 것입니다. 다양한 결제능력을 가진 사용자들의 실제 게임요구는 매우 다양합니다. 적게 결제한 사용자들은 아직 완전하지 않은 카드덱을 가지고 있어, 새로운 고품질 카드를 통해 전투력을 크게 향상시킬 수 있습니다. 반면 많이 결제한 사용자들은 완전한 카드덱을 보유하고 있으며, 핵심 카드의 강화나 수집적 요구, 카드의 예술적 디자인에 더 큰 관심을 가집니다. 따라서 다양한 결제능력을 가진 사용자를 별도로 분석하는 것이 중요하며, 사용자 분류는 이를 위한 매우 적합한 분석방법입니다.

TE 시스템 내의 사용자 분류 기능을 사용하여, 다양한 결제 금액 구간의 사용자를 여러 소그룹으로 나누고 각 사용자 그룹을 개별적으로 분석할 수 있습니다. 예를 들어, 최근 7일간 총 결제 금액이 6000원 이하인 사용자 그룹은 보유한 카드의 종류와 수량을 분석하여, 어떤 카드의 보유량이 부족한지 파악할 수 있습니다. 반면, 6000원 이상 결제한 사용자 그룹은 그들의 다이아몬드 소비 패턴을 분석하여, 실제 게임내 요구사항을 추측할 수 있습니다.

분석결과에 따르면, 6000원 이하를 결제한 사용자들은 주로 SR 카드와 소수의 SSR 카드로 구성된 주요 카드덱을 보유하고 있으며, 강력한 SR 카드를 획득하거나 더 많은 SSR 카드를 얻어 덱을 강화하는 것이 전투력 향상에 도움이 됩니다. 6000원에서 12000원 사이를 결제한 사용자들은 주로 SSR 카드로 구성된 덱을 가지고 있으며, 별 등급을 높이는 것이 주된 요구입니다. 12000원 이상 결제한 사용자들은 카드덱이 이미 잘 갖춰져 있으며, 그들의 다이아몬드 소비는 주로 장비구매, 특정 카드덱 보완, 기술강화 등에 사용되므로 일반 카드는 이 사용자들을 쉽게 유치하기 어렵습니다. 이러한 다양한 결제금액 구간의 사용자 요구는 표 6.2에서 자세히 설명됩니다.

표 6.2 다양한 결제 금액 구간 사용자의 요구 예상

최근 7일간 결제 금액(원)	요구 예상
[0, 3000)	SR카드
[3000, 6000)	SR카드
[6000, 9000)	SSR카드
[900,0 12000)	SSR카드
[12000, 15000)	업그레이드 재료
[15000, 18000)	진급 재료

두 번의 분석 결과를 종합하여 운영자는 표 6.3과 같이 누적결제 이벤트를 설계했습니다.

표 6.3 누적결제 금액 등급 및 보상

이벤트기간 동안 누적결제 금액(원)	획득 가능한 카드
600	관평(SR카드)
3,000	장성채(SR카드)
1,880	손권(SSR카드)
3,888	황충(전투력이 강한 SSR카드)
6,480	관우(전투력이 강한 SSR카드)
18,888	조운(한정판 SSR카드)

누적결제의 최저 등급은 600원으로 설정되어 있으며, 600원과 3,000원을 결제하면 SR카드를 제공하여 사용자의 '첫 결제'를 유도합니다. 18,888원을 결제하면 보유도가 높은 SSR카드를 제공합니다. 이 카드는 7일간의 로그인 이벤트에서 이미 제공된 것으로 모든 사용자가 획득 가능하며, 동일 카드를 다시 획득함으로써 별 등급을 높여 전

투력을 대폭 향상시킬 수 있습니다. 3,888원과 6,480원에 도달한 사용자에게는 보유량이 적고 전투력이 높은 SSR카드를 제공하여, 이러한 영웅 카드가 부족한 사용자에게 큰 매력을 제공합니다. 누적 결제의 최고 등급은 18,888원으로 설정되어 있으며 한정판 SSR카드를 보상으로 제공합니다. 이 카드는 결제능력이 높은 사용자에게 전투력 강화는 물론 독특한 보상에 대한 선호도를 만족시킬 수 있습니다.

이 사례에서 TE 시스템의 사용자 분류기능은 보다 세분화한 분석 정확도를 제공하여 분석방향을 확장하는데 크게 기여했습니다. 이 도구를 통해 분석가는 다양한 사용자 그룹의 게임 플레이 습관을 이해하고, 운영팀이 타깃을 정확히 파악하여 이벤트를 설계할 수 있습니다. 후속 장에서는 이 사용자 분류기능의 추가적인 응용사례를 소개합니다.

6.4 평가형 전문분석

평가형 전문분석은 이벤트와 게임 플레이를 평가하여 게임이 온라인에 배포된 후 그 효과를 검증합니다. 이 과정은 게임의 전반적인 품질향상과 사용자수 증가를 위한 신뢰할 수 있는 근거를 제공하여 게임개발 및 운영에 중요한 정보를 제공합니다.

6.4.1 평가형 전문분석의 내용

게임 플레이 조정이나 새로운 운영이벤트 출시 후 이러한 게임 콘텐츠의 효과를 평가하는 것이 필수적입니다. 운영자와 분석가들은 이벤트평가 보고서나 버전평가 보고서를 작성하여 온라인에 배포된 새로운 이벤트나 게임 플레이가 예상한 효과를 달성했는지 분석합니다. 이 과정은 평가형 전문분석이라 불리며 게임 콘텐츠의 현재 효과에 대한 종합적인 평가를 가능하게 하고, 후속 개발단계에 대한 참고 자료도 제공합니다.

예를 들어, 한 3매치 퍼즐게임에서 새로운 버전에 15개의 레벨을 추가한 사례가 있습니다. 분석가는 이 새 레벨들의 설계가 플레이어에게 적절한 도전을 제공하고 참여와 만족도를 증가시키는지 평가해야 합니다. 이러한 평가는 미래 레벨 디자인의 조정과 개선에 중요한 근거 자료로 활용됩니다.

6.4.2 사례: 새 버전의 스테이지 디자인 평가

레벨은 3매치 게임에서 중요한 게임 플레이 매개체일 뿐만 아니라 핵심적인 수익창출 지점입니다. 따라서 새로운 레벨의 디자인을 평가할 때 단순히 레벨 자체의 지표에만 의존해서는 부족하며, 레벨이 사용자의 활동성과 결제율에 미치는 영향을 종합적으로 고려해야 합니다.

이러한 평가에서는 새로 추가된 레벨의 통과율을 분석합니다. 예를 들어, 게임에서 5의 배수인 레벨의 통과율이 상대적으로 낮습니다. 이것은 그러한 레벨이 보통 높은 난이도로 설계되었기 때문에 다른 레벨에 비해 통과율이 낮은 것이 합리적입니다. 또한 새로운 10번 레벨에는 새로운 3매치 메커니즘이 도입되었으며, 운영자는 사용자가 이 새 메커니즘을 어떻게 받아들이는지에 더 많은 관심을 기울입니다. 이는 앞뒤 레벨의 통과 데이터만으로는 문제를 충분히 파악하기 어렵기 때문에 다른 지표와 결합하여 분석해야 합니다.

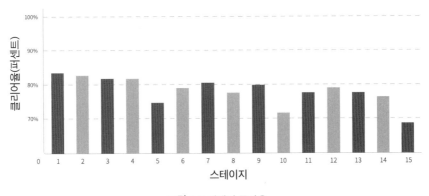

그림 6.3 레벨의 통과율

레벨 통과율과 사용자의 활동성, 결제율간의 관계는 어떻게 분석할까요? 분석가는 TE 시스템 내 잔존 분석모델을 활용하여 사용자의 여러 행동간의 연관성을 분석할 수 있습니다. 이 모델을 통해 사용자가 새 레벨을 처음 플레이한 후 얼마나 빨리 다시 로그인하거나 결제하는지를 파악할 수 있습니다. 사용자의 재접속률과 결제 재개율을 여러 레벨에 걸쳐 비교하여 새 레벨이 사용자 활동성이나 결제를 촉진했는지 평가할 수 있습니다.

이외에도 일부 세분화 분석 시스템은 재접속한 사용자의 로그인 당일 평균 온라인 시간이나, 후속 결제한 사용자의 사용자당 평균수익(ARPPU) 등 추가 지표에 대한 분석을 지원합니다. 이러한 지표를 통해 새 레벨이 사용자 활동성과 결제율에 미치는 영향을 보다 정량화할 수 있습니다. 분석 결과 대부분의 레벨에서 사용자의 로그인 복귀 상황은 비슷하지만 10번 레벨 이후에서는 사용자의 결제비율이 약간 높아졌으며, 이들 사용자가 구매한 주요 아이템이 새로운 10번 레벨의 메커니즘과 관련되어 있음을 알 수 있습니다. 이는 새 레벨 디자인이 사용자의 결제를 촉진하는데 효과적임을 시사합니다.

이 사례를 통해 게임 디자인의 효과를 평가할 때 단일 행동지표보다는 여러 행동 간의 인과관계를 포함한 복잡한 지표를 사용해야 함을 알 수 있습니다. TE 시스템 같은 도구는 이벤트 분석, 잔존 분석, 퍼널 분석 등 다양한 모델을 제공하여 사용자 행동 간의 인과관계를 효과적으로 분석할 수 있습니다. 이를 통해 분석가는 데이터 뒤에 숨겨진 사용자의 진정한 요구를 발견하고, 새로운 콘텐츠가 사용자의 기대에 부합하는지 정확하게 판단할 수 있습니다.

게임 데이터
탐색적 분석

게임 데이터 분석은 우리가 문제의 원인을 신속하게 파악하는데 도움을 줄 수 있지만 많은 경우 기존의 분석방법으로는 모든 문제를 해결할 수 없습니다. 이때 탐색적 분석을 통해 문제를 해결할 필요가 있습니다. 20세기 60, 70년대 미국의 통계학자 존 투키(John Tukey)는 "탐색적 분석"이라는 개념을 제안하며 분석가가 문제에 대한 이해가 연구가 깊어짐에 따라 변할 수 있음을 지적했습니다.

탐색적 분석은 특정한 분석모델이나 방법을 사용하는데 국한되지 않으며 기존의 경험이나 지식에 완전히 의존하지도 않습니다. 그것은 무협 소설에서 말하는 '검술 대응'과 같이, 지속적인 반복을 통해 "문제발견 - 문제해결 - 새로운 문제발견 - 문제 다시 해결"의 순환을 형성합니다.

탐색적 분석의 첫 단계는 데이터를 발굴하고 이해하는 것이며, 그 기반 위에서 인과추론과 실험방법을 결합한 게임 데이터 분석을 수행하여 빠른 시행착오를 통해 비즈니스 성장을 돕습니다.

7.1 데이터 기반 정보 마이닝

데이터는 객관적인 세계를 상징적으로 기록한 것이며 정보는 의미가 부여된 데이터입니다. 데이터에서 정보를 추출하려면 먼저 데이터를 충분히 이해해야 합니다. 예를 들어, 게임 데이터를 받았을 때 먼저 전체 상황을 확인하여 다양한 필드가 수치형 데이터인지 범주형 데이터인지 판단할 수 있습니다. 아래 표 7.1은 사용자 속성 데이터를 보여주며, 현재 레벨과 스테이지 진행 상황은 수치형 데이터이고 출처 채널은 범주형 데이터입니다.

표 7.1 사용자 속성 데이터 예시

계정 ID	현재 레벨	스테이지 진행 상황	출처 채널
2d3e53a1-4689-46ff-ac0a-b3e330df3c51	29	89	App Store
da27122f-5d9d-4eaf-ab23-d7a62b8c48b2	14	30	App Store
9f3cc2dc-ece5-4312-a857-f9c4efd2ccc1	19	47	원 스토어
f597d3d3-cc20-4eab-bc3c-5aa8058bd66d	3	4	구글 플레이 스토어
08f72230-3cc6-43ac-8a20-6f548f444e65	1	10	App Store

수치형 데이터의 경우 필드값에 따라 그룹을 나누어 그 분포가 정규분포, 긴 꼬리 분포, 이항분포 중 어느 것에 속하는지 확인할 수 있습니다. 그림 7.1은 사용자 스테이지 진행 상황의 막대그래프 예시로 스테이지 진행 상황의 분포가 긴 꼬리 분포에 속함을 보여줍니다.

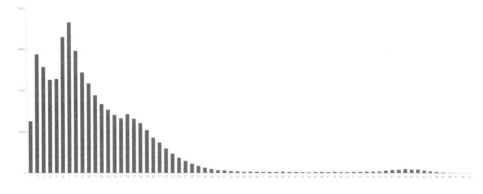

그림 7.1 사용자 스테이지 진행 상황의 막대그래프

데이터의 기본 상황을 충분히 이해한 후에는 숨겨진 정보를 발굴하기 위해 몇 가지 방법을 사용할 수 있습니다. 가장 일반적인 방법에는 사용자 특성에 따른 군집분석, 시계열 데이터에서의 지표 변화에 대한 근본원인 분석, 지표간 관계에 대한 회귀분석 등이 있습니다.

7.1.1 클러스터 분석

1. 방법 소개

데이터를 정규 분석할 때 분류는 매우 흔히 사용되는 방법입니다. 예를 들어, 국가를 카테고리로 선택하여 다양한 국가의 사용자 데이터 차이를 확인하고 비교합니다. 그러나 데이터를 올바르게 분류하기 위해서는 일정 수준의 비즈니스 지식이 필요합니다. 왜냐하면 사용자 그룹의 특성은 다양하며 데이터 뒤에는 일부 잠재적 특성도 숨겨져 있기 때문입니다. 이때는 분류와 다른 방법인 클러스터링 분석을 사용해야 합니다. 이는 여러 다른 카테고리로 나누어 같은 그룹 내의 데이터가 가능한 유사하고, 서로 다른 그룹간의 데이터 차이가 가능한 크도록 합니다.

현재 많은 클러스터링 방법이 사용되고 있으며 구체적으로 어떤 방법을 선택하는지는 데이터의 유형과 클러스터링의 목적에 따라 달라집니다. 또한 동일한 데이터에 대해 공간 분할법, 계층분석법, 밀도 또는 그리드 기반 클러스터링 방법 등 다양한 방법을 시도할 수 있습니다. K-means는 모든 클러스터링 방법 중에서 가장 자주 사용되는 방법 중 하나입니다. 그 이유는 알고리즘이 간단하고 이해하기 쉬우며 클러스터링 효율이 매우 높기 때문입니다. 1967년에 제안된 이후로 계속해서 인기를 얻고 있습니다.

간단히 말해 K-means의 원리는 원본 데이터 집합에서 무작위로 K개의 위치(사전에 지정된 클러스터수)를 클러스터 중심으로 선택하고, 데이터 집합의 분할방식을 지속적으로 조정하여 각 클러스터 내의 데이터가 클러스터 중심까지의 평균 거리(mean)를 최소화하는 것입니다. K-means는 고전적인 클러스터링 알고리즘이지만 일부 단점이 있습니다. 예를 들어, 이상치에 대한 저항성이 약하고 데이터가 정제되지 않은 경우 결과가 예상과 다를 수 있습니다. 또한 클러스터링 결과는 초기에 선택된 클러스터수에 크게 영향을 받습니다. 따라서, K-means 알고리즘 외에도 계층 클러스터링(Hierarchical Clustering)을 사용하여 클러스터링 결과를 다른 관점에서 검증합니다.

계층 클러스터링의 원리는 임의의 두 데이터 포인트간의 유사성을 계산하고, 모든 데이터 포인트 중 가장 유사한 두 데이터 포인트를 결합한 다음 반복적으로 반복하여 점차 상위로 병합하고, 마지막에 두 클러스터만 남을 때까지 진행하여 "나무"와 같은 구조를 형성하는 것입니다.

K-means 알고리즘에 비해 계층 클러스터링은 어떤 단계에서든 중단되어 얻은 클러스터링 결과가 여전히 의미가 있으므로, 클러스터의 수를 사전에 지정할 필요가 없어 더욱 자유롭습니다.

최근 몇 년 사이에는 이상치 인식에 더 나은 호환성을 가진 DBSCAN(Density-Based Spatial Clustering of Applications with Noise) 알고리즘, 가우시안 혼합모델을 기반으로 한 최대 기대 클러스터링, 소셜 분석 시나리오에 적합한 그래프 커뮤니티 검출 등 새로운 클러스터링 방법이 등장했습니다.

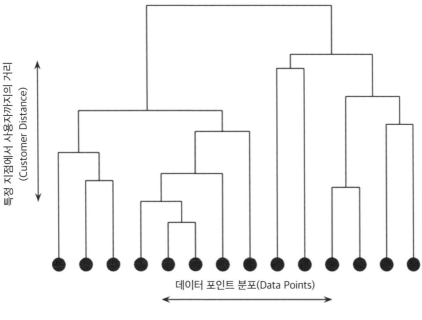

특정 지점에서 사용자까지의 거리
(Customer Distance)

데이터 포인트 분포(Data Points)

그림 7.2 계층 클러스터링으로 형성된 트리 구조

2. 실제 적용

클러스터링 분석은 다양한 분야에서 널리 적용되고 있습니다. 생물학에서는 클러스터링 분석을 사용하여 새로 발견된 종이 속하는 카테고리를 유추하고, 유사한 발현 스펙트럼을 가진 유전자를 분류하거나 알려지지 않은 유전자를 예측하는데 사용됩니다. 공간 데이터베이스 분야에서는 클러스터링 분석을 통해 전통적인 지리정보 시스템(GIS)에서 누락된 지역간 관계를 탐색하는 새로운 연구 방향이 되었습니다. 게임 데이터 분석 분야에서는 수집된 규범 데이터를 기반으로 클러스터링 분석을 통해 탐색적 분석에 큰 도움을 줍니다.

예를 들어, 게임 퍼블리셔는 광고소재의 배치 문제에 관심이 많으며, 대상 청중이 광고 소재에 대한 결제 의사가 강할수록 배치비용을 낮출 수 있기를 바랍니다. 그러나 다양한 게임의 타겟팅이 다르고 목표 사용자 그룹에도 차이가 있어 다른 게임의 광고 계획과 소재배치 모델을 그대로 적용할 수는 없습니다. 우리는 클러스터링 분석을 사용하여 게임에서 대규모 사용자의 특성을 추상화하고, 이러한 특성을 바탕으로 광고 소재를 대상적으로 배치할 수 있습니다. 즉, "타겟팅 확대"입니다.

또 다른 예로, 많은 게임이 초기계정의 문제에 시달리고 있습니다. 즉 스튜디오가 스크립트를 사용하여 자동으로 계정을 생성하고 로그인하여 이벤트 참여로 부여된 리소스를 획득하고, 극히 낮은 비용으로 게임내 아이템을 획득합니다. 이러한 계정은 다른 정상 계정의 사용자가 게임을 즐기는 것을 방해하고, 운영진이 게임내 리소스의 균형 상태를 평가하는 것을 방해합니다. 하나 또는 두 개의 초기 계정을 찾는 것은 쉽지만 초기 계정은 채널이나 지역과 같은 명시적인 특성이 없어 정상계정과 구분하는 기준으로 삼기 어렵습니다. 초기계정과 정상계정이 아래와 같은 특성에서 큰 차이가 있다고 가정하면 해당 데이터를 수집한 다음 K-means 알고리즘을 적용하여 클러스터링 분석을 할 수 있습니다.

- 초기계정은 스크립트를 사용하여 매일 로그인하고, 정상계정은 반드시 그렇게 활발하지 않으므로 계정의 로그인 일수를 통계할 수 있습니다.
- 초기계정은 일반적으로 결제하지 않지만 정상계정은 할 수 있으므로 계정의 누적결제 금액을 통계할 수 있습니다.
- 정상계정은 다양한 방법으로 게임내 리소스(예: 다이아몬드 또는 골드)를 획득하지만 초기계정은 오직 사인인 이벤트를 통해서만 이러한 리소스를 획득하므로, 모든 계정이 사인인 이벤트를 통해 획득한 다이아몬드와 골드의 수량과 사인인 이벤트가 아닌 방법으로 획득한 리소스를 통계할 수 있습니다.

위의 특성을 바탕으로 데이터를 추출하고 K-means 알고리즘을 적용하여 사용자를 3개의 클러스터로 나누고 시각화 방식으로 표시합니다(그림 7.3처럼 다른 색상은 다른 클러스터를 나타냅니다). 이때 더 깊이 분석하면 알려진 초기계정이 녹색 클러스터에 위치하면 이 클러스터의 계정이 모두 초기계정일 가능성이 높다는 것을 알 수 있습니다.

그러나 클러스터링 분석의 결과는 사전에 지정된 클러스터 수에 큰 영향을 받으므로 결과가 정확한지 확인하기 위해 수동 검사가 필요합니다. 또한 선택한 특성이 적절하지 않은 경우 샘플 간의 차이가 너무 작아 분류할 수 없거나 심지어 잘못된 클러스터링 결과를 얻을 수 있습니다.

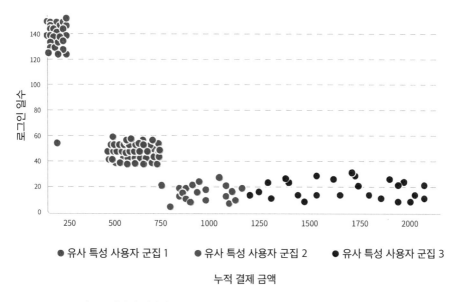

그림 7.3 일련의 계정에 대해 K-means 알고리즘을 사용한 클러스터링 분석 결과

(시각화를 용이하게 하기 위해 여기서 클러스터링 결과를 차원 축소하여 표시하며,
각 점은 한 명의 플레이어를 대표합니다)

7.1.2 근본 원인 분석

1. 방법 소개

만약 클러스터링 분석이 사용자 속성의 유사성에 기반하여 정보를 추출한다면, 근본 원인 분석은 사용자 행동에서 정보를 파내는 것을 목적으로 합니다. 그 목적은 사용자 행동이 시간 순서상에서 이상 변화를 보일 때 문제의 근본 원인을 찾아내고 시스템적인 예방 조치를 취하는 것이지, 일시적 문제 해결이나 수동적 대응을 피하여 "근본적 문제를 해결하지 않고 증상만 치료하는" 것을 방지하는 것입니다.

근본 원인 분석은 가장 먼저 비즈니스 분석분야에 적용되었으며, "다섯가지 왜(5 Whys)"와 "인과관계 물고기뼈 다이어그램"과 같은 분석방법과 결합하여 사용하면 리더가 문제를 발견하고 결정을 내리는데 도움이 됩니다. 이후 IT와 의학 등의 분야에도 널리 적용되었지만 모두 인간의 수동적 분석을 통해 이루어졌습니다. IT 운영분야에서는 비즈니스 부문이 고장의 근본 원인을 빠르고 정확하며 효과적으로 파악하는 것에 대한 강한 요구가 있기 때문에 근본 원인 분석이 새로운 연구방향으로 점차 자리잡았고, 빅데이터를 자동으로 분석하여 고장의 근본 원인을 정확하게 찾아내는 알고리즘 모델들이 등장했습니다.

2014년, 마이크로소프트 연구소는 Adtributor 알고리즘에 기반한 다차원 시간 시리즈의 이상현상에 대한 근본 원인 분석방법을 제안했습니다. 그 대략적인 단계는 다음과 같습니다:

(1) 역사적 데이터에 기반하여 전체 지표(예: DAU)와 개별차원 지표(예: iOS 플랫폼의 DAU, 베이징 지역의 DAU 등)의 예측값을 계산하고, 개별차원의 예측값이 전체 지표에서 차지하는 비율(예측값 비율)을 계산합니다.

(2) 전체 지표와 개별차원 지표의 실제값을 집계하고, 개별차원 지표의 실제값이 전체 지표에서 차지하는 비율(실제값 비율)을 계산합니다.

(3) 각 차원값의 비율 차이(실제값 비율 − 예측값 비율)를 계산하고 각 차원 아래의 값의 차이를 합산합니다(예: 플랫폼 차이의 합은 iOS 플랫폼의 비율 차이 + Android 플랫폼의 비율 차이), 차이의 합이 가장 큰 차원을 찾습니다.

(4) 해당 차원에서 각 차원값의 비율 차이를 순서대로 나열하고, 앞쪽에 있는 것일수록 문제의 "근본 원인"일 가능성이 높습니다.

Adtributor 알고리즘을 적용하는 전제는 지표의 영향 요인이 단일 차원이며, 다른 차원간의 가능한 상호작용을 고려하지 않는 것입니다. 이 알고리즘은 전체 지표에 큰 변화가 발생한 경우에는 해석성이 좋지만 전체 지표의 실제값과 예측값 차이가 크지 않은 경우에는 근본 원인 분석을 수행하기 어려울 수 있습니다. 예를 들어, 활성 사용자수의 예측값이 10,000이고 실제값도 10,000이어서 차이가 없는 경우입니다. 하지만 실제로 "플랫폼" 차원에서 보면, iOS 플랫폼에서의 활성 사용자수 예측값은 8,000이고 실제값은 2,000이며, Android 플랫폼에서의 활성 사용자수 예측값은 2,000이고 실제값은 8,000입니다. 이러한 깊이 있게 연구할 가치가 있는 현상은 근본 원인 분석을 트리거하지 않기 때문에 무시될 수 있습니다.

2. 실제 적용

이전 장에서 지표 데이터가 하락할 때 차원을 추가하여 비교하고 의심스러운 대상을 찾는 방법에 대해 설명했습니다. 하지만 이 단계는 종종 데이터를 계층적으로 분석하는데 많은 시간이 소요되는데, 이것이 바로 근본 원인 분석을 통해 정보를 파내는 이유입니다: 이 방법은 자동으로 문제가 될 수 있는 차원을 찾아내어 잘못된 답을 배제하고 가능한 방향을 가리킵니다.

예를 들어, 게임 퍼블리셔에게 매일의 신규 사용자수는 매우 중요한 지표입니다. 특히 게임이 막 출시된 첫 몇 주 동안은 더욱 그렇습니다. 공식 웹사이트에서 게임을 다운로드하는 사용자 외에 다른 신규 사용자들은 대부분 게임 퍼블리셔가 여러 채널에 대대적으로 광고자료를 투입하여 유치한 경우가 많습니다. 그리고 채널과 광고자료의 수는 매우 많을 수 있으며, 신규 사용자수가 감소했을 때 각 채널과 자료를 일일이 점검하는 것은 시간과 노력이 많이 듭니다. 예를 들어, 광고자료 배치를 담당하는 운영자가 2021년 12월 1일에 신규 사용자수(실제값)가 이전에 비해 현저히 감소한 것을 발견했다면, 먼저 지난 두 달간의 데이터를 수집하여 각 차원값에 해당하는 예측값을 계산할 수 있습니다. 예측값과 실제값을 함께 비교하여 다음과 같은 표 7.2를 작성할 수 있습니다.

표 7.2 각 차원에서의 신규 사용자수 예측값과 실제값

차원	차원값	예측값	실제값
투입 채널	앱 스토어	74 196	49 317
투입 채널	구글 플레이 스토어	82 712	72 612
광고 캠페인 ID	Campaign_2020_105	33 431	22 672
광고 자료 ID	ad_505	13 298	11 018
광고 자료 ID	ad_509	15 212	15 027
광고 자료 ID	ad_500	16 001	15 996

이어서 각 차원값의 "변화의 비율"과 "비율의 변화"를 통계하고 계산합니다.

비율의 변화는 다음과 같이 계산됩니다:

(각 차원값의 예측값 / 전체 예측값) – (각 차원값의 실제값 / 전체 실제값).

변화의 비율은 다음과 같이 계산됩니다:

차원값의 예측값과 실제값의 차이 / 전체 예측값과 실제값의 차이.

이렇게 얻은 두 수치를 Adtributor 알고리즘에 대입하고 같은 차원내에서 각 차원 값 비율 변화의 총합을 계산합니다. 광고 자료 ID 차원에서 차이의 합이 가장 크게 나타난다면 문제는 광고 자료 ID 차원에서 가장 가능성이 높습니다.

마지막으로 광고 자료 ID 차원에서 비율 변화의 절대값에 따라 내림차순으로 정렬하면 각 광고 자료가 신규 사용자수 감소에 "기여한" 정도의 순위를 나타내는 표 7.3을 얻을 수 있습니다.

표 7.3 광고 자료 ID 비율 변화의 절대값 정렬 리스트

광고 자료 ID	비율 변화의 절대값
ad_509	6.15%
ad_502	3.51%
ad_503	1.76%
......	......
ad_500	0.03%

물론 근본 원인 분석은 잘못된 답안을 배제하고 분석방향을 제시하는데 사용됩니다. 만약 광고자료의 효과가 떨어지는 원인을 분석하려면 자료 자체의 구체적인 내용을 결합해 봐야 합니다. 예를 들어, 해당 자료가 사용자에게 충분한 매력을 주지 못하는 것인지, 아니면 해당 자료와 타겟팅 된 인구집단과의 일치도가 부족한 것인지를 분석해야 합니다. 이와 같은 분석을 통해서만 후속 광고전략을 최적화할 수 있습니다.

7.1.3 회귀 분석

1. 방법 소개

세로축으로 이상차원의 근본 원인을 찾는 근본원인 분석과 달리, 회귀분석은 가로축 관점에서 지표 간의 정량적 관계를 탐색하고 추측하는 방법입니다. 이러한 관계는 "상

관성"으로도 알려져 있습니다.

실제 비즈니스에서 단순 선형회귀 모델만으로도 대부분의 분석 요구를 해결할 수 있지만 여러 독립 변수가 있는 경우처럼 복잡한 회귀모델을 도입해야 하는 상황도 있습니다. 이런 경우 다중 선형회귀 모델을 사용하여 분석하게 되는데(수학에서의 다변수 일차 방정식과 유사), 각 독립변수는 자신만의 계수를 가지며(다른 독립변수가 고정된 상태에서 해당 독립변수가 종속변수에 미치는 영향의 정도를 나타냄), 이는 다양한 변수들 간의 상호작용을 분석하는데 유용합니다.

물론 상관성이 우연에서 비롯될 수도 있습니다. <Spurious Correlations>(Hachette Books, 2005년 출판, Tyler Vigen 저)이라는 책에서 저자는 아래와 같은 예시를 들었습니다. 그림 7.4에서 파란색 선은 1999년부터 2009년까지 미국의 과학, 우주, 기술 등의 분야에 대한 지출을 나타내고, 주황색 선은 같은 기간 동안 교살 및 질식으로 자살한 사람의 수를 나타냅니다. 이러한 샘플 데이터만 분석할 경우 선형 상관계수($r = 0.9978$)가 매우 높아 강한 양의 상관관계가 있는 것처럼 보일 수 있습니다.

그러나 두 데이터 사이에는 실제로 관련이 없으며 유사한 변화 추세가 나타나는 것은 단지 샘플의 양이 너무 적기 때문에(단 11년도의 데이터만 있음) 우연히 발생한 것입니다. 게임 데이터를 회귀 분석할 때도 결론이 충분한 양의 데이터에 기반해야 하며, 우연에 의한 영향을 피해야 합니다.

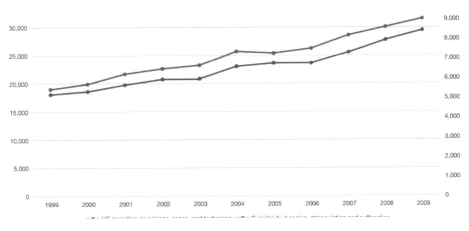

그림 7.4 우연에서 비롯된 상관성 사례

2. 실제 적용

게임 데이터에서 단일 지표의 변화는 독립적으로 존재하지 않으며, 이때 회귀분석을 통해 지표간의 상관성을 정량적으로 발견하여 이후 분석 및 예측에 도움을 줄 수 있습니다.

예를 들어, 운영진이 사용자의 결제금액과 유지율 사이의 상관성을 분석할 때 결제한 사용자가 미결제 사용자에 비해 유지율이 훨씬 높다는 것을 발견하고, 사용자의 첫 결제를 촉진하는 다양한 방법을 사용하여 게임 운영에서 자주 언급되는 "빙판 깨기"를 시도합니다. 또한 캐주얼 게임의 레벨 난이도는 사용자의 이탈율과 결제율에 동시에 영향을 미칠 수 있습니다. 레벨이 너무 어렵다면 사용자가 포기할 수도 있지만 더 높은 결제 의향을 유발할 수도 있습니다. 이때 게임 기획자는 사용자 이탈과 결제와 관련된 데이터를 기반으로 경험을 결합하여 레벨의 구체적인 난이도를 결정해야 합니다. 또한 게임 퍼블리셔는 회귀분석을 활용하여 다양한 마케팅 방식이 "신규유치"에 미치는 영향을 평가할 수 있습니다.

성숙기에 접어든 한 카드 게임의 경우 매일 활성 사용자수(DAU)가 안정적인 추세를 보이는데, 운영진이 역사적 데이터를 기반으로 다음 날이나 일주일 후의 활성 사용자수를 예측하고자 할 때 가장 간단한 방법부터 시작할 수 있습니다. 예를 들어, 당일 DAU와 지난 7일간 DAU의 평균값 사이에 상관성이 있다고 가정하고, 두 달(2021년 10월과 11월) 동안의 역사적 데이터를 추출합니다. 표 7.4는 당일 DAU와 지난 7일간의 DAU 평균값의 역사적 데이터를 나타냅니다(데이터는 가상값이며, 길이 제한으로 인해 전체를 표시하지 않고 일부만 예로 들었습니다).

표 7.4 당일과 지난 7일간의 DAU 히스토리 데이터

날짜	당일 DAU	지난 7일간 DAU의 평균값
2021-10-1	3870	3822
2021-10-2	4554	3851
2021-10-3	4712	3907
......	......	......

2021년 10월과 11월 총 61일의 데이터에 대한 회귀분석을 통해, 당일 DAU와 지난 7일간 DAU의 평균값 사이의 관계는 다음과 같이 나타납니다: 당일 DAU = 지난 7일간 DAU의 평균값 * 0.84 + 828.89(그림 7.5 참조), 여기서 x축은 지난 7일간 DAU의 평균값이고, y축은 당일 DAU입니다.

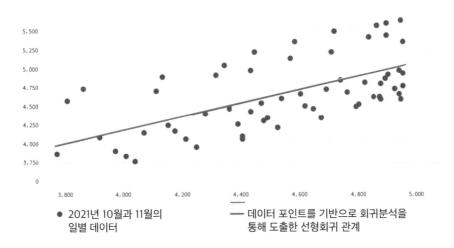

● 2021년 10월과 11월의   ── 데이터 포인트를 기반으로 회귀분석을
    일별 데이터   통해 도출한 선형회귀 관계

그림 7.5 당일 DAU와 지난 7일간 DAU의 평균값의 관계
회색 점은 2021년 10월과 11월 매일의 데이터를 나타내며,
파란색 직선은 데이터에 대한 회귀 분석을 통해 얻은 선형 회귀 관계를 표시합니다.

따라서, 2021년 11월 24일부터 11월 30일까지 7일간의 DAU 평균값이 5000이라고 알려져 있다면, 위의 공식을 사용해 2021년 12월 1일의 DAU를 예측하면: 5000 * 0.84 + 828.89 ≈ 5029입니다. 물론 이는 비교적 간단한 예측이며 더 정확한 결과를 얻으려면 여러 영향요인을 고려한 후 회귀분석을 진행해야 합니다. 예를 들면:

• 게임의 다른 수명주기 단계에 있는 사용자의 로그인 의지가 다르므로 새/오래된 사용자의 로그인 수를 구분해야 합니다.
• 이벤트중인 무과금 사용자의 유출비용이 낮으며 그 수가 DAU에 영향을 줄 수 있습니다.
• 당일 큰 한정 시간 이벤트가 사용자 로그인을 촉진할 수 있으므로 이를 영향요인으로 고려해야 합니다.
• DAU에는 당일 신규 등록 사용자수가 포함되므로 외부요인의 영향을 받습니다. 예를 들어, 채널구매, 광고투입 등은 새로운 사용자를 불러올 수 있습니다.

마찬가지로 두 달간의 역사적 데이터를 추출하여 표 7.5와 같이 나타낼 수 있습니다 (데이터는 가상값이며 길이 제한으로 인해 모두 표시하지 않고 일부만 예시로 제시됩니다).

표 7.5 여러 영향요인을 추가한 히스토리 데이터

날짜	당일 DAU	지난 7일간 DAU의 평균값	무과금 사용자 수	당일 한정 시간 이벤트 유무 (0은 없음, 1은 있음)	당일의 구매 지출 (원)
2021-10-1	3870	3921	1547	0	8661
2021-10-2	5982	3791	3597	0	37891
2021-10-3	4712	3888	4070	0	45712
......	......	......	......	......	......

표 7.6의 데이터를 같은 방식으로 회귀분석하여 각 독립변수의 계수와 절편을 얻고 공식으로 표현하면 다음과 같습니다:

당일 DAU = 지난 7일간 DAU의 평균값 * 0.79 - 무과금 사용자 수 * 0.42 + 당일 한정 시간 이벤트 유무 * 397.86 + 당일의 구매 지출 * 0.10 + 1875.21

이 공식을 바탕으로 운영자는 미래의 DAU를 예측하고 구매지출과 한정 시간 이벤트를 합리적으로 계획하여 게임의 원활한 운영을 유지할 수 있습니다.

7.2 인과 추론 및 실험 방법

앞서 언급된 회귀분석은 정보 마이닝의 중요한 방법이지만, 그것은 지표 수치를 예측하는 데에만 사용될 수 있습니다. DAU(일일 활성 사용자 수) 예측을 예로 들면, 7.1.3 마지막 공식에서 볼 수 있듯이 무과금 사용자가 줄어들수록 DAU는 높아집니다. 하지만 무과금 사용자를 모두 차단하는 등 단순하고 강력한 방법을 사용한다면 공분을 사는 것 외에 DAU를 향상시키지 못합니다. 이러한 잘못된 인과 추론은 다른 변수들, 예를 들어 게임의 품질이 DAU에 미치는 영향을 무시합니다. 게임이 더 재미있다면 사용자는 더 자주 로그인하고 결제할 의향도 더 커집니다.

생활 속에서 이런 예는 흔합니다. 예를 들어, 데이터는 아이스크림 판매량과 익사 사례수 사이에 상관관계가 있다고 보여주지만, 사실 계절 변화로 인한 온도변화가 두 데이터 사이의 상관관계의 진짜 원인입니다. 레드 와인 광고는 레드 와인을 자주 마시는 사람들이 평균 수명이 더 길다고 주장하지만, 이런 소비자들은 대체로 경제력이 강하며 개인소득이 레드 와인 구매량과 평균 수명의 공통 원인입니다. 이것이 인과 추론 연구의 핵심입니다: 어떻게 하면 방해 요소를 피하고, 다양한 변수들 사이의 인과관계를 더 정확하게 추론할 수 있는가. 최근 몇 년 동안 국내외 많은 인터넷 회사들이 변수를 통제하여 인과관계를 추론하기 위해 실험 방법을 채택하고 있습니다. 결과가 오직 하나의 무작위 변수에만 의존하게 함으로써, 이때 데이터 표현의 차이는 해당 변수에 의해 발생한 것으로 간주할 수 있습니다.

실험 방법은 또한 변수 통제법 또는 A/B 테스트라고도 불리며 과학 연구에 널리 적용되어 왔습니다. 예를 들어, 의학이나 심리학의 이중맹검 실험은 연구 결과가 위약효과에 영향을 받지 않도록 하기 위한 것입니다. 많은 질병이 자연적으로 치유될 수 있기 때문입니다. 하지만 이런 테스트에서는 표본 크기가 종종 매우 작아 완벽한 실험설계 없이는 유의미한 결론을 도출하기 어려울 수 있습니다.

인터넷 시대에는 표본 크기가 문제가 되지 않으며, 정확하고 상세한 사용자 행동 데이터는 A/B 테스트의 효과를 측정하는 것을 더욱 단순하게 만듭니다. 사실 페이스북과 같은 대형 인터넷 회사는 매년 수만 건의 실험을 수행하며, 실리콘밸리에서 유행하는 "성장 해킹" 이론도 실험 방법을 필수적인 부분으로 여깁니다. 베조스는 한때 말했습니다: "우리(아마존)의 성공은 매년, 매월, 매주, 매일의 실험에서 비롯됩니다." 게임 회사의 경우 게임의 각각의 측면에 대한 A/B 테스트를 실시하면 "복리" 효과를 낼 수 있으며, 문제가 발생하더라도 큰 영향을 미치지 않게 하여 시행착오의 효율을 높이고 리스크를 낮출 수 있습니다.

7.2.1 A/B 테스트의 전체 프로세스

비록 원리는 복잡하지 않지만 A/B 테스트는 프로세스 규범에 대한 엄격한 요구를 가지고 있으며, 규범을 따르지 않는 실험의 결과는 신뢰도가 크게 떨어지며 심지어는 반대의 결론을 얻을 수도 있습니다.

A/B 테스트의 기본 전제는 서로 다른 그룹 간의 사용자가 서로 방해받지 않고 무작위로 분류된다는 것입니다. 실험법의 핵심은 변수를 통제하는 것이며, A/B 테스트 역시 사용자 분류가 불균등하여 발생하는 영향을 피해야 합니다. 만약 실험 그룹이 모두 활성 사용자나 고액결제 사용자로 구성되고 대조 그룹이 무작위 샘플링 된 사용자라면 실험 결과는 자명합니다. 동시에 실험 결과의 정확도는 통계학적 검증을 견딜 수 있어야 하며, 정확도가 높을수록 더 많은 샘플수와 더 긴 실험 시간이 필요합니다.

위의 두 가지 뿐만 아니라 종종 무시되는 한 가지는 중요 지표의 기준이 통일되고 평가 가능해야 한다는 것입니다. 제4장과 제5장에서는 데이터 수집 접근과 지표체계 구축에 대해 자세히 소개했습니다. 공식 실험환경에서는 종종 여러 실험이 동시에 진행되는데 통일된 평가 기준이 없으면 내부 혼란을 야기할 수 있습니다. 다른 한편으로 지표 데이터를 수집할 수 없으면 실험의 최적 기회를 놓칠 수 있습니다.

이제 A/B 테스트의 일반적인 절차를 소개합니다. 대략적으로 다음의 3단계로 나눌 수 있습니다.

단계 1: 가설 제시

A/B 테스트는 종종 창의적인 아이디어나 기존 데이터 분석을 통해 특정 변수를 변경하면 사용자의 행동에 영향을 미치고, 이러한 영향이 해당 지표의 변화로 반영될 것이라는 가설에 기반을 둡니다. 이러한 가설은 제품에 큰 변경을 요구하지 않을 수 있습니다. "중요한 반복"이라는 책에서는 2012년 Bing에서 진행한 소소한 변경—원래 메인 타이틀 아래에 있던 부제목을 메인 타이틀 뒤로 옮김(그림 7.6 참조, 위쪽은 이전 스타일, 아래쪽은 새로운 스타일)—이 무려 12%의 매출 증가를 가져왔다고 언급합니다. 이 실험이 진행된 후 광고 클릭률이 기본 상한을 초과하여 높아져 내부 경고를 자주 발생시켰습니다.

앱 내 광고(In-App Advertising, IAA) 게임을 예로 들어, 운영자가 8개의 광고 리워드 포인트 중 2개의 클릭율(CTR)이 다른 포인트들에 비해 현저히 낮다는 것을 발견했다고 가정해봅시다. 지표를 분해한 후 나머지 6개의 포인트에 과다노출 문제가 없음을 발견했습니다. 그래서 운영자는 두 포인트의 이미지 소재 스타일이 충분히 매력적이지 않아 데이터가 좋지 않다고 가정하고 A/B 테스트를 진행하기로 결정합니다. 기존 이미지 소재를 대조군으로, 새로 제작한 이미지 소재를 실험군으로 설정하여, 실험군의 CTR이 대조군에 비해 명확히 향상되는지를 확인합니다.

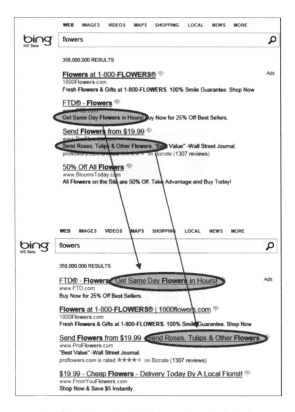

그림 7.6 Bing의 광고 디스플레이 방식 개선 실험

예를 들어, 앱 내 구매(In-App Purchase, IAP) 게임에서는 선물 패키지 내용이 좋은 실험 대상이 될 수 있습니다. 게임 기획자는 개인화된 추천이 고정된 순서보다 사용자가 선물 패키지를 구매하는데 더 도움이 될 것이라는 가설을 세울 수 있습니다. 이 가설에 기반하여 사용자를 두 그룹으로 나눕니다. 대조 그룹의 사용자는 고정된 내용의 선물 패키지를 받고, 실험 그룹의 사용자는 사용자의 과거 게임 행동을 기반으로 모델이 예측한 사용자가 더 선호할 것으로 예상되는 아이템으로 구성된 선물 패키지를 받습니다. 물론 두 종류의 선물 패키지 내 아이템의 수량과 등급은 동일하며 전체 가치도 같습니다. 만약 실험 그룹의 결과가 대조 그룹보다 현저히 좋다면, 이는 개인화된 추

천이 적극적으로 홍보할 가치가 있는 전략임을 나타냅니다.

단계 2: 무작위 샘플링

가설을 제시한 후 A/B 테스트의 핵심 단계인 무작위 추출 단계에 도달하게 됩니다. 이 단계에는 두 가지 주요 질문이 있습니다: 샘플은 어떤 그룹에 배정되어야 하는가? 그리고 해당 그룹에 대응하는 경험은 무엇인가?

첫 번째 질문에 대해, 일반적으로 샘플은 무작위 분할 방식으로 그룹화됩니다. 예를 들어, 각 실험의 최소 트래픽 비율이 1%라면 사용자를 100개 그룹으로 나누어야 합니다. 사용자 ID(무작위 추출을 위한 고유 식별자, 일반적으로는 사용자 계정)를 모듈 연산한 후 0부터 99까지의 번호가 매겨진 그룹에 배정합니다. 각 그룹은 1%의 트래픽을 대표하며 필요에 따라 분할합니다. 분할 후의 결과를 "분할비율"이라고 합니다. 두 번째 질문에 대해서는, 각 그룹에 해당하는 파라미터를 설정할 수 있으며 이는 스타일 실험이든 전략실험이든 해당 파라미터에 따라 진행됩니다. 분할비율을 설정한 후 한 그룹의 사용자를 대조군으로 선택하고 나머지는 실험군으로 분류합니다. 실험 결과의 통계는 실험군과 대조군 간의 비교를 기반으로 합니다.

버튼 색상에 대한 실험을 예로 들어, 목적은 버튼 색상이 사용자 클릭율에 미치는 영향을 검증하는 것입니다. 분류는 다음과 같습니다:

- 0번부터 79번까지의 사용자는 대조군에 속하며, 하얀 배경에 검은 글씨의 버튼을 보게 됩니다.
- 80번부터 89번까지의 사용자는 A 실험군에 속하며, 빨간 배경에 흰 글씨의 버튼을 보게 됩니다.
- 90번부터 99번까지의 사용자는 B 실험군에 속하며, 파란 배경에 흰 글씨의 버튼을 보게 됩니다.

클라이언트는 사용자가 페이지에 진입하기 전에 분할 서비스에 요청을 보내고, 그 안에 사용자 계정을 포함합니다. 분할 서비스는 실험 구성에 따라 사용자 계정에 해당하는 그룹과 그 그룹의 파라미터를 찾아 클라이언트에 반환하며, 그 후 클라이언트는 해당 스타일의 버튼을 표시합니다. 예를 들어, 어떤 사용자가 A 실험군에 배정되면 클라이언트가 그에게 보여주는 것은 빨간 배경에 흰 글씨의 버튼입니다.

단계 3: 결과 통계

　분할 데이터와 사용자 행동 데이터를 바탕으로 A/B 테스트의 실험결과를 신속하게 집계할 수 있지만 종종 실험 보고서에 제시된 결과에 대해 의문을 제기하는 경우가 있습니다. 예를 들어:

- 광고 클릭률이 1% 향상되었다면 실험이 성공한 것인가?
- 실험군의 사용자 결제금액이 감소했다면 실험을 즉시 종료해야 하는가?
- 어떤 지표는 긍정적인 반면 다른 지표는 부정적인 이유는 무엇인가?

　우선 명확히 해야 할 점은, 실험의 성공 여부는 실험군의 효과가 더 좋은지 여부에 달려있지 않다는 것입니다. 사용자 집단의 결제능력, 활동성, 게임 진행상황 등은 결코 완전히 동일할 수 없기 때문에 실험군과 대조군의 시료에는 항상 차이가 존재합니다.

　A/B 테스트는 하나의 가설을 제시합니다. 즉, 이러한 차이는 표본 오류에 의해 발생한다는 것입니다. 그리고 무작위 추출 후 실험군의 지표가 대조군에 비해 통계학적으로 "유의미한 차이"를 보인다면, 원래의 가설을 반박하는 근거로 사용될 수 있으며, 이 차이는 실험 파라미터에 의해 발생했다고 반증할 수 있습니다. 차이가 긍정적인지(실험군의 효과가 더 좋음) 부정적인지(실험군의 효과가 더 나쁨)에 관계없이 제시된 가설이 검증되면 실험은 성공한 것입니다.

　물론 대R 사용자가 모두 실험군에, 무과금 사용자가 모두 대조군에 배정되는 등의 소수 확률 사건이 발생할 수 있지만 이러한 확률은 매우 낮습니다. 일반적으로 A/B 테스트는 "신뢰도"를 95%로 설정합니다. 즉, 지표 차이가 표본 차이에 의한 것이 아니라고 95% 확신할 수 있다면, 차이는 유의미하다는 것을 의미합니다. 마이크 모란(Mike Moran)은 넷플릭스가 시도한 실험의 90%가 실패했다고 언급했으며, 슬랙의 제품 수명주기 담당 이사 파리드 모사밧(Fareed Mosavat)도 30%의 상업적 실험만이 긍정적인 결과를 보였다고 트윗했습니다.

　또한 모든 실험은 회사의 현재 전략방향을 위배해서는 안 됩니다. 즉, 지표체계의 북극성 지표에 해당합니다(자세한 내용은 제5장 참조). 실험결과를 통계할 때 실험군의 북극성 지표가 유의미하게 감소한 것을 발견하면 게임 프로젝트 책임자는 실험 파라미터를 모든 사용자에게 적용할지 신중히 고려해야 합니다.

7.2.2 게임 업계의 실제 사례

비록 A/B 테스트가 인터넷 회사의 표준이 되었지만 게임 업계에서는 아직 주류가 되지 못했습니다. 이는 게임의 샘플 데이터 양이 C단말 인터넷 제품에 비해 적어 실험 주기가 더 길기 때문입니다. 또한 게임 회사들이 A/B 테스트가 어떤 측면에서 역할을 할 수 있는지에 대해 통일된 인식을 형성하지 못했습니다. 다음은 게임 업계의 두 가지 A/B 테스트 사례를 소개합니다.

사례 1: 테스트 단계에서 게임 플레이를 신속하게 검증하기

테스트 단계에 있는 게임에 대해 사용자는 자신의 기여가 후속 정식 버전에서 계속 유효하지 않다는 것을 알고 있으므로, 게임 기획자는 공정성에 영향을 미치는 일부 실험을 피할 필요가 없으며 심지어 게임의 기본 게임 플레이에 대해 실험할 수도 있습니다.

예를 들어, 어떤 런닝게임 타입의 초간단 게임(Hyper-Casual Game)의 핵심 게임 플레이는 캐릭터를 좌우로 움직여 장애물을 피하면서 동시에 금화를 줍는 것입니다. 핵심 게임 플레이와 사용자의 조작이 완전히 관련되어 있기 때문에, 게임 개발자는 캐릭터 이동 속도의 매개변수를 어떻게 설정해야 할지 확신할 수 없습니다.

- 이동 속도가 너무 빠르면 사용자는 제어를 잃고 장애물에 부딪힐 수 있어 나쁜 게임 경험을 초래할 수 있습니다.
- 이동 속도가 너무 느리면 사용자는 장애물을 보고 피할 수 없거나 금화를 보고 줍지 못할 수 있습니다.

이때 A/B 테스트를 실시하여 사용자의 게임 플레이 시간을 핵심 지표로 삼아 해당 지표를 향상시키는데 가장 큰 영향을 미치는 이동 속도 매개변수를 찾을 수 있습니다. 이동 속도 외에도 스테이지 난이도(장애물 수량 설정), 업그레이드 진행도(사용자 동기부여 방법 설정), 광고 팝업시점(클리어 후 또는 실패 후 팝업) 등을 테스트할 수 있습니다.

중급에서 고급 게임의 경우 더 긴 데이터 삭제 테스트 단계에서 A/B 테스트를 진행할 수 있습니다. 예를 들어, 카드 게임의 경우 새로운 사용자 그룹이 초보자 10연속에서 얻을 수 있는 카드를 실험을 통해 결정할 수 있으며, 실험 그룹은 10연속에서 반드시 5성 카드를 받도록 설정하고 대조 그룹에서는 5성 카드가 나타나지 않도록 설정하여, 이러한 조치가 사용자의 후속 게임 플레이 참여 열정에 영향을 미치는지 비교할 수 있습니다. 물론 게임 유형으로 인해 실험 결과를 단기간 내에 검증하는 것이 불가능할 수 있으므로 여러 실험을 동시에 진행하고, 데이터 삭제 테스트가 끝난 후에 실험 보고서를 일괄적으로 검토하고, 질적 사용자 인터뷰를 통해 게임을 반복 개선하고 다음 테스트를 준비하는 것이 좋습니다.

사례 2: 신규 사용자 유지율의 장기 조정

게임이 출시 초기이든 성숙기이든 신규 등록 사용자의 다음 날 유지율과 7일 유지율은 중요한 지표입니다. 운영자는 신규 사용자 가이드 프로세스에 항상 주의를 기울여야 하며, A/B 테스트는 신규 사용자 가이드 프로세스가 사용자 유지율에 영향을 미치는지를 검증하는 좋은 방법입니다.

하지만 세분화한 운영 관점에서 다양한 채널을 통해 유입된 사용자들은 큰 차이를 보입니다. 일부 "하드코어" 사용자들은 게임 플레이를 빠르게 경험하고 싶어하며, 일부 사용자들은 신규 사용자 가이드가 자세한 지침을 제공해야 합니다. 따라서 실험 결과에 대한 통계적 영향을 방지하기 위해 단일 채널의 사용자를 대상으로 A/B 테스트를 진행해야 합니다.

예를 들어, 어떤 게임에서는 2021년 12월 1일에 등록한 구글 플레이 스토어에서 온 사용자를 평균적으로 다음과 같이 3그룹으로 나누었습니다:

- 첫 번째 그룹의 사용자: 게임에 진입한 후 어떤 신규 사용자 가이드도 보지 못함.
- 두 번째 그룹의 사용자: 신규 사용자 가이드가 있지만 어떤 단계에서든 나갈 수 있음.
- 세 번째 그룹의 사용자: 모든 신규 사용자 가이드를 강제로 수락함.

구글 플레이스토어, 앱스토어 등 다른 채널의 신규 사용자에 대해서도 비슷한 실험을 진행하여 다양한 채널의 사용자 선호도를 파악하고 이에 따라 다른 신규 사용자 가이드 전략을 채택할 수 있습니다.

또한 게임내 푸시 메커니즘을 결합하여 다양한 문안 내용, 문안 발송시점 및 발송빈도가 사용자 유지율에 미치는 영향을 테스트할 수 있습니다. 이러한 실험은 난이도가 낮고 결과가 빨리 나오므로 사용자 경험에 영향을 주지 않는 한(예: 사용자가 푸시를 끄거나 심지어 게임을 삭제하는 것) 대규모 실험을 안심하고 진행할 수 있어, "복리효과"를 축적하여 궁극적으로 질적 변화를 이룰 수 있습니다.

7.2.3 실험 효율성 향상

7.2에서는 A/B 테스트의 기본 내용을 소개하고 실제 환경에서 정확한 결론을 빠르게 얻기 위해 실험 효율을 높이는 다양한 방법을 다룹니다. 다음은 3가지 흔한 문제와 해결 방법입니다.

1. 트래픽 불균형 문제 해결 방법

무작위 샘플링 방법이 완전히 무작위라 할지라도 실험 그룹과 대조 그룹의 사용자 속성 특성 분포가 완전히 동일하다는 것을 보장할 수 없으며, 두 그룹의 사용자가 일부 속성 특성에서 자연스럽게 분포가 불균형할 수 있습니다. 예를 들어, 게임 사용자 그룹 내에는 제로결제 사용자, 소액결제 사용자, 중액결제 사용자, 대액결제 사용자 등이 존재할 수 있는데, 만약 실험 그룹 내에 대액결제 사용자의 비율이 더 높다면 두 가지 오류가 발생할 수 있습니다:

- 실험 그룹의 실제 효과가 더 좋은 경우 실험 효과가 과장될 수 있습니다.
- 실험 그룹이 실제로 효과가 더 나쁜 경우 지표의 부정적인 정도가 줄어들거나 심지어 긍정적으로 변할 수 있어 잘못된 결론을 도출할 수 있습니다.

A/B 테스트를 실시하기 전에 실험 그룹과 대조 그룹의 매개변수가 완전히 동일하고 사용자가 보는 내용에 차이가 없는 A/A 테스트, 즉 "공허한 실행"을 먼저 수행할 수 있습니다. 만약 공허한 실행 상태에서도 지표에 유의미한 차이가 있다면 무작위 샘플링 단계에 예외가 있는지 검토해야 합니다. 예외가 없다면 정식으로 실험을 진행할 수 있습니다.

A/B 테스트 외에도 사용자의 속성 특성을 먼저 판단하여 해당 계층에 배치한 다음 같은 계층 내에서 무작위 샘플링을 통해 사용자가 어느 그룹에 들어갈지 결정하는 계층화 샘플링을 사용할 수 있습니다. 이 방법의 장점은 실험 그룹과 대조 그룹의 사용

자 속성 특성 분포를 가능한 한 유사하게 유지할 수 있다는 것입니다. 단, 이를 위해서는 사전에 데이터 수집을 잘 해두어야 하며 완전한 사용자 속성 데이터를 지원으로 해야 합니다.

2. 트래픽이 충분하지 않은 문제 해결 방법

잘 알려진 바와 같이 동전을 던질 때 동전을 던지는 횟수가 늘어날수록 앞면이 나올 비율은 점차 50%에 가까워지고 변동성도 점차 줄어듭니다. A/B 테스트에도 같은 원리가 적용됩니다. 사용자 수가 충분히 많으면 트래픽 불균형의 가능성은 매우 낮아집니다.

다른 실험 간에 상호 영향을 미치지만 실험이 동시에 진행되어야 하므로 각 실험에 참여할 충분한 사용자가 있을 것이라는 보장이 없습니다. 게다가 시간이 지남에 따라 이전 실험의 영향으로 인해 특정 그룹의 사용자는 다른 그룹의 사용자와 속성 특성에서 구조적 차이가 발생할 수 있습니다.

그렇다면 트래픽 부족 문제를 어떻게 해결할까요? 2010년, 구글은 "계층 모델" 개념을 처음 제안한 논문을 발표했습니다. 즉, 식별 ID 외에 분할 시 "계층 ID"를 추가로 사용합니다. 계층 ID는 무한히 늘릴 수 있으므로 서로 다른 계층에 있는 동일 사용자도 다른 그룹에 배치될 수 있습니다. 이는 마치 트래픽을 N번 복제한 것과 같아 이 문제를 완전히 해결합니다.

단, 여기에는 하나의 전제가 있습니다. 즉 다른 계층 간에는 사업적 연관성이 없어야 합니다. 앞서 언급한 버튼 색상 실험을 예로 들면, 두 계층으로 나누어 실험을 진행하는 경우 한 계층은 버튼 배경색 실험이고, 다른 계층은 텍스트 색상 실험이 될 수 있습니다. 이 경우 사용자가 보게 되는 버튼은 백색 배경과 백색 텍스트가 될 수 있으며, 실험 결과는 예상할 수 있듯이 이상적이지 않을 수 있습니다.

3. 효율성이 낮은 문제 해결 방법

"계층 모델"은 실험이 너무 많아 트래픽이 고갈되는 문제만 해결할 수 있습니다. 하지만 특히 일부 캐주얼 게임 회사와 같은 게임 회사의 경우, 사용자수 자체가 A/B 테스트의 샘플 크기 요구를 충족시키지 못하며 게임의 수명주기가 짧아 가능한 한 빠르게 신뢰할 수 있는 실험 결론을 도출해야 합니다. 즉 실험의 효율을 높여야 합니다.

전통적인 A/B 테스트 규범에서는 트래픽 비율과 실험 기간이 실험 시작 전에 이미 결정되어 조정할 수 없습니다. 이 문제를 해결하기 위해 최근 몇 년 동안 베이지안 확률 모델을 기반으로 한 실험 방법이 주목을 받고 있습니다.

게임내 광고를 예로 들어, 사용자가 광고노출 후 두 가지 결과만 나타납니다: 클릭하거나 클릭하지 않습니다. 역사적 데이터를 통해 광고 클릭율의 대략적인 범위를 추정할 수 있습니다. 예를 들어, 전날 광고의 총 클릭수가 60회, 총 노출수가 600회라면, 클릭율의 기본 데이터는 10%입니다. 실험이 시작된 후 노출이 있을 때마다 600회의 기초 위에 1회를 더하고, 사용자가 클릭하면 60회의 기초 위에 1회를 더합니다. 이를 통해 다른 그룹 간의 차이를 쉽게 드러낼 수 있습니다. 실험 그룹의 효과가 더 좋다면 더 많은 사용자가 실험 그룹에 들어가도록 분할 비율을 조정하고 이 과정을 반복합니다. 결국 실험 그룹의 분할 비율이 100%에 도달하면 실험이 성공적으로 종료된 것을 의미합니다. 이 방법을 통해 최적의 그룹을 찾는 동시에 전체 실험의 효율을 최대한 높일 수 있습니다.

7.3 결론

1960년대 탐색적 분석의 개념이 제시된 이래 다양한 분석 방법이 속속 등장했습니다. 이 장에서는 탐색적 분석을 통해 사고를 확장하는 방법을 소개했습니다.

- 클러스터링 분석, 근본 원인 분석 등의 방법을 통해 데이터를 기반으로 정보를 발굴하고 사용자 행동 속에 "숨겨진" 정보를 찾아냅니다.
- 인과 추론을 바탕으로 가설을 세운 후 규범적인 프로세스를 따라 A/B 테스트를 진행하고, 실험 결과를 바탕으로 게임의 핵심 플레이, 보상 메커니즘, UI 스타일 등 여러 측면을 지속적으로 반복 개선합니다.

하지만 탐색적 분석을 할 때 가장 중요한 것은 기존의 사고 프레임에서 벗어나 데이터 관점에서, 비즈니스 관점이 아닌 가장 적합한 방법을 선택하는 것입니다. 평소 업무에서 비즈니스 문제에 막혔을 때 어디서부터 시작해야 할지 모를 때 탐색적 분석을 시도해보는 것도 좋은 아이디어가 될 수 있습니다.

제 3 부

게임 수명주기
데이터 실무

플레이 검증

게임이 개발단계부터 최종 출시에 이르기까지 게임 플레이는 그 전체 수명주기의 핵심을 관통합니다. 대중에게 사랑받는 클래식 게임 <콘트라>이든, 게임 업계에 놀라움을 안긴 <It Takes Two>이든, 그 게임 플레이에는 강력한 생명력이 내재되어 있어 사용자들이 체험한 후에도 때때로 다시 플레이하게 됩니다.

게임의 핵심이 게임 플레이 디자인이라면 데이터 분석을 통해 게임 플레이를 검증하는 것은 게임 데이터 분석의 핵심입니다. 이 장에서는 게임 플레이를 어떻게 검증하는지 시스템적으로 설명하고, 새로운/기존 게임 플레이 검증의 두 가지 사례를 통해 게임 수명주기의 다양한 단계에서 게임 플레이 디자인을 검증하고 조정하는 방법을 실제 운영 관점에서 소개합니다.

8.1 개요

 게임 플레이 검증은 게임 데이터 분석가의 중요한 업무 중 하나입니다. 우수한 게임 플레이 검증 분석 보고서를 작성하려면 분석가는 데이터 분석 능력 뿐만 아니라 게임의 플레이 로직에 대해 충분히 깊이 있는 이해를 가지고 있어야 하며, 게임개발 및 운영팀과의 충분한 소통을 통해 게임의 디자인 철학과 운영 전략을 이해함으로써 데이터 분석의 방향성과 타당성을 보장해야 합니다. 게임은 정해진 규칙에 따라 상호 작용하는 새로운 미디어 형태이며, 사용자 경험 규칙을 설정하는 과정은 바로 게임 플레이를 설계하는 과정입니다. 게임내에서 게임 임무, 인스턴스 던전, 전투 또는 대결 모드, 성장 시스템, 자원순환 메커니즘, 심지어는 성취 누적 메커니즘 등 모두 특정한 플레이 로직으로 간주될 수 있습니다. 이론적으로 이러한 메커니즘과 규칙들은 모두 분석이 필요하지만, 많은 게임에서 "플레이"는 대부분의 경우 전투 또는 도전적인 레벨, 성장 시스템, 자원순환 메커니즘 이 세 가지 모듈을 의미합니다. 페이지 수의 제한으로 인해 이 장에서는 이 중 처음 두 모듈에 대해 심도있게 분석합니다.

8.1.1 플레이 검증의 목적과 분석 차원

 게임 플레이 검증의 첫 번째 목적은 사용자가 플레이에 대해 얼마나 수용적인지 확인하는 것입니다. 게임에 새로운 플레이가 도입된 후 많은 사용자로부터 부정적인 피드백이 나타나는지, 신규/기존 사용자, 대규모 결제 사용자(게임 내에서 많은 금액을 결제한 사용자를 지칭) 및 무과금 사용자가 새로운 플레이에 대한 선호도에 차이가 있는지 등은 모두 데이터 분석을 통해 검증해야 합니다.

 게임 플레이 검증의 두 번째 목적은 사용자가 플레이를 체험하는 과정에서 어떤 구체적인 단계에 대해 부정적인 피드백을 가지고 있는지 찾아내는 것입니다. 예를 들어, 사용자가 플레이 도중 특정 지점에서 막히는지 확인하고, 있다면 그 지점이 주로 어떤 단계에 집중되어 있는지 파악하고, 사용자가 게임 참여를 포기하는 배경에 있는 이유를 탐색해야 합니다. 이러한 이유에 대해 게임 제작자는 플레이를 최적화하거나 조정할 필요가 있는지 심사숙고해야 합니다.

 게임 플레이 검증의 세 번째 목적은 해당 플레이 하에서 사용자의 이익과 소비가 설계자의 계획과 사용자의 기대에 부합하는지 확인하는 것입니다. 플레이가 설계될 때 특정 목표가 있습니다. 플레이 검증과정에서 플레이 설계 담당자는 게임의 현재 데이터가 처음 설정한 목표와 일치하는지 지속적으로 확인해야 합니다. 또한 플레이를 체험하는 동안 사용자의 이익과 소비는 전체적으로 균형을 유지하여, 개별 사용자의 긍정적인 심리적 기대를 충족시키고 동시에 전체 사용자 집단의 생태계 균형을 유지해야 합니다.

게임 플레이 검증의 네 번째 목적은 플레이가 게임의 전체적인 경험에 긍정적인 의미를 가지고 있는지 확인하는 것입니다. 새로운 플레이를 출시하는 주요 목표는 사용자에게 새로움과 긍정적인 감정을 제공하는 것입니다. 따라서 사용자로부터 부정적인 피드백이 나온다면 해당 플레이를 계속 유지할지 고려해야 합니다.

게임 플레이 검증에는 네 가지 주요 분석 차원이 있습니다:

• 게임 전체 구조 차원.
• 플레이 후속 체험 차원.
• 사용자 차원.
• 세부사항 모니터링 차원.

먼저 게임 전체 구조 차원에서 새로운 플레이의 목표와 특성을 분해하여 새로운 플레이가 어떤 지표를 생성하는지 관찰하고, 새로운 플레이와 관련된 자원흐름 데이터, 때로는 새로운 플레이와 관련된 다른 플레이 데이터까지 고려해야 합니다. 이렇게 다각도, 다차원의 데이터 분석을 통해 새로운 플레이가 게임에 원활하게 통합될 수 있는지, 게임의 전체적인 리듬과 경험을 해치지 않는지 최종적으로 가치 있는 분석 결론을 도출해야 합니다.

다음으로 플레이 후속 체험 차원에서 새로운 플레이와 관련된 성장라인 지표를 찾아내고, 이러한 지표를 바탕으로 실제 운영과정에서 새로운 플레이와 관련된 성장라인이 사용자에게 좋은 체험을 제공했는지 확인해야 합니다. 물론 때로는 일부 플레이의 후속 체험이 성장모듈에 속하지 않을 수 있으므로, 그것이 어떤 모듈에 속하는지 명확히 하고 분석해야 하며 이를 플레이의 우수성을 평가하는 중요한 근거로 삼아야 합니다.

그 다음, 사용자 차원에서 사용자가 새로운 플레이를 얼마나 받아들이는지 확인합니다. 이 차원에서는 한편으로 새로운 플레이에 대한 사용자의 참여도와 유지율, 신규 플레이가 가져온 결제율, 사용자 활동성, 자원소비 데이터의 변화를 분석해, 신규 플레이가 사용자의 게임 리듬과 기존 관념에 영향을 미치는지, 그리고 결제 및 유지 의사에 영향을 미치는지 확인해야 합니다. 다른 한편으로는 사용자가 신규 플레이에 참여함으로써 게임 내 전체 수치 균형에 미치는 영향이 긍정적인지 부정적인지 분석해야 합니다.

마지막으로, 세부사항 모니터링 차원에서 플레이 관련 데이터에서 개발 및 운영팀이 부적절하다고 판단하는 데이터가 나타나는지 관찰합니다. 예를 들어, 플레이 자체의 규칙이 게임내 추가 모듈로 설정되었지만 기존 게임 플레이 설정과 충돌이 발생하거나, 전투 중 특정 속성을 가진 사용자가 비정상적인 이익을 얻는 등의 규칙을 이용할 수 있습니다. 데이터 분석을 통해 신규 플레이로 인해 발생한 규칙의 허점, 플레이 버그, 사용자 집단 행동으로 인한 부정적 영향 등을 발견하고, 이러한 문제가 발생한 원인을 탐색하여 그 중요도에 따라 적절한 대책을 마련해야 합니다.

8.1.2 핵심 지표가 플레이 검증에 미치는 영향

소위 핵심 지표란, 게임 플레이 디자인의 주요 목적과 직접 관련된 지표를 의미합니다. 일반적인 조건 하에서 게임 플레이를 평가하기 위한 지표는 하나 이상일 수 있으며, 우리는 많은 지표 중에서 핵심 지표를 찾아야 합니다. 핵심 지표가 예상에 도달하거나 그 이상이면 게임 플레이 디자인은 성공한 것으로 간주될 수 있습니다. 게임 플레이의 핵심 지표가 목표에 도달했지만 일부 부정적인 영향을 초래했다면, 이러한 영향과 핵심 지표가 게임 운영에서 차지하는 중요도의 무게를 평가해야 합니다. 실제 상황에서는 신규 게임 플레이를 게임에 추가한 후 모든 지표가 긍정적으로 변화하기 어렵고, 특히 게임 플레이가 출시 초기에는 게임에 다소 부정적인 영향을 미칠 수 있으므로 이로 인해 신규 게임 플레이를 실패한 것으로 판단해서는 안됩니다. 이때 핵심 지표와 다른 비핵심 지표 사이의 중요도를 바탕으로 부정적인 영향을 평가해야 합니다: 이것이 사용자가 신규 게임 플레이 전체에 대해 부정적인 평가를 하는 원인이 될

까요? 때때로 일부 지표를 희생시키고 신규 게임 플레이가 전체 게임에 더 많은 긍정적인 영향을 가져오는 것을 선택하는 것도, 분석가나 퍼블리싱 및 운영팀이 신중하게 고려한 후 내린 비교적 합리적인 결정일 수 있습니다.

8.1.3 신규 게임과 기존 게임 플레이의 데이터 검증 차이

게임 플레이 검증을 시작하기 전에 신규 게임의 기존 플레이를 검증하는 것인지, 아니면 기존 게임에 추가된 신규 플레이를 검증하는 것인지 명확히 해야 합니다. 두 경우를 구분하는 이유는 분석 차원에서 상당한 차이가 있기 때문입니다.

신규 게임의 기존 플레이를 검증할 때는 신규 사용자의 플레이 체험 분석에 더 많은 초점을 맞추어야 하며, 해당 플레이 자체와 다른 플레이와의 연관성 분석은 다소 줄일 수 있습니다. 이는 분석 대상이 된 플레이가 이미 게임의 일부로 통합되어 있고, 다른 플레이와 큰 규모의 내부 충돌을 일으킬 가능성이 적기 때문에 연관성 분석에 들이는 노력을 줄일 수 있습니다. 신규 게임이 공개 테스트 전 단계에 있고 해당 게임을 플레이한 사용자가 많지 않기 때문에 이 시점에서 사용자가 해당 플레이를 얼마나 인정하는지에 대한 데이터 검증이 부족하므로 내부 테스트 데이터를 바탕으로 평가해야 합니다.

신규 게임의 기존 플레이를 검증하는 또 다른 중요 목표는, 사용자가 게임에 참여하는 리듬이 예상과 일치하는지 평가하는 것입니다. 신규 게임이 아직 넓은 범위의 사용자에게 공개되지 않았기 때문에 다양한 사용자 레벨에서 게임을 플레이하는 평균 리듬에 대한 실제 데이터가 부족합니다.

기존 게임에 추가된 신규 플레이를 검증할 때는 신규 플레이에 대한 신규 및 기존 사용자의 평가나 참여도에 차이가 있는지 충분히 관찰하는데 많은 노력을 기울여야 합니다. 해당 플레이가 사용자의 결제 행동과 밀접한 관련이 있다면, 다양한 결제 수준의 사용자들이 해당 플레이에서 보이는 결제 행동의 차이를 심층 분석하여, 해당 플레이가 중소 규모의 결제 사용자들의 결제 의사를 자극하고 신규 결제 포인트를 추가했는지, 대규모 결제 사용자의 안정적인 결제 습관에 충격을 주어 결제 동기가 약화되었는지를 확인해야 합니다.

기존 게임에 추가된 신규 플레이는 게임 내에서 사용자의 전체 활성도나 전체 결제율을 향상시키는 임무를 지닐 수도 있으므로, 분석 시 신규 플레이로 인해 발생한 사용자의 직접 참여와 직접 결제 상황만을 보는 것이 아니라 게임 운영 지표의 전체적인 향상이 예상대로 이루어졌는지를 전반적으로 살펴봐야 합니다. 여기서 말하는 직접 참여와 직접 결제는 사용자가 신규 플레이에 직접 참여하고, 신규 플레이 체험으로 인해 발생한 결제 수요에 의해 이끌린 결제를 의미합니다. 이와 대비되는 개념은 간접 참여와 간접 결제로, 사용자가 신규 플레이에 참여한 후 게임에 대한 전반적인 수요와 체험이 변화하면서 발생하는 참여 및 결제 행위로, 분석 대상인 신규 플레이와 직접적인 관련이 없으며 상대적으로 간접적인 상황에 의해 유발된 것입니다.

8.2 신규 게임의 플레이 검증 사례: 보석 세팅

　여기에서는 신규 게임의 현재 게임 플레이를 검증하는 데이터 분석 과정 사례를 소개합니다.

8.2.1 플레이 소개

　"보석 세팅"은 MMORPG나 카드 게임에서 흔히 볼 수 있는 육성 게임플레이로 일반적으로 게임내 전투에 참여하는 "개체"(장비나 애완동물)에 속성을 추가하는 방식입니다. 예를 들어, 사용자의 무기에 빨간 보석을 세팅하면 사용자의 전체 공격력이 100점 증가하고 녹색 보석을 세팅하면 사용자의 방어력이 50점 증가합니다. 다른 색상과 등급의 보석은 대응하는 속성이 다릅니다.

　일반적으로 각 보석을 세팅할 개체는 일정 수량의 "보석 슬롯"이나 "구멍"을 가지고 있으며, 사용자는 필요한 속성 경향에 따라 상대적으로 자유롭게 조합을 설정할 수 있습니다. 예를 들어, 사용자는 "공격력 10점 증가"의 보석을 더 많이 세팅하여 단일 원거리 공격의 피해력을 높일 수 있고, 또는 더 많은 보라색 보석을 세팅하여 "치명타율 1% 증가" 속성을 늘려서 사용자의 암살자 직업이 소환수를 순식간에 처치할 기회를 늘릴 수 있습니다. 즉, 전통적인 캐릭터나 장비의 업그레이드와 비교할 때 보석 세팅은 사용자에게 전투 개체의 속성 경향을 조정할 수 있는 더 높은 자유도를 제공합니다.

이러한 높은 자유도의 게임플레이에 대한 사용자의 수용도를 검증할 때 단순히 "보석 등급"과 같은 기본적인 육성 데이터 지표만을 볼 것이 아니라 사용자가 보석을 조합하는 전략과 육성의 우선순위를 종합적으로 분석해야 합니다: 사용자가 게임 디자이너의 전략 디자인을 이해할 수 있는지, 그리고 사용자의 육성 전략이 기존의 틀 안에서 게임의 재미를 증가시킬 수 있는지, 아니면 게임 경험의 버그를 만드는 것은 아닌지를 분석해야 합니다.

8.2.2 플레이 분석

게임 플레이 분석의 절차는 이전 장에서 언급한 다양한 관점의 데이터 분석 프로세스와 유사합니다. 실제 분석에서 많은 분석가들이 자신만의 분석 단계를 가지고 있지만 일반적으로 다음 4단계의 범위를 벗어나지 않습니다.

1. 분석 대상 결정

분석 대상을 결정하는 것은 전체 분석 프로세스의 시작점입니다. 명확한 분석 대상이 없으면 이후의 데이터 분석을 효과적으로 진행할 수 없습니다. 분석 대상은 반드시 단일한 것이 아니며, 분석 대상과 관련된 모든 지표가 구현 가능하고 측정 가능해야 합니다. 이 사례에서 보석 세팅 게임 플레이의 분석 대상은 주로 다음과 같은 7가지를 포함합니다:

① 보석 세팅 게임 플레이의 참여 비율.
② 보석 세팅 게임 플레이 자체의 유지율.
③ 보석 세팅 게임 플레이의 진행도와 사용자의 전체 게임 진행도와의 연관성.
④ 보석 세팅 게임 플레이와 관련된 자원생성 및 소비.
⑤ 결제와 관련된 보석 세팅 게임 플레이 데이터.
⑥ 보석 자체와 성장 관련 데이터.
⑦ 수치적 측면의 실제 샘플 검증.

분량 제한으로 인해 여기서는 "① 보석 세팅 게임 플레이의 참여 비율"의 구체적인 분석 프로세스만 보여드리며, 독자 여러분은 위에서 언급한 분석 차원을 기반으로 다른 분석 대상을 분해하고 분석할 수 있습니다.

2. 분석에 필요한 데이터 획득, 임시 지표 정의

분석에 필요한 데이터를 획득하는 것은 데이터 분석 과정에서 자주 무시되는 부분입니다. 실제로 데이터의 품질과 데이터 획득의 효율성은 데이터 분석의 정확성과 깊이를 결정합니다. 분석가는 게임 제품의 데이터 프레임워크와 구조를 미리 파악하고, 관련 규칙 문서를 읽은 후 모든 이벤트와 속성의 정의, 알고리즘 및 대략적인 구현 로직을 명확히 한 다음 데이터 획득 작업을 시작해야 합니다. 이는 무의미한 분석 요구와 불필요한 표 작성을 피하고, 데이터 분석 단계에 빠르게 진입하여 충분한 시간을 확보하는데 도움이 됩니다.

임시 지표란 최종 분석에 필요한 사용 가능한 데이터를 얻기 위해 데이터 분석 초기에 먼저 결정된 일종의 재료성 지표입니다. 이 지표들은 데이터 분석 프로세스의 구체적인 요구에 따라 만들어지며 종종 매우 구체적이며 수학적 의미가 비즈니스 의미보다 크고, 좁고 세부적인 상황에 한정되며, 심지어 분석 논리에 나타나지 않을 수도 있습니다. 그러나 이러한 지표들은 종종 중계, 보조, 사이드 검증의 역할을 하므로 그 존재가 필요합니다. 임시 지표의 논리도 기록해 두어야 나중에 추적하기 쉽습니다.

이 사례에서는 먼저 임시 지표를 정의한 다음 데이터화 합니다. 여기서 우리는 이 게임에서 자주 사용되는 임시 지표를 정의합니다: 보석 세팅 게임 플레이에서 사용자가 보석 색상을 선택할 때의 경향입니다. 이 지표는 단지 포괄적인 개념일 뿐 데이터 분석을 진행할 때 이를 데이터화해야 합니다. 예를 들어:

① 보석의 색상이 몇 가지 있으며 각각 어떤 수치 유형을 대표하는지 결정합니다.
② 사용자가 보석 세팅의 기본 규칙에 따라 얼마나 많은 형태의 조합을 할 수 있는지 파악합니다.

임시 지표를 데이터화 함으로써 사용자가 보석을 선택할 때 명확한 경향이 있는지, 그 이유는 무엇인지 등을 데이터를 통해 분석할 수 있습니다. 이어서 구체적인 추론 및 분석 과정입니다.

3. 추론 및 분석

우리는 TE 시스템을 이용하여 추론 및 분석을 진행할 것입니다. 먼저 해야 할 일은 사용자 그룹의 위치를 고려하는 것이 아니라 구체적인 행동 이벤트인 '보석 세팅'을 찾는 것입니다. 그 다음 이 이벤트에 대해 데이터를 선택하고 계산을 진행합니다. 마지막으로 보석 세팅 행동을 한 사용자를 시간적, 논리적으로 한정하여, 이들 사용자가 참여하는 플레이 환경이 상대적으로 일관되도록 합니다. 즉 샘플의 일관성을 확보하는 것입니다.

이제 구체적인 분석 모델을 설정하고 위의 분석 프로세스를 모사해 보겠습니다. 본 사례의 분석 대상은 "보석 세팅 플레이 참여비율"이며, 우리의 요구는 "특정 시간동안 보석 세팅 플레이에 참여한 사용자 비율을 계산"하는 것입니다. 이는 비율 데이터 계산에 속하므로 TE 시스템의 "이벤트 분석" 모델내의 공식을 사용하여 실현할 수 있습니다. 공식의 초안은 다음과 같습니다:

보석 세팅 플레이 참여 비율 = 실제로 보석 세팅에 참여한 사용자수 / 이벤트 사용자수

이때 공식을 다시 검토하여 분모가 정확한지 확인해야 합니다. 현재 분석 시나리오에서 이 분모에 대해 모든 이벤트 사용자를 선택할 것인지 아니면 "참여 자격이 있는" 그룹으로 세분화할 것인지 결정해야 합니다. 이 자격은 어떻게 정의됩니까? 무효 사용자의 영향을 배제하고자 한다면 분모의 정의를 재정의해야 합니다. "참여 자격이 있다"는 개념은 두 가지 의미를 내포합니다: 1) 사용자가 보석 세팅 플레이의 스위치를 해제하여 실제로 조작할 수 있다는 것 2) 사용자가 보석 세팅 행위를 완료하는데 필요한 자원을 소유하고 있다는 것입니다. 이 두 가지 의미에 따라 우리는 TE 시스템의 "분류" 또는 "태그" 기능을 통해 분모를 한정합니다. 따라서 새로운 공식은 다음과 같습니다:

보석 세팅 플레이 참여 비율
= 실제로 보석 세팅에 참여한 사용자수 / 보석 세팅에 참여할 자격이 있는 이벤트 사용자수

분모를 확정한 후 분자를 확정합니다. "실제로 보석 세팅에 참여한"이라는 개념도 간단한 분석이 필요합니다. 전체 세팅 과정을 완료해야만 세팅을 한 번 한 것으로 간

주할까요? 이미 세팅된 보석을 해제하거나 교체한 경우 이 세팅 행위를 어떻게 판단할까요? 하지만 분모에 비해 분자의 확정은 비교적 간단하므로 여기서 더 이야기하지 않겠습니다.

분자와 분모를 모두 확정한 후에야 보석 세팅 행위의 이벤트 분석 모델을 구축할 수 있습니다. 그림 8.1처럼 TE 시스템의 "이벤트 분석" 모델에서 "보석 세팅" 이벤트를 모델의 주체로 선택하고 "트리거 사용자수"를 통계 지표로 선택합니다. "트리거 사용자수/캐릭터 로그인" 공식을 선택하면 보석 세팅 플레이 참여 비율을 얻을 수 있습니다.

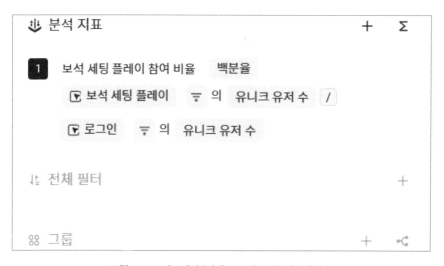

그림 8.1 TE 시스템의 "이벤트 분석" 모델 인터페이스

해당 플랫폼에서 "이벤트 분석" 모델은 시간 요소라는 중요한 구성 요소를 포함하며, 이는 주로 두 가지 주요 시간 요소로 구성됩니다: 시간 범위와 시간 해상도입니다. 시간 범위에 대해서는 단 하루의 데이터만 선택할 수도 있고 여러 날의 데이터를 합산할 수도 있습니다. 시간 해상도에 대해서는 일 단위로 슬라이스 분석을 선택할 수 있습니다(일반적으로 더 긴 주기 또는 전체 개체에서 대표적인 샘플 데이터를 추출하여 목표에 맞는 분석을 수행하는 것을 의미함), 또는 여러 날의 데이터를 합쳐 총값을 계산할 수 있습니다. 이러한 조건들은 모두 실제 분석 요구에 따라 합리적으로 설정해야 합니다.

"보석 세팅에 참여할 자격이 있는 이벤트 사용자"로 분모를 한정하는 방법은 여러 가지가 있으며, 여기서 우리는 실행 로직이 비교적 단순한 한 가지 방법을 선택했습니다. 이는 TE 시스템의 "사용자 분류" 기능을 사용한 것으로, 그림 8.2와 같이 보입니다.

그림 8.2 TE 시스템의 "사용자 분류" 기능 데모

우리는 TE 시스템의 "사용자 세분화" 기능을 사용하여 "유효 참여 사용자" 그룹을 사전에 정확하게 정의할 수 있습니다. "세분화 정의"에서 이미 결정된 시간 구간(지난 7일)을 선택하고, 이 기간 동안 "캐릭터 로그아웃" 횟수가 0보다 큰 경우를 설정하여 활성 사용자를 필터링합니다. 또한 보석 세팅 게임플레이의 전제 조건인 임무 8005를 완수하는 것은 일부 신규 사용자에게만 제한되므로 임무 8005 완수 횟수가 0보다 크고, 사용자 등록 시간이 지난 1~7일 내이며, 현재 레벨이 10 이상인(즉 충분한 전투력으로 보석 생산을 얻을 수 있는) 사용자를 설정해야 합니다. TE 시스템에서 이 사용자 세분화를 앞서 언급한 공식에 적용하면 보석 세팅 게임플레이의 참여율을 계산할 수 있습니다.

TE 시스템을 사용하여 분모와 분자를 유연하게 정의함으로써 순수한 샘플 집합을 필터링하는 것은 분명 우리 분석 요구에 가장 적합한 계산 모델입니다.

계산을 통해 우리가 얻은 보석 세팅 게임플레이의 참여율이 65%라고 가정해 봅시다. 다음으로 이 값이 게임 자체와 신규 게임플레이에 수학적으로 무엇을 의미하는지 분석해야 합니다. 어떤 사람들은 "65%는 분명히 매우 좋은 데이터인데 무슨 분석을 더 해야 하나?"라고 말할 수 있습니다. 이것은 경험주의의 함정에 빠지는 것입니다. 많은 분석가의 경험에 따르면 65%의 참여율은 나쁘지 않아 보이지만 이것은 수학적인 결론일 뿐입니다. 우리는 실제 비즈니스 관점에서 65%가 매우 격려적인 지표값이라면, 이것이 비즈니스 운영이 잘 되고 있다는 확신을 최종적으로 얻어야 합니다. 마치 비즈니스 측면에서 우리가 40%를 괜찮은 유지율로 생각하지만, 특정 세분화 게임 카테고리에서는 유지율이 실제로 60%에 도달해야만 합격으로 간주되는 것과 같습니다. 이것은 실제 비즈니스 배경이 다르기 때문에 평가 기준이 변화한 것입니다.

계산 결과를 분석하는 데에는 일반적으로 3가지 방법이 있습니다: 데이터 비교, 추세 방향, 다차원 및 메트릭 판단

(1) 데이터 비교를 통해 65%의 참여율이 이상적인지 판단할 수 있습니다. 예를 들어, 다른 비슷한 게임플레이의 참여율과 비교할 수 있습니다. 그러나 비슷한 게임플레이가 같은 계산 조건에서 얻은 참여율이 일반적으로 65%보다 높다면 이 게임플레이에 대해 65%는 이상적이지 않은 데이터일까요? 이 결론도 반드시 정확한 것은 아닙니다. 이때 외부 요소를 추가하여 판단을 돕는 것이 좋으며, 이러한 방식으로 얻은 결론이 더 객관적일 수 있습니다. 예를 들어, 이 게임플레이의 비용이 너무 높아 핵심 사용자만 참여할 수 있는지, 아니면 보석 세팅 게임플레이에 필요한 조건이 너무 까다로워 많은 사용자가 참여할 수 없는지 등의 외부 요인을 고려해야 합니다. 이러한 영향 요소가 존재한다면 많은 사용자가 참여 의지가 있어도 즉시 게임플레이에 참여할 수 없을 수 있습니다. 사용자가 게임플레이에 참여하는지 판단하는 과정에서 직접적인 관련이 없어 보이거나 정량화 하기 어려운 영향 요소가 있을 수 있습니다. 이때는 운영 경험과 게임 제품에 대한 이해를 바탕으로 판단해야 하며, 단일 지표 데이터에만 기반한 결론을 내려서는 안 됩니다.

(2) 추세 방향은 많은 분석가들이 판단할 때 종종 간과하는 관점입니다. 앞서 언급한 바와 같이 사용자가 보석 세팅 게임플레이에 참여하는 시점에는 정량화 하기 어려운 영향 요소가 있을 수 있으므로 일정 기간 동안 사용자 참여율의 변화 추세를 결합하여 판단해야 합니다. 예를 들어, 첫날의 참여율이 65%이고 이후 매일 참여율이 지속적으로 상승한다면, 65%는 좋은 추세의 시작점일 뿐이며 이 주기의 최고점이 아니라고 할 수 있습니다. 이러한 추세

관점은 우리가 선택한 사용자 참여 시점이 적절한지도 검증할 수 있습니다. 그러나 이 시간 대를 너무 길게 선택해서는 안 됩니다. 많은 게임플레이의 장기 성과에는 일부 누적적 요소가 있으며, 게임플레이 참여율이 긍정적으로 증가한다고 해서 65%의 값이 기대에 부합한다는 의미는 아닙니다.

(3) 다차원 및 메트릭 관점에서 계산 결과를 분석합니다. 다양한 차원에서 접근하여 예를 들어, 개인 속성에 따라 사용자를 세분화하면 여러 참여율이 생성되며, 이러한 참여율을 가로로 비교하여 보석 세팅 게임플레이에 대한 세분화 사용자 그룹의 태도를 관찰할 수 있습니다. 예를 들어, 유료 사용자와 무과금 사용자가 보석 세팅 게임플레이에 참여하는 비율에 뚜렷한 차이가 있는지 관찰할 수 있습니다. 비록 주요 목표가 전체 사용자의 보석 세팅 게임플레이 수용도를 평가하는 것이지만 빅데이터에는 분명 "평균화" 현상이 존재합니다. 만약 다른 그룹이 보석 세팅 게임플레이에 대해 현저히 다른 태도를 보인다면 이 분야의 데이터 탐색과 분석을 임시로 증가시켜 원인을 명확히 하고, 보석 세팅 게임플레이에 대해 비판적인 사용자 그룹을 위해 게임플레이 디자인을 적절히 조정할지 결정해야 합니다.

"메트릭"이라는 용어는 다소 추상적이므로 이해를 돕기 위해 "단위"나 "종류"와 같은 상대적으로 쉽게 이해할 수 있는 개념으로 간주할 수 있지만, 이러한 해석은 "메트릭"의 전체 의미를 완전히 포괄하지는 않습니다. 예를 들어, 우리는 보석 세팅 게임플레이에 참여하는 사용자수 뿐만 아니라, 게임플레이에 참여하는 인당 횟수와 참여 횟수가 다양한 사용자 그룹 내에서 집중되는 정도를 관찰해야 합니다. 보석 자원을 통계할 때는 각 색상의 보석 사용량 뿐만 아니라 각 색상의 보석 개발 정도도 고려해야 합니다. 메트릭 분할과 차원 분할은 약간 다르며, 차원 분할 후 각 단위 간에는 단순한 수치 비교가 이루어지지만 메트릭 분할 후에는 더 많은 비즈니스 설계와 결합하여 수치의 "좋고 나쁨"을 평가해야 합니다.

또한 일부 게임의 게임플레이 참여율 데이터는 신규 사용자 안내나 운영 이벤트와 같은 요소로 인해 왜곡될 수 있습니다. 예를 들어, 보석 세팅 게임플레이를 개방할 때 시스템은 사용자에게 신규 사용자 안내에 따라 한 번의 세팅 작업을 강제로 수행하게 하여 참여율이 과대평가될 수 있습니다. 이러한 경우 사용자가 수동으로 참여하는지 아니면 수동적으로 참여하는지 식별해야 합니다. 운영 이벤트가 게임플레이 참여율에 미치는 영향에 대해서는 관련 제품 담당자와 개발 담당자와의 소통이 필요합니다. 게임플레이 검증 기간 동안 운영 이벤트의 강도가 클수록 데이터에 대한 방해가 더 심각해지며, 분석 시 이러한 방해 요소를 가능한 한 배제해야 합니다.

4. 분석 결론 형성

많은 분석가들이 매우 세심하고 정교한 분석 과정을 가지고 있음에도 불구하고 그들의 결론은 종종 모호하고 불분명합니다. 비즈니스 요구를 가진 이들에게 이러한 분석은 참고 가치가 부족합니다. 분석 결론은 요구하는 이들에게 지침을 제공하고 게임 버전 최적화에 대한 조언을 제공하기 위해 세 가지 주요 요소를 포함해야 합니다.

첫째, 명확한 긍정적 또는 부정적 판단을 내려야 합니다. 예를 들어, 현재 게임플레이가 설계 목적을 달성했는지, 예상했던 주요 지표를 완료했는지에 대해 명확한 대답이 필요합니다. 모호한 결론은 요구하는 이들이 게임을 최적화할지 여부를 결정하는 데 도움이 되지 않습니다. 둘째, 분석 결론은 데이터, 비즈니스의 실제 상황, 그리고 논리에 기반한 판단이어야 하며 개인의 주관적인 감정이나 "내가 좋아한다" "내 생각에 재미없다"와 같은 의견으로 결론을 내려서는 안 됩니다. 셋째, 게임플레이 분석 보고서는 순수한 데이터 분석만을 포함해서는 안 되며 게임의 전체 데이터와 함께 해석하고 설명해야 합니다. 이는 게임플레이 분석이 게임 전체 수준의 요소들의 영향을 고려하고 있음을 보장합니다.

8.3 기존 게임의 신규 플레이 검증 사례: 왕자의 전쟁

8.2에서는 전통적인 플레이 방식 중 하나인 보석 세팅을 사례로 들어 플레이 분석의 전체 과정을 소개했습니다. 이제 우리는 온라인 게임에서 가장 흔한 핵심 메커니즘 중 하나인 전투 메커니즘을 결합하여 하나의 인스턴스 플레이를 사례로 선택해 그와 다른 분석 과정을 살펴볼 것입니다. 선택된 게임은 이미 출시된지 어느 정도 시간이 지난 오래된 게임이므로 분석시 더 많은 세부사항을 고려할 것입니다.

8.3.1 플레이 소개

이 플레이 방식은 게임 운영 약 1년 후에 추가된 크로스서버 팀 전투 PVP(Player

Versus Player, 양측 사용자가 실시간으로 캐릭터를 조작하여 대결하는) 인스턴스 플레이입니다. 사용자는 자유롭게 팀을 구성해 참여할 수 있으며, 매주 토요일 18시에 개방되며 소그룹 대회와 탈락전 두 단계로 나뉩니다. 최종 우승자는 풍부한 보상을 받게 됩니다. 왕자의 격돌은 각 시즌이 2개월 동안 지속되며, 매번 1개월 간격으로 진행되며 레벨이 100 이상이고 전투력이 100만 점 이상인 사용자만 참가할 수 있습니다.

8.3.2 플레이 분석

8.2.2에 제시된 4단계 분석 과정을 동일하게 적용하여 전체 분석을 완료합니다.

1. 분석 대상 결정

오래된 게임의 신규 플레이 방식 검증에 있어 고려해야 할 데이터 세부사항이 더욱 복잡해지며, 분석 목적과 대상도 사전에 요구사항을 가진 이와의 명확한 소통을 통해 미리 정해야 합니다. 이 플레이 방식에는 주로 다음의 9가지 분석 대상이 있습니다:

① 왕자의 격돌 플레이 방식의 참여 비율.

② 왕자의 격돌 플레이 방식 자체의 유지율.

③ 왕자의 격돌 플레이 방식의 인기 유지와 사용자의 전체 게임 진행과의 관련성.

④ 왕자의 격돌 플레이 방식의 자원생산과 소비.

⑤ 왕자의 격돌 플레이 방식과 결제 관련 데이터.

⑥ 왕자의 격돌 플레이 방식과 육성 관련 데이터.

⑦ 왕자의 격돌 플레이 방식이 현재 게임 전체 리듬에 미치는 영향.

⑧ 왕자의 격돌 플레이 방식의 신규 사용자 친화도.

⑨ 왕자의 격돌 플레이 방식 관련 운영 이벤트의 효과.

2. 분석에 필요한 데이터 수집, 임시 지표 정의

데이터를 수집할 때 이 장에서 언급되지 않았지만 데이터 분석체계 구축(4장 참조)시 반드시 완료해야 하는 작업인 트래킹(데이터 포인트 수집)에 주의해야 합니다. 오래된 게임의 신규 플레이 방식에 대해 분석가는 반드시 버전 출시 전에 트래킹 작업을 감독하여 완료해야 합니다. 그렇지 않으면 이후의 데이터 분석 작업이 어려움에 직면할 것입니다. 트래킹 단계에서는 앞서 열거된 9개 분석 대상에 필요한 각 지표가 데이터화될 수 있는지, 그리고 간접 데이터를 통해 추정해야 하는 지표가 있는지 확인해야 합니다. 이러한 간접 데이터의 완전성도 사전에 확인해야 합니다.

이 사례에서 임시 지표를 정의할 때 고려해야 할 추가 요소로는 서버 환경, 인간 요소가 데이터에 미치는 영향 및 이러한 요소를 정량화 하여 수정할 필요가 있는지 여부가 있습니다. 장기간 운영으로 형성된 특정 서버 환경은 예측할 수 없습니다. 또한 사용자가 게임 버전의 장기적 반복과 운영 전략의 유도를 경험함으로써 형성될 수 있는 상대적으로 안정적인 인식 논리 자체가 신규 플레이 방식에 대한 그들의 인정도와 수용 속도에 영향을 미칠 수 있습니다. 분석을 시작할 때부터 신규 사용자와 기존 사용자를 분리하여 데이터 분석을 수행할지 여부도 고려해야 하는 문제입니다.

3. 추론 및 분석

우리는 복잡한 분석 대상을 선택하여 추론을 진행합니다. 예를 들어, "④ 왕자의 전투 플레이 방식의 자원 생산과 소모"를 분석 대상으로 합니다. 이 분석에서는 자원의 생산과 소모 두 가지 관점에서 각각 분석한 뒤 결론을 통합하여 최종 결론을 도출해야 합니다.

추론의 첫 단계는 자원 생산과 소모 분석에 포함되는 데이터의 범위를 명확히 하고 관련 데이터를 수집하는 것입니다. 분석해야 할 필수 지표가 없다면 이번 분석 목표와 크게 관련 없는 데이터는 수집하지 않습니다. 또한 일반적으로 장기 운영되는 게임은 중기에 큰 규모의 신규 플레이 방식을 출시할 때 그에 맞는 신규 육성 라인도 함께 출시됩니다. 이 신규 육성 라인에 대한 분석은 엄밀히 말해 플레이 방식 검증의 범위에는 포함되지 않지만, 때로는 사용자가 신규 플레이 방식을 평가할 때 육성 라인에 대한 피드백도 그들이 참여하는데 중요한 요소가 됩니다. 본 사례의 왕자의 전투 플레이 방식은 매우 밀접한 신규 육성 라인을 가지고 있으므로, 이 육성 라인과 왕자의 전투의 상호작용에서 생성된 데이터 역시 분석이 필요합니다.

(1) 자원 생산

먼저 왕자의 전투 플레이 방식에서 어떤 자원 생산 채널이 있는지 확인합니다. 이러한 플레이 방식의 일반적인 자원 생산 채널은 랜덤 드롭과 고정 보상 두 가지로 나뉩니다. 자원의 성질에 따라 화폐류 자원과 물품류 자원으로 분류할 수 있습니다.

이론적으로는 경기제도의 고정 보상 목록을 통해 모든 사용자의 자원 생산을 직접 집계할 수 있지만 경기제도가 복잡할수록 사용자의 실제 참여 상황은 통제할 수 없게 되며, 그에 따라 실제 생산량에도 변동이 생길 수 있습니다. 여기서는 사용자가 실제로 받은 고정 보상을 기준으로 자원 생산을 측정하는 것이 더 정확합니다. 이는 일부 보상이 사용자에게 직접 제공되지 않고 메일함에 저장되어 있어 사용자가 즉시 알고 수령할 수 없는 경우가 있기 때문입니다.

여기서는 8.2.2에서 소개한 분석 방법을 사용합니다: 데이터 비교, 추세 방향, 다차원 및 측정 판단.

이 사례에서 데이터 비교를 통해 자원의 내용을 평가할 때 고려해야 할 요소가 더 복잡해집니다. 자원의 내용이 단일하지 않기 때문에 수량 뿐만 아니라 실제 가치도 봐야 합니다. 예를 들어, 사용자는 게임내의 실제 물가를 바탕으로 10,000금의 가치가 100 다이아몬드보다 낮다고 여길 수도 있고, 100다이아몬드가 10장의 추첨권보다 가치가 없다고 여길 수도 있습니다. 즉 데이터 분석 상황에서는 사용자가 얻은 각종 자원의 수량 뿐만 아니라 이 자원을 인민폐와 같은 일반 등가물로 환산할 때 사용자 인식 속에서의 중요성도 주목해야 합니다.

자원의 가치를 판단할 때 두 가지 관점이 있을 수 있습니다: 사용자 관점과 일반 등가물 관점입니다. 사용자 관점은 특정 환경에서 사용자가 다른 자원에 대해 가지는 수요 정도를 바탕으로 자원 가치를 평가하는 것이며, 예를 들어 사용자가 현재 장비가 부족하고 많은 금을 소유하고 있으나 사용할 수 있는 채널이 많지 않다면, 사용자 관점에서 볼 때 금의 가치는 장비보다 분명히 낮을 것입니다. 왜냐하면 그는 장비에 대해 강한 수요를 가지고 있기 때문입니다. 전체 게임의 물가 체계에서 실제로 사용자가 필요로 하는 장비를 팔았을 때 얻을 수 있는 금의 양이 많지 않을 수 있지만, 이 장비와 동일한 화폐 가치를 가진 금으로 구입할 수 있는 다른 상품의 게임 내 가치는 이 장비보다 훨씬 높을 수 있습니다. 이것은 수요가 가치 판단을 왜곡시킨 예입니다. 또한 상품은 화폐가치 뿐만 아니라 사용가치도 가지고 있으며 게임에서도 마찬가지입니다.

예를 들어, 화폐가치가 같을 수 있지만 사용자 입장에서는 금보다 왕자의 전투 플레이 방식에서 사용할 수 있는 보호부적(속성값 증가 또는 실패시 손실에 대응하는 금액이 보호부적의 화폐가치를 훨씬 초과할 수 있음)이 더 낫다고 생각할 수 있습니다.

모든 자원의 화폐가치 환산과 사용가치 증강 방식을 명확히 한 후 자원의 등급을 결합하여 그 가치를 평가할 수 있습니다. 우리는 모든 플레이 방식의 자원을 가치측면에서 분류할 수 있으며, 이는 단지 게임내 판매 가격만을 기준으로 하지 않습니다. 자원의 가치위치를 파악하게 되면 사용자의 전체 수익을 상대적으로 정확하게 평가할 수 있습니다.

앞서 언급한 자원의 화폐가치와 사용가치 외에도 왕자의 전투와 같은 정기적인 대규모 플레이 방식에서는 또 다른 형태의 자원이 존재할 수 있습니다: 영예류 보상입니다. 이는 성취 메달이 될 수도 있고, 특별한 디자인과 특수 효과가 있는 칭호나 의상 등일 수도 있습니다. 이러한 보상은 실질적인 경제 가치는 없지만, 사용자의 영예 욕구나 자랑심을 충족시킬 수 있습니다. 만약 보상 목록에 이런 종류의 보상이 있다면, 이에도 일정한 가중치를 할당하여 자원의 가치 평가에 포함시켜야 합니다.

자원의 추세 방향을 평가합니다. 여기서의 추세는 단지 사용자가 경기를 통해 자원의 품질을 업그레이드하는 과정만을 의미하는 것이 아니라 게임 내에서 아이템 보상을 획득함으로써 실력을 업그레이드하는 과정도 포함합니다. 후자의 핵심은 자원유형의 업그레이드에 있으며, 이 업그레이드는 자원의 수량과 품질의 업그레이드를 의미하는 것이 아니라 완전히 다른 더 고급의 자원을 획득하는 것을 의미합니다. 이는 사용자 자신이 게임 내에서 처해있는 육성 단계나 사회 계층의 요구와 관련이 있습니다. 이러한 자원 유형의 업그레이드가 사용자가 플레이 방식에 참여하는데 긍정적인 자극을 줄 수 있는지 여부도 추세 방향을 분석할 때 판단해야 할 요소입니다.

자원을 다차원 및 측정 측면에서 평가합니다. PVP 플레이 방식에서 사용자의 심리적 기대도 고려해야 할 요소입니다. 본 사례에서의 차원은 일반적으로 사용자의 현재 전투력과 평균 자산 등급과 관련이 있습니다. 이러한 요소들은 사용자가 참가한 경기의 결과에 대한 만족도에 영향을 미칩니다. 전투력은 사용자의 전투 능력을 반영하며, 사용자는 이를 주요 근거로 하여 자신의 전투 승리 또는 실패의 합리성을 평가합니다.

게임의 평균 자산 등급과 각 참가 사용자 개인의 자산을 비교함으로써 참가 사용자의 자산배분 전략이 합리적인지, 무엇이 합리적인지 무엇이 비합리적인지를 이해할 수 있습니다. 특히 PVP 플레이 방식에서 유료 사용자의 성능과 게임내 지출의 주요 항목 간의 강한 상관관계를 분석해야 합니다. 사용자의 현재 전투력과 게임의 평균 자산 등급에 따라 경기에서 패배한 사용자가 절대적인 힘이 부족해서인지, 아니면 육성 전략상의 실수로 인해 전투에서 불리한 위치에 있었는지를 판단할 수 있습니다. 승패에만 주목할 것이 아니라 사용자가 실패한 원인에도 주목해야 합니다. 이러한 원인에 대해 게임 내에서 가이드를 설정하여 사용자가 행동을 수정하고 게임의 재미를 경험할 수 있도록 도움을 줄 수 있습니다.

또 다른 선택적 분석 차원은 "승패 관계"입니다. 이는 경쟁적인 플레이 방식에 대한 심층 분석의 핵심입니다. 게임 내의 승패는 단순한 제로섬 게임이 아니므로 승패 양측의 특징 데이터를 통계하여 분석해야 합니다. 필요한 경우 전투의 세부 데이터도 분석 대상이 됩니다. 승패 양측의 특징 데이터란 전투 시간, 총 데미지 출력, 사망 횟수, 플레이 방식 부수조건을 달성한 횟수 등 사용자가 전투를 제어하는 능력과 전투의 치열함을 반영할 수 있는 모든 데이터를 분석 범위에 포함시켜야 합니다. 이러한 데이터를 분석함으로써 사용자의 실제 전투체험 만족도와 게임 전략에 대한 인식 수준을 알 수 있습니다.

(2) 자원 소모

일반적인 플레이 방식에서 자원의 흐름을 분석할 때 자원 소모 데이터는 종종 무시되곤 합니다. 이는 사용자들이 자신이 얻은 자원이 기대와 요구를 충족시키는지에 더 관심을 갖기 때문입니다. 그러나 장기적인 사업 분석 경험에 따르면 사용자가 얻은 자원과 이들 자원이 게임 진행 과정에서 어떻게 소모되며 어떤 결과를 가져오는지 분석하고 평가하는 것이 필요합니다. 이런 접근을 통해 사용자가 플레이 방식에 대해 가지는 전반적인 느낌을 보다 포괄적으로 이해할 수 있습니다.

본 사례에서 자원 소모는 영구적 소모와 교환형 소모 두 가지로 구분됩니다. 영구적 소모는 사용자가 특정 플레이 방식을 위해 자원을 소모하고, 그 과정에서 수치로 확인할 수 있는 보상(가능하다면 간접적인 이익 포함)을 얻는 경우를 말합니다. 반면 교환형 소모는 사용자가 거래를 통해 다른 자원을 얻는 경우를 의미합니다.

이 두 가지 소모 유형을 분석할 때 사용하는 접근 방식은 다릅니다. 영구적 소모에 대해서는 사용자가 해당 소모를 하는 이유와 그에 대한 사용자의 수용 한계가 어디인지, 그리고 이러한 소모가 게임 전체에 어떤 의미를 가지며, 게임의 전체 모듈 변화와 수치 조정에 따라 이러한 소모의 존재 의미가 어떻게 변화하는지를 고려해야 합니다. 교환형 소모에 대해서는 거래의 결과가 무엇인지, 사용자가 왜 이 거래를 하려고 하는지, 그리고 현재 시점에서 사용자가 이 거래 결과를 의미있거나 가치있다고 생각하는지가 분석의 중점입니다.

이제 데이터 비교 분석을 예로 들어 추론을 시작할 수 있습니다. 어떤 지표를 비교할 필요가 있는지 또는 어떤 지표의 비교가 필요하고 의미있는지를 결정해야 합니다. 이는 5장에서 소개된 OSM 모델을 활용해 분석 로직을 시작으로 현재 분석해야 할 지표를 나열하고 어떤 지표를 비교할지를 결정합니다.

이 분석에는 본 분석 조건에 부합하는 10,000명의 샘플 사용자를 선택하여 2021년 11월 1일 왕자의 전투 플레이 방식 시즌 첫날부터 2021년 11월 13일의 시즌 노드까지 이 10,000명의 사용자의 매일 특정 자원 소모량 변화를 비교합니다. 이를 통해 왕자의 전투 경기 기간동안 사용자의 자원소모가 예상치에 부합하는지를 판단합니다. 10,000명의 샘플 사용자 선택은 단지 추론 예시로, 실제 분석에서는 다양한 게임과 상황에 따라 샘플 크기가 달라질 수 있습니다.

필요한 데이터를 수집한 후 10,000명의 샘플 사용자의 매일 DAU 합계와 특정 자원의 누적 소모량 총합을 비교합니다. 그러나 이러한 비교만으로는 충분치 않기 때문에 체력소모 비율과 금화소모 비율의 비교 같은 추가적인 데이터 분석 차원을 포함시키는 것이 좋습니다.

단계 1: 추세 판단

먼저 샘플 사용자의 매일 특정 자원 소비량 변화 추세를 살펴봅니다. 그림 8.3에 표시된 바와 같이 소비량은 새로 추가된 날(2021년 11월 1일)부터 비교적 평탄하며 심각한 변동이 없었으나, 2021년 11월 8일에는 큰 폭의 변동이 있었습니다. 이 결론을 도출한 후 분석 가치가 있는 특별한 지점이나 관심 지점을 찾기 시작할 수 있습니다.

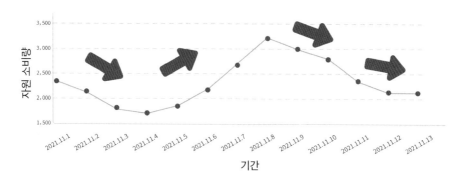

그림 8.3 일일 특정 자원 소비량의 변화 추세

단계 2: 관심 지점 발견

관심 지점을 선택할 때는 일반적으로 4가지 관점을 취합니다: 노드량, 변동점, 변동 리듬, 그리고 다양한 지표간의 상호작용.

① 노드량

노드량은 그림 8.3의 왼쪽 세로축값입니다. 우리는 데이터 자체가 내포하는 정보 뿐만 아니라 이러한 데이터를 그룹화하고 양적 등급을 정의할 필요가 있는지를 고려해야 합니다. 2021년 11월 1일 특정 자원 소비량이 2,500억이라는 것은 수학적 의미 뿐만 아니라 거시적인 제품 차원에서도 의미가 있는지를 고민해야 합니다. 예를 들어 이 2,500억 자원을 모든 사용자에게 평균적으로 분배했을 때 각 사용자가 받는 자원이 현재 보유 자원의 50%에 해당한다면, 사용자가 자원을 적극적으로 소비하고 왕자의 전투 플레이 방식이 매우 매력적이며 모든 사용자가 경기를 준비하며 소비를 적극적으로 하고 있다고 볼 수 있을까요? 이는 우리가 데이터를 관찰하는 것 외에도 게임의 전반적인 운영 상황을 이해해야 함을 요구합니다.

② 변동점

그림 8.3에서 보듯이 2021년 11월 8일은 하나의 변동점입니다. 이 시점 전후로 데이터의 변화 추세가 왜 명확하게 다른지, 자원 소비량이 이날 왜 갑자기 증가했다가 다음 날 다시 감소하기 시작했는지 분석해야 할 점들입니다.

③ 변동 리듬

그림 8.3의 곡선을 관찰하면, 만약 그것이 일정한 규칙을 따르고 완전히 무작위로 변화하지 않는다면 그것은 변동 리듬이 있음을 의미합니다. 우리는 전체 자원 소비량 곡선을 연구하고 심지어 그림 8.3에 표시된 시간 범위를 넘어서서 비슷한 변동 리듬이 반복해서 나타나는지 여부를 확인해야 합니다. 예를 들어 지난 달이나 지난 주의 자원 소비량에 비슷한 변동 리듬이 있는지, 또는 같은 시간대의 신규 사용자가 특정 시간 주기에서 자원 소비량에 비슷한 변동 리듬이 있는지 등을 확인해야 합니다. 이러한 변동 리듬의 내재된 규칙은 무엇인가? 변동 리듬을 분석함으로써 데이터 주기 변화의 규칙을 찾아낼 수 있으며, 여기서 나타나는 예외는 우리가 이 분석 주제를 완성하기 위한 중요한 단서가 될 수 있습니다.

④ 다지표 간의 상호작용

DAU 데이터를 추가하여 보면 그림 8.4에 표시된 것처럼(노란색 선이 DAU), 자원 소비량이 DAU와 동시에 변하지 않는 것을 볼 수 있습니다. 이 또한 주목해야 할 분석 포인트입니다. 때로는 데이터의 변동이 우리의 제품 설계 때문만이 아니라 환경 조건의 변화로 인해 발생할 수도 있기 때문에 이 경우에는 주요 분석 지표에 큰 영향을 줄 수 있는 데이터도 분석해야 합니다.

자원 소모량

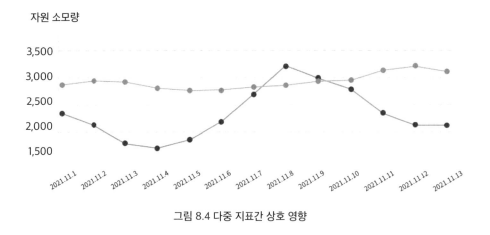

그림 8.4 다중 지표간 상호 영향

단계 3: 오류 제거

이제 오류 제거 단계로 넘어갑니다. 게임 제품에 대한 충분한 이해 없이는 많은 분석가들이 그림 8.4의 데이터를 너무 단순하게 판단할 수 있습니다. 데이터가 상황을 완전히 무결하게 기록할 수 없기 때문에 실제 상황에서 벗어나 단지 데이터만으로 판단하게 되면 잘못된 결론을 내릴 위험이 있습니다. 따라서 관심 지점을 정한 후 해당 데이터 구간이 속한 전체 상황에 대한 정보를 수집해야 합니다. 예를 들어 관련 플레이 방식의 개방 시간과 등급, 사용자들이 어떤 시간대에 참여할 것으로 예상하는지, 그리고 해당 시간대에 데이터에 영향을 줄 수 있는 긴급 사건이 있었는지 등을 이해해야 합니다.

단계 4: 관심지점의 소 추세 구간 설정

중요한 노드를 분석할 때 관심 지점 전후의 작은 데이터 구간도 분석 요소로 고려하는 것이 좋습니다. 그림 8.5에서 보듯이, 일반적으로 분석 범위로 선택되는 데이터는 빨간색 상자 안의 데이터이며, 더 큰 구간의 데이터(예를 들어, 그림 8.5의 노란색 상자로 표시된 범위)도 보조 데이터로 고려할 수 있습니다. 이러한 보조 데이터를 추가하는 목적은 다른 분석 결론을 형성하기 위함이 아니라 빨간색 상자 안의 데이터가 전체 상황에서 어떤 단계에 있는지를 더 잘 이해하기 위함입니다.

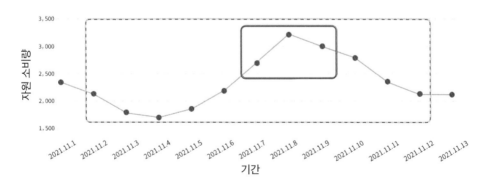

그림 8.5 관심지점의 소 추세 구간 설정

여기서 우리는 파란색 테두리 구간의 데이터를 주요 관심지점으로, 점선 테두리 구간의 데이터를 부차적 관심지점으로 정의합니다. 주요 관심지점이 그림 8.5의 가로축 중앙에 위치하기 때문에 부차적 관심지점을 주요 관심지점 이전과 이후의 두 구간으로 나누어 개별적으로 해석할 수 있습니다. 주요 관심지점 이전의 노란색 테두리 구간 데이터는 주요 관심지점의 상승추세 초기 단계에 있으며, 이 구간 외부의 끝값보다 작습니다. 파란색과 점선 테두리 사이의 데이터는 사실상 저점을 나타냅니다. 그러므로 우리는 이 저점이 생성된 원인이 무엇인지 분석해야 합니다. 저점이 주요 관심지점 때문에 발생했는지 아니면 다른 원인이 있는지? 이것이 부차적 관심지점이 주는 중요한 정보입니다. 만약 주요 관심지점만 분석한다면 이 저점의 데이터 변화를 놓칠 수 있습니다.

이 분석 단계는 모든 분석에서 반드시 필요한 것은 아니며 실제 필요에 따라 이 단계를 추가할지 결정해야 합니다.

단계 5: 관심지점 분석

이 단계는 분석 프로세스의 핵심이며 분석 능력을 가장 시험하는 단계입니다. 앞서 소개한 데이터 비교, 추세 방향, 다차원 및 측정 판단 등의 세 가지 기본 방법을 계속 사용하여 분석할 수 있습니다.

그림 8.3에서 특정 자원의 소모량은 여러 구간에서 변화하는데 두 가지 관점에서 분석해야 합니다. 첫 번째는 KPI 목표 관점이며, 고점의 지표값이 예상이나 계획한 KPI를 충족하는지가 가장 주요한 관점입니다. 두 번째는 주기구간 관점으로, 전체 대회 주기 동안 사용자의 특정 자원 소모량 총합, 인당 평균치 또는 중앙값 등의 지표가 우리의 예상을 충족하는지 분석해야 합니다. 특히 특정 자원 소모량의 저점과 고점이 각각 무엇을 의미하는지, 예를 들어 저점이 게임 규칙의 정상적인 반영인지, 고점이 사용자가 일정 기간 동안 자원을 축적한 후 집중적으로 사용하는 것인지 등을 분석해야 합니다.

주기구간 관점을 고려할 때 2021년 11월 1일과 11월 18일 사이 사용자의 특정 자원 소모량 차이만 간단히 비교하는 것으로는 충분하지 않으며, 같은 기간의 대조 데이터도 분석에 포함시켜야 합니다. 그림 8.6에는 2021년 10월 1일부터 10월 18일까지의 동일 기간 사용자 데이터(회색 선)도 추가되었습니다.

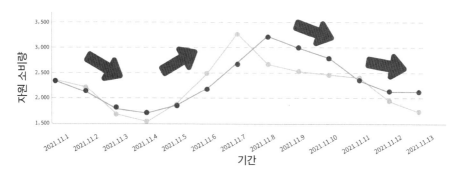

그림 8.6 다른 시간 구간 데이터 비교

그림 8.6에서 볼 수 있듯이 2021년 10월, 즉 지난 시즌에는 특정 자원 소모량이 상승주기를 시작하는 시점이 11월 이번 시즌보다 빨랐습니다. 또한 10월에 특정 자원 소모량이 최고점(피크)에 도달하는 시간이 11월과 동일한 기간보다 하루 빨랐지만 10월의 최고점은 11월보다 지속 능력이 떨어지며, 최고점 다음 날부터 명확하게 감소하기 시작해 3일 후인 10월 11일에야 하락 추세가 멈췄으며, 그 후의 데이터 성능도 11월에 못 미쳤습니다. 여기서 3가지 주요 관심사를 탐구할 필요가 있습니다:

① 11월의 피크가 왜 하루 늦었는가?
② 11월의 피크 이후 데이터가 이틀 동안 고위를 유지할 수 있었던 이유는 무엇인가?
③ 11월의 데이터 말단이 평탄을 유지할 수 있었던 이유는 무엇인가?

이 경우에서 지표를 분할하는 차원은 이전에 언급한 캐릭터와 계정, 서버와 채널, 고액/중간/소액결제 사용자 등의 일반적인 차원이 아니라 추가 차원을 통해 분석을 보조합니다. 예를 들어 유료 사용자와 무료 사용자의 특정 자원 소모량 변화 추세를 각각 분석할 수 있습니다: 두 그룹에 공통적인 특징이 있는가? 명확한 차이가 있는가? 이 차이가 유료 여부, 얼마나 많이 지출했는지와 직접적으로 관련이 있는가? 측정에 있어서는 왕자의 전투 플레이 방식의 규칙에 따라 세분화할 수 있습니다: 예를 들어 더 많이 결제한 사용자가 연승 측면에서 종종 임계값을 초과하는가? 특정 강력한 캐릭터를 보유한 사용자가 속한 팀의 승률이 낮은 이유는 무엇인가?

단계 6: 초기 결론 도출

① 사용자는 초기 단계에 더 긴 적응기간을 거쳤으며 이는 11월 초 게임 버전 업데이트에서 플레이 자원 생산량의 조정과 관련이 있을 수 있습니다(이는 블랙박스 정보입니다).

② 11월에 게임은 왕자의 전투 플레이 방식을 조정했으며, 데이터 피드백에 따르면 사용자들은 11월 대회에서 10월보다 더 좋은 성능을 보여주었고, 11월의 자원 소모량이 더 오랫동안 높은 위치를 유지했으며, 이는 11월에 대한 플레이 방식 조정이 매우 효과적이었음을 나타냅니다.

③ 11월 시즌이 끝난 후 사용자는 지속적인 자원 소모를 통해 이번 이벤트의 수익을 전환했으며, 이러한 측면에서의 적극성도 10월 시즌보다 높았습니다.

4. 최종 결론 형성

11월의 플레이 방식 조정 후 성과가 더 좋았음을 나타내며 개발의 조정이 실제로 효과가 있었음을 의미합니다. 이번 대회에서 사용자들은 초기 단계에 더 긴 적응 기간을 거쳤고(블랙박스 정보), 유료 사용자의 자원 소모 강도가 증가했습니다.

현재 데이터 성능이 좋음에도 불구하고 운영자는 플레이 방식의 후속 내용을 계획해야 합니다. 왜냐하면 현재 사용자를 참여시킬 수 있는 후속자원 생산 내용이 부족하며 다음 달 대회 참가를 위한 사용자의 참여의지가 현저히 감소할 수 있기 때문입니다.

8.4 결론

이 장에서는 게임 플레이 검증의 방법론과 실전 사례를 소개하였으며, 사례에 나타난 분석 방법은 다양한 분석 상황에 따라 유연하게 적용해야 합니다.

플레이 검증은 게임 데이터 분석에서 흔히 다루는 주제입니다. 이 분석 주제는 일반적으로 충분한 데이터를 샘플로 제공할 필요가 있습니다. 사용자 규모가 작은 경우 깊이 있는 플레이 검증 분석을 권장하지 않습니다. 플레이 검증은 각 플레이 자체의 사용자 수용도를 평가할 뿐만 아니라, 사용자의 매일 온라인 시간, 각 플레이의 시간 비율, 순서, 그리고 수익 생성 효율성을 평가하여 상대적으로 객관적이고 정확한 결론을 도출해야 합니다.

광고 집행

앞 장에서는 데이터 분석을 통해 게임의 핵심 게임 플레이를 검증하는 방법에 대해 자세히 소개했습니다. 게임 플레이가 확정된 후 게임은 사용자 유입 촉진 단계로 넘어 갑니다.

여기에서는 게임 사용자 유입 촉진 기간동안 데이터 분석을 통해 사용자 유입 효과를 향상시키고 사용자 수의 지속적인 성장을 실현하는 방법을 소개할 것입니다.

9.1 개요

게임이 잘 출시되기 위해서는 게임 자체의 품질이 우수하여 사용자가 유지되고 가치를 창출할 수 있어야 할 뿐만 아니라 고품질의 사용자가 지속적으로 게임에 유입되어야 합니다. 고품질 사용자가 지속적으로 유입되게 하려면 게임 퍼블리셔는 광고구매를 통해 사용자수의 증가를 유지해야 합니다.

광고구매는 광고주(일반적으로 게임 퍼블리셔를 지칭)가 미디어 채널에서 광고를 게재하는 형태로 트래픽(광고노출)을 구매하여 신규 사용자를 획득하는 방법을 말합니다.

물론 신규 사용자를 획득하는 방법은 광고구매만 있는 것이 아니며 자연적인 분열, 채널 공동운영 및 브랜드 마케팅 이벤트도 대량의 사용자를 얻는 효과적인 방법입니다. 하지만 의심할 여지없이 우수한 게임 제품이 지속적으로 출시되는 오늘날, 미디어 채널을 통한 대규모 광고구매는 신규 사용자를 획득하는 가장 직접적이고 효과적인 방법이며, 현재 게임 퍼블리셔에게 필수적인 수단입니다.

광고구매 시장은 모바일 인터넷과 함께 성장해 왔습니다. 과거에는 게임 퍼블리셔가 주로 애플리케이션 스토어와의 공동운영 형태로 협력하여 폭발적으로 증가하는 인터넷 사용자로부터 혜택을 누렸습니다. 하지만 이러한 혜택은 2015년부터 점차 사라지기 시작했습니다. 스마트폰 하드웨어의 성장이 둔화되고 고품질 게임이 점차 증가함에 따라 일부 퍼블리셔는 미디어 채널에서 사용자를 유료로 획득하기 시작했고, 게임의 광고구매 모델이 부상하기 시작했습니다.

광고구매 모델이 발전한 초기 단계에서, 게임 퍼블리싱 대기업은 이 방법을 통해 쉽게 월 수억 원 이상의 매출을 달성할 수 있었습니다. 이후 점점 더 많은 중소 게임 퍼블리셔가 광고구매 대열에 합류했습니다. 하지만 경쟁이 심화됨에 따라 국내 광고구매 시장은 점차 레드오션으로 변하고 두 가지 뚜렷한 변화가 발생했습니다.

1) 광고구매 비용이 급등했습니다. 모바일 인터넷 사용자수는 지속적으로 증가하고 있지만 그 증가 속도는 매년 새로 출시되는 게임 제품의 속도를 훨씬 밑돌고 있으며, 같은 시기 시장의 총 트래픽이 상대적으로 안정적인 상황에서 각 대형 게임 퍼블리셔는 더 높은 노출율을 얻기 위해 광고 가격을 올려야만 했고, 광고 구매비용 상승은 대세가 되었습니다.

2) 광고구매에 사용되는 광고 소재의 수명주기가 단축되고 있습니다. 광고구매 모델이 처음 등장했을 때 광고 유형이나 사용자의 취향은 비교적 단일했습니다. 따라서 초기에 시장에 진입한 게임 퍼블리셔는 종종 "한 수"로 전 연령층 사용자를 커버하고 도달할 수 있었습니다. 하지만 광고구매에 대한 게임 퍼블리셔의 투자가 점점 늘어나고 게임 광고의 품질도 점점 높아지면서 단순히 게임의 원래 장면을 보여주는 것만으로는 사용자를 유인하기 어렵게 되었으며, 성공적인 광고 소재는 종종 경쟁사들이 모방하기 마련이어서 게임 퍼블리셔는 광고구매 레드오션에서 더 많은 사용자를 얻기 위해 소재 스타일을 자주 바꿔야만 했습니다.

이러한 두 가지 변화로 인해 게임 퍼블리셔에게 있어 세분화한 광고구매가 매우 중요해졌습니다.

9.2 광고 집행 방법

그렇다면 어떻게 광고를 집행해야 할까요? 먼저 광고 집행의 각 단계와 주요 작업, 그리고 주의사항을 소개합니다. 다음으로 광고 채널과 유형을 설명하고, 마지막으로 광고 집행 과정에서 사용되는 관련 지표를 해설합니다.

9.2.1 광고 집행의 4단계

게임의 마케팅 구매는 대략 4개의 단계로 나눌 수 있습니다: 도입기, 성장기, 성숙기, 그리고 쇠퇴기. 각 단계에서의 마케팅 구매 전략과 작업의 중점은 서로 다릅니다.

1. 도입기

게임 출시 전 퍼블리셔는 여러차례 마케팅 구매 테스트를 진행합니다. 한편으로는 데이터를 통해 마케팅 구매 채널이 커버하는 대상이 게임 자체의 사용자 이미지와 일치하는지 검증하고, 검증 결과에 따라 채널, 광고 자료의 스타일 및 사용자 위치 설정을 조정합니다. 다른 한편으로는 마케팅 구매를 통해 사용자를 얻고 사용자의 피드백을 수집하여 게임 버전을 최적화합니다. 이 단계에서의 마케팅 구매 작업의 핵심은 해당 마케팅 구매 채널과 광고 대상을 결정하고, 다양한 터미널, 입찰가, 광고자료 및 시간에 따라 이후 일련의 광고계획을 수립하는 것입니다. 동시에 다양한 채널에서 게임의 사전예약 작업을 잘 해야 합니다.

2. 성장기

  게임이 정식으로 출시됨에 따라 마케팅 구매는 짧은 성장기에 진입하여 여러 채널과 여러 계획을 통해 지속적으로 마케팅 구매를 진행하여 게임이 사용자의 폭발적인 성장을 맞이하도록 합니다. 이 단계에서는 게임이 가능한 빠르게 시장을 점유할 수 있도록 광고 집행자는 광고자료의 흡수 정도를 지속적으로 테스트하고, 각 광고그룹 자료의 노출량, 클릭량 및 전환율을 면밀히 관찰하며 적시에 조정합니다. 게임이 막 출시됐을 때 사용자 증가는 가장 중요하며, 가장 핵심적인 사용자를 끌어들여야 합니다. 시장을 빠르게 점유하기 위해 대부분의 게임은 목표 대상 범위를 확대하여 광고 자료가 대중 중 더 많이 노출되어 사용자 유입량을 증가시키려고 합니다.

3. 성숙기

  게임이 출시 초기에 얻은 주목도가 사라진 후 마케팅 구매는 성숙기에 진입하며, 더욱 신선한 광고자료와 게임 내의 통과팁 등을 사용하여 사용자양의 안정성을 유지해야 합니다. 이 단계에서는 많은 목표 사용자가 게임 출시 초기에 이미 획득되었기 때문에 마케팅 구매비용이 상대적으로 높을 수 있습니다. 게임의 수익화 주기를 합리적인 예산 범위 내에서 보장하기 위해 광고 집행자는 마케팅 구매 모델을 적절히 조정하고, 더 정확한 사용자 그룹에 광고를 집행해야 합니다. 또한 제품측에서도 정기적으로 관련 운영이벤트를 진행하여 신규 및 기존 사용자의 결제 전환율을 높이고 수익화 주기를 단축해야 합니다.。

4. 쇠퇴기

  마케팅 구매 계획은 게임 자체의 운영 계획과 밀접한 관련이 있으며 게임 버전이 마지막 단계에 접어들면 마케팅 구매도 쇠퇴기에 진입합니다. 이 단계의 특징은 양이 적고 가격이 비싼 것이므로, 마케팅 구매 계획은 점차 축소되어 몇몇 선별된 고품질 채널만 유지하여 일정량의 사용자 유입을 유지하고 다음 마케팅 구매를 위한 준비를 합니다. 물론 사용자 재지정을 통해 마케팅 구매 시 각 운영 단계의 이벤트 정보를 발표하여 사용자를 되돌리거나 새로운 사용자를 끌어들일 수도 있습니다. 마케팅 구매 데이터와 게임 데이터 사이의 연결을 통해 매일 몇 명의 기존 사용자가 돌아오는지 모니터링하여 마케팅 구매의 효과를 검증할 수 있습니다.

전반적으로 보면 게임의 마케팅 구매는 주기적인 과정입니다. 게임의 운영 주기와 함께 마케팅 구매는 도입, 성장하여 정점에 도달한 후 점차 감소하는 과정을 겪게 됩니다.

9.2.2 주요 광고 채널과 광고 유형

어떻게 트래픽을 합리적으로 활용하여 더 큰 가치를 창출할지는 구매 전략을 수립할 때 고려해야 할 문제입니다. 게임의 구매 전략은 구매채널과 밀접하게 관련되어 있습니다. 트래픽 규모를 기준으로 구매채널을 다음 두 가지로 분류할 수 있습니다: 종합채널과 수직채널.

- 종합 채널: 현재 국내에서는 네이버, 카카오, 유튜브, 페이스북과 같은 채널이 대표적입니다. 이러한 채널은 사용자 규모가 매우 크며 모든 연령대와 다양한 유형의 사람들을 아우릅니다.
- 수직 채널: 인스타그램, 트위터, 네이트판, 뽐뿌 등과 같은 채널이 이에 해당하며, 이들의 사용자 규모는 종합 채널보다 작고 특정한 사용자 그룹을 타겟으로 합니다.

다양한 구매 플랫폼과 광고 위치에서 광고의 유형도 다릅니다. 광고가 미디어 채널에서 나타나는 위치를 기준으로 다음의 6가지 유형으로 나눌 수 있습니다:

1. 배너 광고

배너 광고는 모바일 인터넷이 부상한 이후 가장 널리 사용되는 인터넷 광고형식 중 하나로, 웹페이지나 앱에서 풀스크린 광고를 삽입하기 어려운 위치에 장기간 나타납니다. 사용자가 배너 광고를 클릭하면 대부분 앱스토어나 광고주의 상세 페이지로 직접 이동합니다. 다른 광고 형식에 비해 전환율은 낮지만 비용도 상대적으로 낮아 광고주에게 여전히 인기있는 광고 형식입니다.

2. 오프닝 스크린 광고

오프닝 스크린 광고는 사용자가 앱을 열었을 때 보게 되는 풀스크린 광고입니다. 이 광고는 일반적으로 3~5초 동안 머물며 사용자는 건너뛰기를 선택하거나 기다릴 수 있습니다. 넓은 사용자 커버리지와 큰 노출량 때문에 이 광고는 모든 광고유형 중 가격이 가장 높은 형식 중 하나이며, 주요 미디어 채널 대부분이 이 광고 형식을 도입했습니다. 주로 제품 홍보에 사용됩니다.

3. 인터스티셜 광고

인터스티셜 광고는 사용자가 앱의 특정 페이지로 진입한 후에 자동으로 팝업되는 플로팅 광고입니다. 이 광고는 자동으로 사라지지 않으며 사용자가 몇 초를 기다린 후 버튼을 클릭하여 스스로 닫아야 하므로 상대적으로 가격이 높은 광고 유형입니다.

4. 리워드 광고

리워드 광고는 일반적으로 광고 내용을 게임 시나리오에 통합하며, 다양한 보상을 통해 사용자가 광고를 보고 전환하도록 유도합니다. 이 광고 형식은 주로 비디오 광고로, 15~30초의 게임 비디오를 재생하여 시청자가 광고 상세 페이지로 클릭하도록 유혹합니다. 이런 광고의 매체는 비디오이며, 구매 모델이 초기 단계에 있을 때 게임 실제 플레이 비디오와 홍보 문안을 결합하여 '보는 것이 바로 얻는 것'을 실현했습니다. 최근 몇 년간 고품질 게임이 점점 더 많아짐에 따라 퍼블리셔들은 비디오 광고에 짧은 스토리를 삽입하여 시청자를 끌어들이고, 심지어 광고를 시리즈 형태로 만들어 스토리와 게임 플레이를 연동시켜 시청자가 게임을 다운로드하고 싶은 강렬한 욕구를 느끼게 합니다.

또한 비디오에 일부 상호작용 플레이를 추가하는 추세도 있습니다. 일부 캐주얼 게임 퍼블리셔는 광고에 게임 플레이의 일부를 직접 통합하여 사용자가 플레이를 먼저 경험하게 하고, 이어서 게임을 다운로드하여 광고를 보는 것에서 사용자를 활성화시키는 부드러운 전환을 완성합니다.

5. 정보피드 광고

정보피드 광고는 광고 플랫폼의 네이티브 콘텐츠를 기반으로 하여 동일한 유형의 콘텐츠 흐름 방식으로 표시되는 광고로 뉴스, 소셜 네트워크, 비디오 앱에서 가장 흔합니다. 정보피드 광고는 네이티브화, 개인화의 특성을 가지고 있으며, 이러한 광고는 제시될 때 사용자의 기존 앱 사용 경험을 방해하지 않으면서 사용자의 태그에 따라 개인화된 푸시를 할 수 있습니다. 따라서 정보피드 광고는 현재 게임 구매에서 가장 중요한 방법 중 하나입니다.

6. 검색 광고

검색 광고는 사용자가 특정 키워드를 검색할 때 검색 결과중에 표시되는 광고입니다. 정보피드 광고와는 달리 검색 광고는 사용자가 검색한 키워드가 광고주가 설정한 키워드와 일치할 때만 표시되므로 보다 정확한 타겟팅을 실현할 수 있습니다.

9.2.3 광고 집행의 중요 지표

그렇다면 광고 집행에서 중요한 관련 지표는 무엇일까요? 다음은 독자들이 참고할 수 있는 몇 가지 지표를 나열한 것입니다.

- CPT(Cost Per Time): 시간당 비용, 즉 일정 시간 동안의 광고 노출을 구매하는데 필요한 비용입니다.
- CPM(Cost Per Mille): 천 회 노출당 비용, 일반적으로 단일 광고노출 비용이 너무 낮아 계산 및 비교가 불편하기 때문에 이 지표를 통해 특정 시간 동안 광고주가 특정 위치에서 지출한 비용을 나타냅니다. (총 비용 / 총 노출 수 * 1000)
- CPC(Cost Per Click): 클릭당 비용, 즉 광고주가 한 번의 클릭을 얻기 위해 결제하는 비용입니다.
- CTR(Click Through Rate): 클릭율, 총 클릭수 / 총 노출수로 계산됩니다. 일반적으로 사용자가 해당 광고에 얼마나 관심이 있는지를 반영합니다. 클릭율이 높을수록 사용자의 광고 관심도가 높고 광고 타겟팅이 더 정확하며 효과도 더 좋습니다.
- CVR(Conversion Rate): 전환율, 사용자가 광고를 클릭한 후 유효한 게임 사용자가 되는 비율입니다.
- CPA(Cost Per Action): 행동당 비용, 사용자가 앱 내에서 정해진 행동(등록, 다운로드, 설치, 캐릭터 생성 등)을 취할 때 발생하는 비용입니다.
- CPD(Cost Per Download): 다운로드당 비용, 사용자가 게임을 다운로드할 때 광고주가 결제하는 평균 비용입니다.
- CPI(Cost Per Install): 설치당 비용, 사용자가 게임을 설치할 때 광고주가 결제하는 평균 비용입니다.

- CPR(Cost Per Register): 등록당 비용, 사용자가 등록할 때 광고주가 결제하는 평균 비용입니다.
- CPP(Cost Per Purchase): 구매당 비용, 광고주가 유료 사용자를 확보할 때 결제하는 비용입니다.
- 신규 유지율: n일째 유지된 사용자수 / 신규 사용자수로, 주로 새로운 사용자들이 게임에 얼마나 충성도를 보이는지를 평가하는데 사용됩니다.
- LTV(Life Time Value): 사용자의 생애 가치, 사용자가 생애 동안 해당 게임에서 창출하는 총수익을 의미합니다. 그러나 일반적으로 더 자주 사용하는 것은 n일 평균 LTV로, 신규 사용자의 n일 누적 결제총액을 신규 사용자수로 나눈 값입니다.

광고 집행 과정에서 이러한 중요 지표를 이해하는 것만으로는 충분하지 않습니다.

9.3 광고 집행 데이터 분석

게임 광고 집행은 사용자가 광고를 클릭해 게임을 다운로드한 후 설치하고 게임을 시작하는 것부터 게임 내에서 초기 행동을 취하고 장기 사용자로 남아있는 과정까지의 전체 링크가 서로 연결되는 과정으로, 각 단계는 마치 사용자를 걸러내는 깔때기처럼 작용합니다. 따라서 게임 구매에 대한 데이터 분석도 이러한 단계를 중심으로 진행됩니다.

9.3.1 사용자 유입 전후의 전체 링크 데이터 통합

우수한 게임을 견고한 물통에 비유하면, 고품질의 사용자 유입 채널은 마치 물을 끊임없이 부어주는 수도꼭지와 같습니다. 물이 많이 흐르는 것은 채널을 통해 많은 사용자를 빠르게 확보할 수 있다는 의미이고, 물이 맑다는 것은 채널의 사용자 질이 높고, 이들이 높은 유지 의사와 강한 결제 능력을 지니고 있다는 의미입니다. 여러 채널에서 동시에 사용자 유입 효과를 극대화하려면 유입부터 수익화까지의 전체 링크 데이터를 통합하는 것이 중요합니다.

그렇다면 어떤 데이터를 통합해야 할까요? 먼저 어떤 데이터가 있는지 이해해야 합니다. 여기서는 유입을 통해 얻은 사용자가 생성하는 데이터를 크게 두 가지로 나눕니다: 사용자 유입 전의 마케팅 데이터와 사용자 유입 후의 행동 데이터입니다. 사용자 유입

전의 마케팅 데이터란 단순히 사용자가 게임에 들어오기 전에 생성된 데이터, 예를 들어 광고 클릭수, 광고 노출량, 설치 패키지 다운로드량 등을 말합니다. 반면 사용자 유입 후의 행동 데이터에는 사용자가 게임 내에서 생성한 모든 데이터, 예를 들어 신규 사용자 수, 이벤트 사용자수, 유지율, 결제율 등이 포함됩니다. 게임의 유형과 수익 모델에 따라, IAA(앱내 광고, 광고 수익화 모델)와 IAP(앱내 결제)로 나뉩니다. 일부 순수 광고 수익화 게임의 경우에는 제3자 광고 플랫폼의 수익화 데이터도 관련될 수 있습니다.

만약 사용자 유입 전의 마케팅 데이터만 있다면, 어떤 채널에서 더 많은 트래픽을 얻었는지, 또는 같은 유형의 광고 위치에서 어떤 구체적인 광고 소재가 더 많은 유입을 끌어들였는지만 알 수 있습니다. 그러나 이 채널을 통해 얻은 사용자의 품질에 대해서는 알 수 없습니다. 왜냐하면 사용자가 미디어 채널에서 게임으로 들어온 후의 데이터가 누락되기 때문입니다. 반대로 사용자 유입 후의 행동 데이터만 있다면 현재 게임의 플레이 방식과 수익 능력에 대해 파악할 수 있지만, 이러한 데이터를 사용하여 후속 유입 작업을 지침으로 삼거나 어떤 채널에서 유입 강도를 높여 유입 효과를 향상시켜야 하는지 구분할 수 없습니다.

따라서 사용자 유입 전과 후의 전체 링크 데이터를 통합하는 것이 매우 중요합니다. 마케팅 데이터와 사용자 행동 데이터를 결합하여 분석하면 사용자의 유지상황과 결제 능력을 바탕으로 유입 효과를 입증하고, 기존 사용자의 태그를 사용하여 유입계획을 개선할 수 있는 명백한 이점이 있습니다. 이 목표를 달성하기 위해 가장 중요한 것은 사용자의 속성을 실현하는 것입니다. 즉 게임 퍼블리셔가 행동을 보인 이러한 사용자들이 실제로 어떤 채널, 어떤 광고 계획, 심지어 어떤 광고 ID에서 왔는지 알 수 있게 하는 것입니다.

9.3.2 광고 투입의 최적화 - 고품질 사용자 획득

과거 국내 게임 시장은 경쟁이 적고 사용자의 품질이 높으며, 구매비용이 낮아 대규모 광고 방식만으로도 빠르게 시장을 점령하고 큰 이익을 얻을 수 있었습니다. 하지만 게임산업이 발전하면서 시장의 경쟁이 심화되고, 새로운 게임이 출시될 때의 구매비용이 점점 높아지며, 트래픽 비용도 점점 비싸지고 있습니다. 따라서 과거의 대규모 구매 방식은 현재의 게임 퍼블리셔에게는 이미 적합하지 않게 되었고, 세분화한 구매 전략이 현재 게임 구매의 대세로 자리 잡게 되었습니다.

그렇다면 어떻게 세분화한 구매를 실현할 수 있을까요? 다음 네 가지 원칙을 따를 수 있습니다.

1. 사용자 프로필을 만들어 정밀한 광고를 투입

게임 구매의 본질은 사용자가 넘쳐나는 트래픽 속에서 사용자를 얻는 것입니다. 트래픽 풀에는 다양한 유형의 사용자가 있으며, 그들이 좋아하는 게임 유형도 다릅니다. 광고주로서 게임 퍼블리셔는 돈을 결제해 트래픽을 구매한 후 결과적으로 게임과 맞지 않는 사용자를 유치하는 것을 원하지 않습니다. 최근 몇 년 동안 주요 광고 플랫폼이 점차 oCPX 구매 방식을 지원하고 있으며, 이 방식으로 구매한 트래픽은 고품질이고 높은 매칭도를 가진 사용자를 유치합니다. 하지만 이 방식으로 얻은 사용자수는 매우 제한적이며, 다른 플랫폼의 추천 알고리즘이 다르기 때문에 광고주는 자신의 게임의 핵심 사용자 그룹의 특징을 잘 알아야 합니다.

게임이 정식으로 홍보되기 전 여러 번의 테스트를 진행합니다. 이 단계에서 게임 퍼블리셔의 자체 트래픽이나 게임 공식 웹사이트의 자발적 홍보를 통해 시드 사용자를 얻고, 그들의 게임 행동 데이터를 기록할 수 있습니다. 또한 설문조사나 전화 인터뷰를 통해 이러한 사용자들의 지역, 직업, 취미, 소득 수준 등을 알아낼 수 있으며, 이를 통해 초기 사용자 프로필 데이터를 얻을 수 있습니다.

이어서 게임 내에서 실제로 발생한 사용자의 행동을 기반으로 사용자를 분류하여 다양한 레벨의 사용자의 대략적인 프로필을 확립합니다. 예를 들어 게임에 대한 충성도가 높고 결제 금액이 많은 사용자는 핵심 계층으로 분류할 수 있으며, 충성도가 보통이고 결제 금액이 평범한 사용자는 2차 계층으로 분류할 수 있습니다. 그 다음은 외곽 계층의 사용자입니다. 핵심 사용자의 프로필 정보 분석은 후속 대규모 구매에 가장 중요한 지향점을 제공할 수 있습니다.

물론 핵심 사용자 프로필을 얻는 것 외에도 경쟁 제품 사용자의 특성을 알아보고 제3자가 발표한 조사 보고서를 연구하는 등 여러 가지 방법이 있으나 여기에서는 일일이 설명하지 않겠습니다.

사용자 프로필은 또한 광고자료 제작에 영감을 줄 수 있습니다. 예를 들어 핵심 사용자의 평균 연령이 18~30세인 게임은 광고자료에 일부 괴기 요소를 추가할 수 있으며, 핵심 사용자의 평균 연령이 25~35세인 게임은 광고 자료에 일부 레트로 요소를 추가할 수 있습니다.

2. 과정을 분해하여 전환율을 향상

먼저 한 가지 명확히 해야 할 것은 여기서 말하는 전환은 사용자가 캐릭터 생성이나 결제를 완료하는 것만을 의미하지 않습니다. 광고를 클릭하고 게임을 다운로드하고 게임을 활성화하는 과정에서 사용자가 한 단계에서 다음 단계로 넘어가는 것 모두 전환이라고 할 수 있습니다. 우리는 일반적으로 인접단계를 완료한 사람들의 수를 나누어 사용자의 전환상황을 나타내는 전환율을 계산합니다. 예를 들어 광고 클릭수를 광고 노출수로 나눈 것이 클릭 전환율이며, 게임 다운로드 수를 광고 클릭수로 나눈 것이 다운로드 전환율입니다. 그렇다면 사용자가 광고를 보고 게임을 다운로드하고 설치하며 게임에 접속해 행동을 시작하는 전체 과정을 분해해보면, 전체 전환과정이 두 단계로 나뉘는 것을 발견할 수 있습니다: 첫 번째 단계는 사용자가 미디어측에서의 전환으로, 사용자가 광고를 보고 제품 랜딩 페이지에 접속하거나 앱스토어에서 게임을 다운로드하는 과정입니다. 두 번째 단계는 사용자가 제품측에서의 전환으로, 사용자가 장치를 활성화하고 게임 내에서 캐릭터 생성, 로그인, 결제 등 일련의 행동을 완료하는 과정입니다.

게임 제품의 로고, 랜딩 페이지의 소개 문구, 게임의 홍보 비디오 등은 사용자가 미디어측에서 전환할 수 있는지 여부의 중요한 요소임을 부인할 수 없습니다. 하지만 일반 사용자에게 있어 광고를 보고 클릭을 결정하는데 가장 중요한 영향 요소는 광고자료의 품질입니다. 광고 투입 최적화 전문가는 아마도 80%의 시간을 광고자료와 함께 보낼 것입니다. 그렇다면 높은 전환율을 가진 광고에는 어떤 특징이 있을까요?

먼저 내용입니다. 광고는 본질적으로 사용자와의 한 번의 상호작용이며, 정적인 배너 광고든 동적인 비디오 광고든 매우 짧은 시간 내에 사용자의 눈길을 사로잡고 게임 자체에 대한 관심을 유발해야 합니다. 최근 몇 년 동안 광고자료는 단방향으로 주제를 강조하는 것에서 벗어나 재미있는 방향으로 발전하고 있습니다. 광고자료에 창의적인 아이디어를 추가하고, 재미있는 광고 자료 패턴을 찾아야만 높은 광고 클릭 전환율을 얻을 수 있으며, 이를 통해 더 많은 사용자를 유치할 수 있습니다.

다음은 형식입니다. 인터넷의 발전과 함께 점점 더 많은 신생 미디어가 트래픽 주체가 되고 있으며, 각 트래픽 주체에는 가장 적합한 광고 형식이 있습니다. 예를 들어 우리가 웨이보를 스크롤할 때 종종 일반 웨이보 콘텐츠와 완전히 동일한 광고 형식을 볼 수 있습니다. 이는 정보 흐름 광고에 속하며 사용자가 제품을 정상적으로 사용하는 것을 방해하지 않으며, 광고의 표시가 자연스럽고 부드럽게 보입니다. 짧은 비디오 플랫폼에서 구매하는 광고주는 짧은 비디오를 광고 형식으로 선택할 수 있습니다. 최근 몇 년 동안 많은 미디어 채널이 상호 작용이 가능한 광고 형식을 지원하고 있으며, 광고에서 사용자는 게임의 일부 핵심 플레이를 체험할 수 있어 광고가 단방향 출력에서 양방향 상호 작용으로 변하며 클릭 전환율이 크게 향상됩니다. 따라서 실제 광고를 집행할 때 다양한 광고자료의 전환 효과와 광고 형식의 전환 효과 및 사용자 데이터를 확인하고 효과가 더 좋은 광고 형식에 대한 투입을 늘려야 합니다.

3. 채널 선별, 가짜 트래픽 식별

구매량을 세밀하게 관리하는 세 번째 원칙은 가짜 트래픽을 식별하는 것입니다. 가짜 트래픽이란 무엇일까요? 가짜 트래픽은 일부 채널이나 스튜디오가 비정상적인 방법으로 만들어낸 가짜 유동인구를 의미합니다. 이러한 방법으로 트래픽, 클릭수, 그리고 전환율이 높아 보이는 허상을 만들어 구매자로 하여금 더 많은 수익을 얻게 합니다. 많은 광고주들은 게임 홍보기간에 빠르게 시장을 장악하기 위해 또는 전체 예산이 제한적이기 때문에 비주력 채널의 트래픽(DSP 및 일부 롱테일 채널의 트래픽을 특히 지칭)을 수집하곤 합니다.

일반적으로 가짜 트래픽은 다음 두 가지 형태로 나타납니다:

- 스크립트 가짜 트래픽: 컴퓨터에서 대량의 시뮬레이션 스크립트를 실행하여 기기 ID, 기기 모델, IP 주소 등의 정보를 지속적으로 변경함으로써 정상 사용자를 모방해 만들어낸 가짜 트래픽입니다. 이런 유형의 가짜 트래픽은 행동이 고정적이고 IP 주소나 기기 ID가 대량으로 일치하기 때문에 판단하고 식별하기가 비교적 쉽습니다.
- 실제 기기 가짜 트래픽: 일반적으로 일부 스튜디오가 고양이 풀, 기기 팜, "좀비" 광고를 클릭

하는 것을 차단하는 등의 방식으로 만들어냅니다. 스크립트 가짜 트래픽과 비교했을 때 이 유형의 가짜 트래픽은 완전히 실제 기기에서 발생하며 특정 IP 주소에 집중되지 않기 때문에 방어하기가 더 어렵습니다.

가짜 트래픽을 식별하기 위해서는 다음 두 가지 측면의 정보를 바탕으로 할 수 있습니다.

(1) 물리적 측면

대량의 시뮬레이션 스크립트로 얻은 트래픽은 정상 사용자를 고도로 모방해야 하므로 높은 비용(기기, IP 주소)이 들게 됩니다. 일반적인 스튜디오는 가짜 트래픽 제작비용을 절약하려 할 것이므로 이러한 가짜 트래픽은 물리적 측면에서 식별할 수 있습니다. 예를 들면:

① 한 대의 기기(해당 기기 ID)에 여러 개의 계정 ID가 존재합니다.
② 하나의 IP 주소가 여러 개의 기기 ID에 연결되어 있습니다.
③ 특정 기기 ID나 IP 주소에서 비정상적인 게임 전환 행위(캐릭터 생성/로그인)가 발생합니다.
④ 기기의 브랜드나 모델이 유사합니다.

(2) 행동적 측면

스크립트 가짜 트래픽이든 실제 기기 가짜 트래픽이든 이러한 트래픽은 대개 특정 목적을 가지고 게임에 접속합니다. 예를 들어 특정 전환행위를 완료한 후 바로 게임을 종료합니다. 이러한 행동 특성은 여러 정보를 통해 식별할 수 있습니다. 예를 들면:

① 특정 시간대에 온라인 인원수에 비정상적인 변동이 있습니다.
② 단일 온라인 시간이 대량으로 유사합니다.
③ 특정 행위간의 시간 간격이 대량으로 유사합니다(튜토리얼의 특정 단계를 완료하는 시간, 초기 단계에서의 레벨 클리어 시간 등).
④ 사용자 유지 데이터에 비정상이 있으며 특히 장기 유지율이 급격히 하락합니다.

채널의 가짜 트래픽을 조기에 발견하고 추적하기 위해서는 트래픽 정보를 전면적으로 표시해야 합니다. 전면적으로 표시한다는 것은 사용자 데이터를 가능한 한 전면적으로 수집하는 것을 의미합니다. 예를 들어 IP 주소, 기기 모델, 운영 체제, 네트워크 유형, 시스템 언어, 화면 해상도 등을 포함합니다. 전면적인 정보를 파악해야만 여러 각도에서 문제를 발견할 수 있습니다. 예를 들어 어떤 게임 퍼블리셔는 특정 채널의 트래픽 중 75%가 iPhone 5c를 사용하는 것을 발견하고 이 채널의 다양한 데이터가 평균 수준보다 낮다는 것을 확인한 후 해당 채널에서 스튜디오의 가짜 트래픽 문제를 발견했습니다.

이외에도 사용자 행동의 관점에서 문제를 조사해야 합니다. 스튜디오가 가짜 트래픽을 생성할 때 IP 주소와 기기 ID를 임의로 변경할 수 있게 되면서 물리적 측면에서 모든 가짜 트래픽을 찾아내기가 매우 어려워졌습니다. 하지만 사용자 행동의 관점에서 보면 여전히 추적할 수 있는 단서가 있습니다. 핵심은 데이터를 기반으로 가짜 트래픽의 허점을 찾아내는 것입니다. 예를 들어 많은 게임에는 레벨 전투 점수 메커니즘이 있으며, 개인의 조작 수준 차이로 인해 특정 전투에서 사용자의 점수는 정규 분포를 따라야 합니다. 그러나 특정 사용자 그룹의 전투 점수가 대량으로 유사하다면 이는 스튜디오가 대량의 스크립트를 실행하여 생성한 "가짜 사용자"일 가능성이 높습니다.

마지막으로 현재 많은 게임 퍼블리셔들이 가짜 트래픽을 식별하는데 있어 자동화 및 체계화를 이루었습니다. 결국 수동 선별은 언제나 누락될 수 있습니다. 인공지능 알고리즘을 통해 게임 자체가 정의한 다수의 기준에 기반하여 해당 기준 중 하나라도 충족하는 사용자에게 적절한 가중치 식별자를 추가합니다. 그 후 특정 가중치 점수에 도달한 사용자를 가짜 트래픽으로 식별함으로써 가짜 트래픽을 더 정확하게 식별할 수 있으며 진짜 사용자에게 피해를 주지 않습니다.

9.3.3 제품 운영의 최적화 - 사용자 유지

국내 모바일 인터넷 트래픽이 증가 시장에서 유지 시장으로 점차 변화하면서 점점 더 많은 게임 제조업체들이 대규모로 사용자를 확보하는 것만으로는 사용자 풀을 확대하는데 충분하지 않다는 것을 발견하고 있습니다. 이미 유입된 사용자를 잘 관리하고 초기 단계에서 사용자의 이탈을 최대한 방지하며 유지율을 높이는 것이 게임 홍보 기간의 중요한 과제가 되었습니다.

게임의 신규 사용자에 대해 그들의 유지 상태를 평가하는 가장 핵심적인 지표는 신규 사용자 유지율입니다. 일반적으로 신규 사용자의 다음날 유지율(1일차 유지율), 3일차 유지율, 그리고 7일차 유지율을 사용하여 사용자의 유지 의사를 평가합니다. 계산 공식은 다음과 같습니다:

$$\text{n일차의 활성 사용자 수 / 신규 사용자 수} * 100\%$$

제품 측면의 최적화를 위해서는 사용자 이탈율을 낮추고 사용자 유지율을 높이는 두 가지 측면에서 접근해야 합니다. 즉 사용자의 부정적인 피드백을 줄이고 긍정적인 피드백을 늘리는 것입니다.

1. 사용자 이탈율 낮추기

신규 사용자의 이탈에는 두 가지 차원에서 분석할 수 있습니다: 하나는 신규 가이드를 완료히기 전의 사용자 이탈이고 다른 하나는 신규 가이드를 완료한 후의 사용자 이탈입니다. 전자의 경우 전환 과정 자체에서 출발하여 사용자의 이탈 원인을 찾아야 하며, 후자의 경우에는 먼저 사용자의 행동 특성을 분석한 후 그 이탈 원인을 추론해야 합니다.

이탈 사용자를 분석하기 전에 먼저 어떤 사용자를 이탈사용자로 간주할지에 대한 개념을 명확히 해야 합니다. 1일 미로그인, 7일 미로그인, 아니면 30일 미로그인 사용자일까요? 이 미로그인 기간을 너무 짧게 설정하면 정상 사용자까지도 이탈사용자로 잘못 계산하게 되어 이탈사용자 프로필 분석에 영향을 미칩니다. 반면에 너무 길게 설정하면 사용자의 이탈상황을 시기적절하게 파악하는데 불리합니다. 그러므로 합리적인 이탈기간을 정하고 해당 기간을 기준으로 이탈 사용자를 정의하는 것이 중요합니다.

다양한 알고리즘에서는 이탈기간의 정의가 다릅니다. 예를 들어 클래식한 꺾임점 이론에서는 먼저 사용자 재방문율 모델을 구축해야 합니다(사용자 재방문율 = 재방문 사용자 수 / 이탈 사용자수 * 100%). 그리고 나서 이 모델에서 재방문율 곡선이 급격히 완만해지는 꺾임점을 찾습니다. 이 꺾임점에 해당하는 시간이 바로 이탈기간으로 정의됩니다. 예를 들어 그림 9.1과 같습니다.

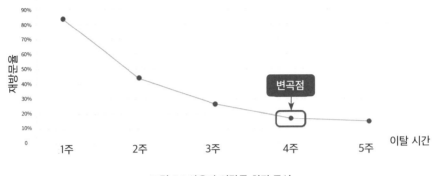

그림 9.1 사용자 이탈률 회귀 곡선

다른 방법으로는 n일째에 게임으로 돌아오지 않은 신규 사용자를 기반으로 사용자 이탈율 모델을 구축하는 것입니다. 이 모델에서 이탈율 곡선이 급격하게 평탄화되는 변곡점에 해당하는 시간이 바로 이탈 주기로, 실제 비즈니스 의미는 이 날 이후로 사용자의 회귀율이 특정 상수에 무한히 가까워지는 안정된 상태에 도달하게 되며 이후로 돌아오는 사용자수는 무한히 0에 가까워진다는 것을 의미합니다, 그림 9.2와 같습니다.

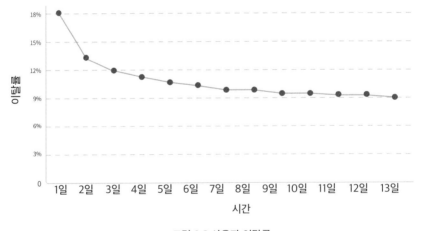

그림 9.2 사용자 이탈률

신규 사용자 가이드 전환과정을 완료하기 전의 사용자 이탈 분석에서 가장 중요한 것은 사용자가 게임을 활성화하고 신규 사용자 가이드를 완료하기 전까지의 각 단계(스텝)를 분해하고, 각 단계에서의 사용자 행동 데이터를 수집하여 전환율 퍼널을 구축하고, 각 단계에서의 사용자 이탈수가 합리적인 범위 내에 있는지 확인하는 것입니다. 만약 편차가 너무 크다면 신규 사용자 가이드 프로세스를 즉시 조정해야 합니다.

주로 다음의 데이터를 수집합니다. 앱 활성화, SDK 초기화, 실명인증, 계정등록, 서버 선택, 자원 로딩, 캐릭터 생성 완료, 신규 사용자 가이드 및 이후의 메인 퀘스트 가이드 완료(카드 뽑기 가이드 및 기능 잠금 해제 등 포함).

각 데이터 수집에 필요한 스텝은 그림 9.3과 같습니다.

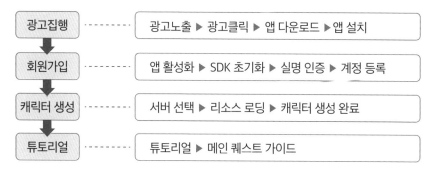

그림 9.3 광고 표시에서 메인 퀘스트 가이드까지의 단계

실명인증은 게임 초기에 사용자 이탈이 가장 쉽게 발생하는 단계입니다만, 이 단계에서의 사용자 이탈은 불가피하기 때문에 우리의 고려 대상이 아닙니다. 다른 단계에서도 다양한 이유로 사용자가 이탈하며 특히 신규 사용자 가이드 단계에 진입한 후에 프로세스가 원활하지 않거나 레벨 난이도가 너무 높으면 사용자가 부정적인 피드백을 받아 대량으로 이탈할 수 있습니다. 이제 우리는 게임을 반복적으로 체험하고 사용자 이탈의 가능한 원인을 추측하며, 게임 경험을 최적화하여 사용자 이탈을 방지하거나 최대한 줄일 수 있는지 고민해야 합니다.

그림 9.3에 나타난 각 단계에서 사용자 이탈을 유발할 수 있는 요소는 다음과 같습니다.

① 계정 등록 프로세스가 원활하지 않습니다.
② 자원 로딩 시간이 너무 길어 지연이 발생하며 이는 사용자 경험에 부정적인 영향을 미칩니다.
③ 서버 가이드가 충분하지 않습니다.
④ 신규 사용자 가이드의 초기 가이드가 명확하지 않습니다.

⑤ 신규 사용자 가이드의 레벨 난이도가 너무 높습니다.

전반적으로 볼 때 신규 사용자 가이드를 완료하기 전에 발생하는 사용자 이탈은 대체로 게임의 핵심 플레이와는 큰 관련이 없으며 주로 초기 프로그램 로직과 신규 사용자 가이드 자체의 불합리한 설정 때문에 발생합니다. 테스트 단계에서 이 두 부분은 일반적으로 소규모 사용자 그룹에서 테스트되지만, 게임 홍보기간 동안 테스트 기간과는 달리 더 큰 사용자 그룹을 대상으로 하기 때문에 테스트 기간에는 비교할 수 없는 사용자 양과 피드백을 받게 됩니다. 따라서 문제를 적시에 발견하고 해결하는 것이 사용자 전환율을 향상시키는데 있어 핵심입니다.

신규 사용자 가이드를 완료한 후의 사용자는 어떻게 이탈 원인을 분석할까요? 신규 사용자 가이드를 마친 사용자는 선형적인 시나리오에서 벗어나 각 게임 모듈에 대한 부정적인 경험으로 인해 이탈할 수 있으므로, 이탈 원인을 탐색하기 위해 보다 포괄적인 분석 방법을 사용해야 합니다.

(1) 거시적 분석에서 다차원 비교 분석으로

많은 분석가들이 이탈사용자 분석 과제를 받은 후, 기본 지표들을 분해하여 분석하기만 할 수 있습니다. 예를 들어 이탈사용자의 레벨 분포, 이탈사용자가 머무른 레벨 분포 등을 통해 사용자 속성 특성으로 사용자 이탈 전 상태를 반영하려고 시도합니다. 하지만 이러한 분석은 아직 충분히 포괄적이지 않으며 고립된 지표들은 사용자 이탈의 진짜 원인을 정확하게 지적하기 어렵습니다. 거시적 분석에서 다차원 비교 분석으로 전환하면, 사용자 이탈 전 상태를 더 정확하게 복원하고 사용자 이탈의 가능한 원인을 통찰할 수 있습니다. 이 과정에서 지속적인 가설-탐구-검증-최적화 과정을 수행해야 합니다.

먼저 가설을 세웁니다. 가능한 많은 사용자의 게임내 기본 특성을 찾아내야 합니다. 예를 들어 레벨, 스테이지, 소셜, 자원 등의 상황을 고려하여 사용자 이탈 원인과 이러한 기본 특성 간의 연관관계를 설정하고 탐구할 문제를 찾아냅니다.

그 다음은 탐구입니다. 나열된 사용자 기본 특성에 대해 거시적에서 미시적으로 분해하여 사용자 이탈 상태를 과학적으로 반영할 수 있는 관련 지표를 더 정확하게 찾아

내려고 시도합니다. 예를 들어:

- 사용자 레벨: 레벨 분포, 레벨 통과율 분포, 레벨 정체율 분포 등.
- 메인 스테이지: 이탈사용자가 머무른 스테이지 분포, 인접 스테이지 통과간격 분포, 다양한 스테이지의 도전 횟수 분포 등.
- 미션 및 이벤트: 이벤트 참여율, 미션 달성율 등.
- 자원: 자원 재고, 자원 소비량, 자원 획득량 등.
- 카드 뽑기: 각 종류별 카드 뽑기 횟수 분포, 첫 뽑기에서 얻은 영웅 카드 분포, 첫 획득한 고품질 장비 분포 등.
- 기타 특성: 온라인 시간, 페이지 체류 시간 등.

이러한 데이터는 실제 분석 과정에서 빈드시 모두 사용되는 것은 아니지만 어떠한 시나리오에서든 부정적인 경험이 사용자 이탈의 직접적이거나 간접적인 원인이 될 수 있기 때문에, 우리는 가능한 한 자세하게 사용자가 초기에 경험한 각 게임 단계 및 생성된 데이터를 이해할 필요가 있습니다.

예를 들어 메인 스테이지와 사용자 이탈 간의 관계를 탐구할 때는 먼저 첫날 이탈한 사용자가 머문 스테이지 분포를 살펴봐야 합니다, 그림 9.4와 같이.

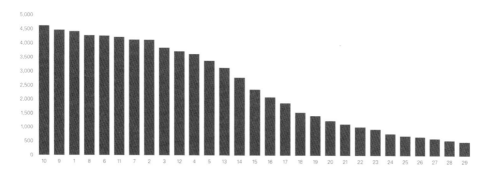

그림 9.4 첫날 이탈한 사용자들이 머물렀던 레벨 분포

그림 9.4에서 볼 수 있듯이 레벨 간에 뚜렷한 사용자 단절이 없는 것으로 보아 사용자들이 이전 레벨에서 막혔기 때문에 이탈한 것은 아닙니다. 이어서 다차원 분석 방법을 사용하여 더 세분화 지표로 이탈한 사용자들이 레벨에서의 행동을 분석하게 됩니다. 그림 9.5와 그림 9.6에서는 각각 이탈한 사용자들의 레벨별 평균 전투 횟수와 각

레벨을 통과하는데 소요된 시간을 보여줍니다.

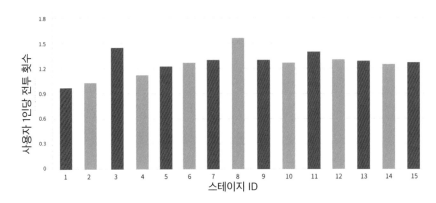

그림 9.5 이탈한 사용자들의 레벨별 평균 전투 횟수

스테이지 ID	사용자수	단계 수	평균값	최소값	4분위수	중위수
1	116,666	116,007次	19分41秒	24秒	1分40秒	2分19秒
2	112,948	112,937次	20分6秒	23秒	1分39秒	2分18秒
3	109,187	110,328次	24分19秒	24秒	1分41秒	3分20秒
4	105,599	108,087次	21分15秒	22秒	1分40秒	2分19秒
5	102,470	106,246次	22分15秒	23秒	1分42秒	2分22秒
6	98,495	102,572次	27分52秒	23秒	1分49秒	2分38秒
7	94,593	98,476次	30分8秒	19秒	1分55秒	3分
8	90,340	94,191次	42分39秒	19秒	1分54秒	4分38秒
9	85,840	89,819次	37分7秒	19秒	1分56秒	3分4秒
10	80,648	84,658次	42分31秒	21秒	2分	3分18秒
11	76,002	80,212次	45分12秒	19秒	1分59秒	3分21秒

그림 9.6 이탈한 사용자들이 레벨을 통과하는데 소요된 시간

위 데이터를 통해 볼 때 3레벨과 8레벨에서의 평균 전투 횟수와 머문 시간이 다른 레벨에 비해 현저히 이상하다는 것을 알 수 있으며, 이러한 이상 현상이 실제로 존재하는지와 그 원인을 더 자세히 알아봐야 합니다.

이어서는 검증 과정입니다. TE 시스템을 사용한다면 게임 테스터는 해당 시스템에서 관련 데이터 분석 차트를 뽑아 게임 운영 프로세스를 테스트하며 이상현상의 실제 여부를 검증할 수 있습니다. 물론 외부 사용자에 대한 사용자 인터뷰 형태로 조사를 진행해 최종 결론을 얻을 수도 있습니다.

사용자 이탈의 정확한 원인을 파악한 후에는 개발자들이 게임 제품을 최적화하고 실제 데이터로 수행된 최적화가 효과가 있는지 검증해야 합니다.

(2) 집단 행동경로에서 개인 행동 세부사항까지

위에서 언급한 가설-검증 방식으로 사용자 이탈 원인을 정확하게 찾는 것과 달리 전체적인 사용자 행동경로를 기반으로 이탈 원인을 찾는 방법은 덜 정확할 수 있지만, 사용자 이탈범위를 판단하기 쉽습니다.

구체적인 방법은 다음과 같습니다: 첫날 이탈한 사용자의 게임 내 행동경로를 정의하고 사용자가 이탈하기 전에 마지막으로 경험한 게임 플레이를 찾은 다음, 그 게임 플레이를 기반으로 사용자의 세부 행동경로를 단계별로 추적하여 문제가 발생할 수 있는 노드를 찾습니다.

물론 먼저 명확히 해야 할 것은 사용사가 이탈하기 직전의 마지막 행동이 반드시 이탈의 가장 직접적인 원인은 아니라는 점입니다. 그러나 사용자의 마지막 행동이 특정 게임 플레이에서 대량으로 중복된다면 그 게임 플레이가 직접적이거나 간접적으로 사용자 이탈을 유발했을 가능성에 대해 의심할 이유가 있습니다. 이러한 단서를 추적하면서 지속적으로 시도하고 검증하여 사용자 이탈 원인을 다른 관점에서 발견할 수도 있습니다.

TE 시스템에서 사용자 이탈경로를 확인하십시오. 그림 9.7과 같습니다.

그림 9.7 사용자 이탈 경로

그 후 사용자의 마지막 행동 분포를 확인하십시오. 그림 9.8과 같습니다.

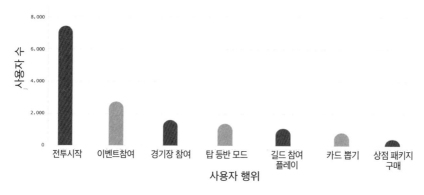

그림 9.8 사용자 마지막 행동 분포

가능한 가장 세분화한 추적을 실현하기 위해 필요한 경우 특정 시나리오 내에서 추적 강도를 높여 각 버튼 클릭, 각 페이지 표시마다 로그를 남겨 사용자 행동을 추적하기 쉽게 합니다.

집단 행동경로 추적으로 얻은 정보가 상대적으로 제한적일 경우 때로는 첫날 이탈한 사용자 중 일부를 대표로 선택하여 개별 세부 데이터를 분석함으로써 집단 행동 분석에서 쉽게 찾아내지 못하는 문제점을 발견할 필요가 있습니다.

2. 사용자 유지율 향상

사용자가 이탈할 가능성이 있는 지점을 모두 제거한다고 해서 사용자가 반드시 장기 사용자로 남게 되는 것은 아닙니다. 실제로 게임 자체에 문제가 없더라도 사용자가 게임 경험에 대한 기대를 충족시키지 못하거나 시장에 더 나은 선택지가 있다고 판단되는 경우 이탈할 수 있습니다.

이때는 사용자에게 긍정적인 피드백을 증가시켜 사용자를 활성화시키고 신규 사용자의 유지율을 높일 필요가 있습니다. 다음 4가지 점을 고려할 수 있습니다.

(1) 핵심 게임플레이를 앞당기기

신규 가이드는 게임에서 빼놓을 수 없는 부분으로 사용자에게 교육적인 역할을 합니다. 하지만 대부분의 일반 사용자에게 게임에 처음 접속하자마자 긴 학습 과정을 강요하는 것은 인내심을 소모시키는 일입니다. 핵심 게임플레이를 앞당기는 것은 한편으로는 신규 가이드의 선형적인 시나리오를 줄이고 사용자에게 주도권을 돌려주어 게임의 핵심 게임플레이를 빠르게 경험할 수 있게 하는 것을 의미하며, 다른 한편으로는 게임 개발자들이 신규 가이드에 고급 게임플레이 체험을 의도적으로 포함시키는 것을 의미합니다. 예를 들어 첫 전투에서 사용자가 고급 영웅 캐릭터와 고급 스킬을 체험할 수 있게 합니다.

핵심 게임플레이를 앞당김으로써 사용자가 인내심을 잃기 전에 게임의 가장 중요한 게임플레이와 하이라이트를 경험하게 하여 사용자의 장기적인 체류를 유도하고 장기 사용자가 될 가능성을 높일 수 있습니다.

(2) 보상 메커니즘 최적화

게임의 본질은 사용자가 능력 향상과 도전 사이에서 미묘한 동적 균형을 이루게 하는 것입니다. 이 균형을 이루는 과정에서 보상 설정은 매우 중요합니다. 이는 사용자의 노력에 대한 인정이자, 사용자가 후속 도전을 기대하게 만듭니다. 따라서 게임 개발자들은 특히 게임 초반의 보상이 사용자를 끌어들일 수 있도록 특별한 주의를 기울여야 합니다.

(3) 이벤트의 합리적 활용

현재 대부분의 게임은 출시 초기에 다양한 유형의 이벤트를 함께 출시합니다. 이벤트의 목적이 결제율을 높이거나 활성도를 향상시키는 것이든 그 본질은 사용자로 하여금 비용을 결제하게 하는 것입니다. 사용자가 게임에 일정 수준의 투자를 한 후에는 게임의 장기적인 유지 사용자가 되기 쉽습니다.

(4) 유지 사용자 프로필을 통한 핵심 행동 추적

이는 앞서 언급한 세 가지 포인트의 요약 또는 확장이라고 할 수 있습니다. 다른 관점에서 생각해 보세요. 유지 사용자는 캐릭터 생성 첫날에 어떤 특성을 가지고 있었나요? 예를 들어 신규 이튿날 유지 사용자는 레벨이나 머문 레벨에서 뚜렷한 특성이 있었나요? 유지 사용자는 첫날에 어떤 유형의 영웅 캐릭터를 얻었나요? 유지 사용자의 공통된 몇 가지 특성을 대량의 속성에서 찾아낸 후 이러한 목표를 신규 첫날에 달성하는 것을 운영작업의 중점으로 삼을 수 있습니다.

9.3.4 데이터 분석을 통한 광고 효율성 증진

광고 구매와 관련된 데이터는 많지만 가장 중요한 지표는 신규 사용자수와 LTV(Life Time Value) 두 가지입니다. 전자는 해당 채널이 충분한 사용자 수를 가져올 수 있는지를 나타내며, 후자는 해당 채널에서 구매한 트래픽의 질(즉 사용자의 유지율과 결제율이 높은지)을 나타냅니다. 이 두 지표는 모두 광고 구매가 비용을 회수할 수 있는지에 영향을 미칩니다.

들어오는 사용자수가 적은 경우(일명 "량이 작음"), 사용자 속성을 통해 각 채널, 구매계획, 광고 그룹 또는 광고 ID에서 온 사용자수를 이해함으로써 어느 구매 단계에 문제가 있는지 파악할 수 있습니다.

- 광고 노출수 자체가 적으면 해당 구매계획의 입찰 가격이 낮다는 의미이므로 입찰 가격을 적절히 올리거나 자동 입찰로 전환할 수 있습니다.
- 광고 노출수가 많지만 클릭수가 적으면 구매계획 자체는 유효하지만 광고 소재의 창의성과 매칭도에 문제가 있어 광고 클릭율이 낮다는 것을 의미하므로 광고 소재를 적절히 조정할 수 있습니다.
- 광고 노출수와 클릭수 모두 많지만 신규 사용자수가 변환목표보다 낮으면 변환율에 문제가 있음을 의미합니다. 이 경우 랜딩 페이지의 전환 과정이 원활한지 및 사용자 타겟팅이 정확한지 검토할 수 있습니다.
- 입찰 가격을 올렸음에도 불구하고 광고 노출수가 증가하지 않는다면, 해당 구매 계획을 폐기하거나 채널을 교체하는 것을 고려할 수 있습니다.

신규 사용자 LTV(Life Time Value) 분석시에는 다양한 관점을 고려해야 합니다. 게임마다 예상되는 손익분기점 주기가 다르기 때문에 우리는 흔히 후속 N일 동안의 신규 사용자 LTV를 해당 채널의 사용자 품질을 평가하는 기준으로 삼습니다. 예를 들어 한 번의 전환 사용자 구매 비용이 50원이라면 첫날 LTV는 10원 이상, 7일 LTV는 20원 이상이 되어야 합니다. 문제로 돌아가 LTV가 지정된 기준에 도달하지 못하면 제품의 결제 포인트 설정과 운영 이벤트의 적절성을 고려해야 합니다. 동시에 여러 구매계획 및 채널을 비교하여 LTV가 낮은 것이 특정 채널의 개별사례인지 아니면 널리 퍼진 문제인지를 확인해야 합니다. 추가로 사용자 타겟팅의 관점에서 여러 채널의 사용자 LTV를 비교하고, 이러한 채널들의 사용자 프로필 차이를 분석하여 LTV가 낮은 구매 계획이 사용자 타겟팅 측면에서 오류를 범했는지 분석합니다.

물론 구매 사용자 LTV를 분석할 때는 구매비용도 주목해야 합니다. 사용자 타겟팅을 최적화함으로써 구매 사용자 LTV를 향상시킬 수 있지만 만약 구매비용이 크게 증가한다면 그 이득이 손실보다 적을 수 있습니다. 따라서 LTV만을 기준으로 구매효과를 분석해서는 안 되며 유지율과 비용통제를 기반으로 사용자 LTV를 최대한 높이려고 노력해야 합니다.

이제 몇가지 실제 시나리오를 바탕으로 데이터 분석을 통해 구매 효율성을 향상시키는 방법을 소개하겠습니다.

시나리오 1: 채널/광고 구매 계획의 품질 판단

광고 구매의 핵심 목적 중 하나는 게임에 트래픽을 가져오는 것입니다. 게임의 구매 데이터를 분석함으로써 우리는 구매 프로세스를 최적화하고 구매채널을 선별하여 더 많은 고품질 사용자를 얻을 수 있습니다.

구매채널의 품질에 대해서는 세 가지 주요 측면을 검토해야 합니다: **사용자수, 수익성, 사용자 충성도.**

사용자수는 해당 채널이 가져올 수 있는 신규 사용자수를 의미하며 채널의 트래픽 용량을 반영합니다. 이는 광고 노출량, 클릭량 및 클릭 전환율에 의해 결정됩니다. 광고 노출량이 적은 경우 이는 채널의 품질과 우리가 설정한 입찰가격과 관련이 있을 수 있습니다. 현재의 입찰가격이 경쟁력이 없어 더 많은 노출량을 제공하지 못할 수 있으므로 입찰가격을 올리거나 채널을 교체할 수 있습니다. 클릭율이 낮은 경우 광고 소재가 문제일 수 있으며 여러 광고 소재를 시도하고 A/B 테스트를 통해 전환율이 더 좋은 소재를 선택할 수 있습니다.

채널의 수익성은 주로 ROAS(Return-On-Ad-Spend)를 사용하여 측정됩니다. 많은 게임 퍼블리셔는 ROAS를 ROI와 동일하게 사용하지만 두 개념에는 차이가 있습니다.

ROAS는 광고지출 대비 총수익의 비율로 정의되며, ROAS>1일 때 광고비용이 완전히 회수되어 순수익을 얻는 것을 의미합니다. 따라서 채널의 품질이 높을수록 ROAS가 1에 도달하는 시간이 짧습니다.

사용자 충성도는 다양한 지표로 판단할 수 있으며 가장 중요하고 자주 사용되는 지표는 유지율(다음 날 유지/3일 유지/7일 유지/15일 유지/30일 유지), 일평균 온라인 시간, 로그인 일수 분포(7일/15일/30일), 일일 로그인 신규 및 구 사용자 비율 등입니다.

어떤 채널이 광고를 계속 투입하는 것이 적합한지에 대한 유일한 기준은 없습니다. 특정 채널이 수익성이 강하지만 사용자 수가 적을 경우 광고 노출량을 늘리기 위해 투자 비용을 증가시킬 수 있지만 이는 회수 주기를 연장시킬 수 있습니다. 따라서 사용자수, 수익성, 사용자 충성도 등 세 가지 측면을 종합적으로 고려한 후에 해당 채널에 광고를 계속 투입할 가치가 있는지를 판단해야 합니다. 가정으로, a, b, c 세 개의 채널에 광고를 투입했을 때의 각각의 데이터 지표는 표 9.1과 같습니다.

표 9.1 a, b, c 세 채널에 광고를 집행한 후의 기본 데이터 비교

채널	신규 사용자 수	평균 다음 날 유지율	평균 7일 유지율	1일 ROAS	7일 ROAS
a	2235	36.44%	5.73%	23.71%	38.46%
b	258	40.48%	7.28%	30.65%	65.48%
c	1266	32.52%	12.65%	26.47%	41.63%

비교를 통해 a채널은 신규 사용자수가 많고 사용자 유지율이 높지만 수익성이 평범함을 알 수 있습니다. b채널은 수익성이 강하고 회수 주기가 짧지만 전자에 비해 신규 사용자수가 훨씬 적습니다. c채널은 사용자 품질과 수익성 모두 중간 수준에 있지만 사용자 충성도가 가장 강하다(평균 7일 유지율이 가장 높음)는 것을 보여줍니다. 이는 게임의 사용자 프로필과 가장 잘 맞으며 더 큰 잠재력을 가지고 있음을 의미합니다. 따라서 다음 구매 계획에서는 더 우수한 자원을 c채널에 집중해야 합니다.

시나리오 2: 회수 주기 예측

광고 구매 시 일반적으로 대략적인 회수 주기를 설정하여 구매의 회수 상황을 평가

합니다. 구매의 회수 주기를 합리적으로 예측할 수 있는 방법이 있을까요? 여기서는 두 가지 방법을 소개합니다.

(1) 시장에 있는 유사한 제품을 바탕으로 회수 주기를 예측합니다. 다른 게임 유형의 회수 주기는 크게 다를 수 있습니다. 예를 들어 가벼운 캐주얼 게임과 미니 게임은 일반적으로 간단하게 시작할 수 있고 게임 방식이 단순하며, 사용자의 수명주기가 짧아 장기 유지율이 낮은 상태에서 12주의 회수 주기 설정이 적합합니다. 높은 유지율을 가진 캐주얼 게임의 경우 회수 주기를 적절히 늘릴 수 있고, 중대형 게임은 더 긴 성장 라인과 다양한 게임 플레이 옵션을 제공하여 장기 유지율의 감소가 느리므로 회수 주기를 36주로 설정할 수 있습니다.

(2) 테스트 데이터를 바탕으로 회수 주기를 예측합니다. 한 게임이 유료 테스트 당시의 회수 상황을 살펴보면 표 9.2에 나타난 것은 모두 ROAS 데이터입니다.

표 9.2 해당 게임의 유료 테스트 시 회수 상황 (ROAS 데이터)

날짜	1일	2일	3일	4일	7일	10일	15일	20 일	30일
9월 15일	29.44%	48.03%	55.30%	58.30%	70.12%	82.11%	89.15%	93.31%	105.23%
9월 16일	21.22%	23.68%	36.48%	39.56%	45.35%	52.79%	60.78%	77.48%	89.23%
9월 17일	15.34%	17.76%	26.55%	27.52%	30.23%	33.64%	41.76%	43.87%	58.28%
9월 18일	26.48%	32.68%	37.65%	39.88%	42.78%	61.27%	70.44%	90.55%	92.33%
9월 19일	20.80%	26.58%	28.33%	31.62%	35.63%	44.36%	58.43%	58.80%	61.16%
9월 20일	17.74%	21.54%	41.40%	42.84%	45.54%	47.74%	55.84%	55.84%	55.84%
9월 21일	30.65%	40.40%	51.23%	58.63%	60.35%	60.35%	63.37%	68.57%	72.89%
9월 22일	23.10%	30.10%	39.56%	42.62%	47.14%	54.61%	62.82%	69.77%	76.42%

표 9.2의 데이터를 보면 이 게임은 첫날 평균 ROAS가 25%에 달하고, 7일 평균 ROAS가 50%에 달하는 것으로 중등도 게임에 대해 꽤 좋은 성적입니다. 하지만 그 이후로 유지되는 사용자수가 감소함에 따라 ROAS의 증가가 둔화되기 시작하며, 15일 평균 ROAS와 30일 평균 ROAS는 각각 65%와 80%입니다. 그러므로 이 게임의 회수 주기를 대략 45일로 추정할 수 있으며 이 시간을 기준으로 후속 구매의 회수 상황을 추정할 수 있습니다.

9.4 결론

이 장에서는 구매의 기본 개념을 시작으로 게임 구매가 무엇인지, 구매의 다양한 단계에 대해 소개하고 광고투입 측면과 제품 측면에서 데이터 사고를 활용하여 구매효과를 향상시키는 방법을 설명했습니다. 각 지표의 변화는 모두 내재된 이유가 있으며 주관적인 추측이 아닌 비즈니스 논리를 기반으로 지표 변화의 원인을 찾아내어 업무 중 데이터 사고의 틀을 점차 구축함으로써 비즈니스 성장을 실현할 수 있습니다.

Chapter

10

이벤트 운영

앞 장에서는 게임의 시작단계에서의 핵심 작업을 소개했습니다. 제8장에서는 내부 테스트 사용자가 게임 내에서의 성능을 바탕으로 게임의 플레이 방식, 미술 및 수치 설정이 게임 기획시의 예상과 일치하는지를 검증하는 방법에 대해 설명했습니다. 제 9장에서는 게임의 홍보기간 동안의 광고 집행에 중점을 두었습니다.

여기에서는 이벤트 운영에서 흔히 사용되는 지표와 분석 방법을 소개하면서 일반적인 게임 데이터 분석 시나리오를 결합할 것입니다.

10.1 개요

이벤트 운영은 게임 수명주기의 대부분 단계에 걸쳐 이루어지며 게임이 온라인 초기 단계에 있든 이미 대규모 사용자 기반을 확보한 성숙기에 있든 잘 진행된 한 번의 이벤트는 좋은 수익을 가져올 수 있습니다. 여기에서는 가치와 유형 두 가지 차원에서 이벤트 운영을 개괄합니다.

1. 이벤트 운영의 가치

사용자 기반이 증가함에 따라 게임 운영의 중심은 게임 전체의 건강도를 모니터링하는 것에서 운영 이벤트의 최적화 설계와 실행으로 점차 이동합니다. 사용자 게임 경험에 영향을 미치는 요소는 크게 두 가지로 나눌 수 있습니다: 하나는 플레이 디자인, 미술, 수치 디자인 등으로 이러한 요소는 게임의 시장 포지셔닝과 게임 내의 핵심 규칙을 결정하며 일반적으로 자주 변경되지 않습니다; 다른 하나는 운영 이벤트로 다른 시기에 다양한 중점 운영 이벤트를 펼치면 사용자의 게임 내 행동에 영향을 줄 수 있습니다.

상업적 관점에서 게임의 목표는 더 많은 사용자를 획득하고 더 높은 수익을 창출하는 것입니다. 이 목표를 달성하기 위해 이벤트 운영은 매우 좋은 접근 방식입니다. 운영팀은 게임 운영의 핵심 규칙 특성 및 시장, 사용자 특성의 변화를 결합하여 게임의 전반적인 품질, 사용자수, 브랜드 영향력 등을 향상시키기 위한 다양한 유형의 이벤트를 설계하고 계획할 수 있습니다.

2. 이벤트 유형의 차이

운영 목표가 단계마다 다르기 때문에 이벤트의 유형도 차이가 있습니다. 게임 운영자는 이벤트의 프로세스와 특성에 따라 관련된 핵심 지표를 정의하고, 이벤트가 끝난 후 그 지표를 기반으로 이벤트의 효과를 평가해야 합니다.

일반적인 이벤트에는 사용자수 증가를 목표로 하는 신규유치 이벤트, 사용자 게임시간 증가를 목표로 하는 활성화 이벤트, 사용자 경험 향상을 목표로 하는 결제 이벤트, 경제 시스템 내 자원순환 및 소비를 가속화하는 소비 이벤트, 이탈 사용자를 대상으로 한 소환 이벤트 등이 있습니다. 각각의 이벤트 유형은 그 목표와 주목하는 지표가 다릅니다.

신규유치 이벤트의 핵심 목표는 게임 설치수, 등록 사용자수 또는 캐릭터 생성수 증가이며, 이러한 이벤트는 명확한 선형 프로세스를 가지므로 일반적으로 각 핵심 노드에서의 사용자 전환상황을 보기 위해 유입분석 모델을 사용합니다. 활성화 이벤트의 핵심 목표는 사용자의 로그인 시간과 빈도를 증가시키는 것이며 관련 지표의 분포를 통해 사용자 활성도의 변화 추세를 판단할 수 있습니다. 결제 이벤트는 결제율과 결제금액에 중점을 두고 TE 시스템의 이벤트 분석 기능의 지표를 사용하여 평가할 수 있습니다. 소비 이벤트의 경우 다양한 채널과 시간대에서의 금화, 다이아몬드 등 자원의 소비량 변화를 관찰함으로써 게임내 경제 시스템에서 자원 소비량이 증가했는지를 판단할 수 있습니다. 소환 이벤트는 일반적으로 이탈 사용자의 재유입율을 시작점으로 하여 사용자의 재유입 후 행동을 결합하여 이벤트의 효과를 평가합니다.

10.2 이벤트 효과의 데이터 논증

어떤 유형의 이벤트를 기획하고 실행하든 이벤트에서 마주친 문제를 분석하고 이벤트의 효과를 평가하고 요약해야 합니다. 문제는 다양하겠지만 해결방안과 데이터 도구의 사용방식은 크게 다르지 않습니다. 데이터를 통해 이벤트 효과를 입증할 때는 핵심 지표에만 주목할 뿐만 아니라 지표가 겉보기에는 분명 향상되었지만 실제로는 다른 비정상적인 데이터 성능을 숨기고 있는 "함정"에 빠지지 않도록 주의해야 합니다. 다음으로 우리는 간단한 결제 유형 이벤트를 예로 들어 이벤트 효과를 데이터로 입증하는 방법에 대해 설명하겠습니다.

10.2.1 문제의 분해

어떤 게임의 운영팀이 일정 기간동안 첫 결제 선물팩을 통해 무과금 사용자의 결제를 유도하는 "무과금 타파 결제" 이벤트를 계획한다고 가정해봅시다. 이 이벤트의 효과를 평가하는 것은 다음과 같은 질문에 답하는 것을 의미합니다:

이번 "무과금 타파 결제" 이벤트의 효과는 어떠했나요?

먼저 이러한 추상적인 문제를 여러 구체적이고 정량적으로 분석할 수 있는 문제로 분해하고, 그런 다음 가설을 제시한 후 데이터를 근거로 논증하여 최종적으로 질문에 답해야 합니다. 일반적으로 다음과 같은 단계로 추상적 문제를 분해하여 다음 단계의 데이터 논증을 준비합니다:

(1) 게임의 현재 기본 데이터를 설명하고 지표의 기존 사실을 풀이합니다. 예를 들어 지표 데이터에 변화가 있는지, 변화의 추세와 폭은 어떠한지 등입니다.

(2) 지표 간의 논리적 관계를 설명하고, 지표 데이터 변화의 원인을 초기 해석합니다.

(3) 비즈니스 요소와 결합하여 데이터를 더 깊이 분석하고 가설을 제시하여 논증합니다.

(4) 문제와 관련된 지표 데이터를 요약하고, 실행 과정 중의 기타 정보와 결합하여 이벤트를 회고합니다. 회고 과정과 최종 결론은 다음 이벤트 기획에 참고 및 근거를 제공할 것입니다.

이벤트 효과를 평가할 때 사용자 행동에 미치는 영향도 평가해야 하며, 이러한 영향은 긍정적인 측면과 부정적인 측면 두 가지로 나눌 수 있습니다. 본 사례에서 이벤트가 가져온 긍정적인 영향에 대해 고려해야 할 주요 문제는 다음과 같습니다:

• 결제율의 변화가 예상에 부합하는가?
• 선물팩 구매율이 예상에 부합하는가?
• 선물팩을 구매한 사용자 그룹의 사용자 프로필이 예상에 부합하는가?

본 사례에서 이벤트가 가능하게 만드는 부정적인 영향에 대해서는 다음 문제를 고려해야 합니다:

• 이 이벤트가 다른 사용자 그룹(결제 사용자)의 불만을 유발하여 활성도 감소, 사용자이탈 등을 초래하는가?
• 목표 사용자 그룹이 결제를 완료한 후 예상치 못한 부정적인 피드백이 있는가?

10.2.2 이벤트가 사용자의 결제 행동에 미치는 영향

이벤트의 효과를 어떻게 정량화할까요? 우리는 이벤트의 목표와 결합하여 구체적인 북극성 지표를 사용하여 이벤트의 효과를 평가해야 합니다. 여기서 선택할 수 있는 북극성 지표는 두 가지입니다: 결제율과 ARPU값.

결제율은 일반적으로 활성 사용자 중 결제 사용자의 비율을 의미하며 그 계산식은 "활성 결제 사용자 수" / "활성 사용자 수"입니다.

한편 ARPU값은 활성 사용자 전체의 인당 결제능력을 반영하며 그 계산식은 "총 결제금액" / "활성 사용자수"입니다.

이번 이벤트의 목표는 무결제 사용자를 결제로 유도하는 것입니다. ARPU값과 비교해 볼 때 결제율은 결제 행동을 하는 사용자의 비율을 더 잘 반영하므로 주요 분석 지표를 결제율로 설정할 수 있습니다. 이 지표를 토대로 우선 이벤트가 상당한 효과를 가졌는지 전체적으로 판단하고 초기의 질적 분석을 진행한 후 단계적으로 세부화하여 그 안의 연관성을 논증하게 됩니다.

우선 TE 시스템의 "이벤트 분석" 모델에서 매일 "결제 이벤트"의 "트리거 사용자수"를 분자로, "사용자 로그인" 이벤트의 "트리거 사용자 수"를 분모로 설정하여 결제율을 계산할 수 있습니다(그림 10.1 참조).

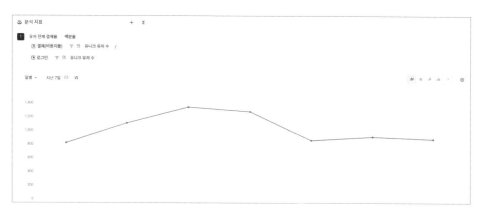

그림 10.1 TE 시스템에서 결제율 계산하기

"이벤트 분석" 모델은 이벤트 기간 동안 결제율의 변화 곡선을 표시할 수 있어 이벤트가 결제율을 효과적으로 향상시켰는지 명확하게 확인할 수 있습니다. 무결제 사용자의 이벤트 중 결제상황이 이벤트 계획할 때 예상한 것에 부합하는지 확인하려면 ARPU값의 증가 비율을 결합하여 논증할 수 있으며, 선물 패키지의 구매 수량 및 총 결제금액을 ROI 계산시의 보완 지표로 사용할 수 있습니다.

주의할 점은 결제 사용자수와 결제금액의 증가가 위의 두 지표(결제율, ARPU값)를 향상시키는 것 외에 분모의 값(활성 사용자수) 감소도 두 지표가 데이터상으로 증가하는 추세를 보이게 합니다. 따라서 부정적인 요소가 있을 수 있기에 이벤트기간 동안의 사용자 이벤트 지표가 비정상적인 변동을 보였는지에 주의해야 합니다.

분석 날짜 범위 내에서 이 게임의 사용자 이벤트도의 변화 추세는 그림 10.2에 나와 있습니다.

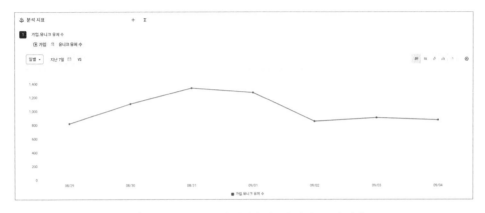

그림 10.2 분석 일자 범위 내에서 사용자 이벤트도의 변화

이 추세의 속성을 더욱 확실히 알기 위해 분석 일자 범위와 같은 길이의 "이전 단계"의 활성 사용자수의 환비 데이터를 참고 기준으로 삼아 둘 사이에 같은 주기적 규칙이 있는지 관찰할 수 있습니다. TE 시스템의 날짜 선택기에서 "비교 일자" 기능을 열면 됩니다(그림 10.3 참조).

과거에 같은 시간 주기에서 사용자 이벤트도 지표의 수치와 변동 추세는 비정상적이지 않았음을 알 수 있습니다. 따라서 결제율의 상승이 사용자 이벤트도의 감소로 인한 것이 아님을 결론지을 수 있습니다.

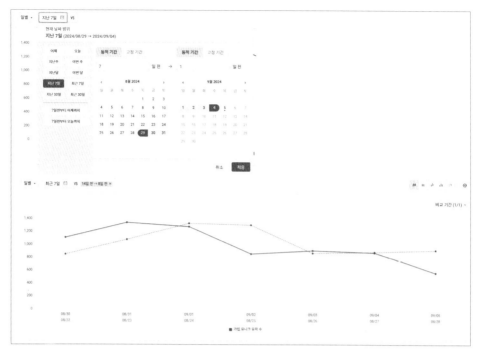

그림 10.3 사용자 활성 상태 비교 변화 확인하기

10.2.3 선물 패키지와 결제 행동의 관계

게임 운영 이벤트의 핵심 목표는 사용자의 행동에 영향을 미치는 것입니다. 이벤트를 계획할 때 운영 매니저는 선물 패키지에 포함된 자산들의 조합과 선물 패키지의 가격정책에 고민을 해야 합니다. 이는 선물 패키지를 통해 무결제 사용자의 결제행동에 영향을 미치려는 것입니다.

결제율의 상승이 이벤트의 선물 패키지와 강한 연관성이 있는지를 데이터로 입증하는 것은 다음과 같은 질문에 대한 해답이 됩니다:

결제율의 상승은 이벤트 중인 600원 선물 패키지가

무결제 사용자들을 결제로 끌어들이기 때문인가요?

이 문제는 사실상 이벤트의 선물 패키지 구매율이 예상에 맞는지에 대한 문제입니다. 먼저 "무결제 사용자의 선물 패키지 결제율"이라는 지표의 계산을 봅시다, 분자를 "무결제 사용자 중 누가 이벤트 선물 패키지를 구매했는지"로 정의할 수 있습니다. 그리고 분모를 정할 때는 첫 결제 이벤트의 타겟 그룹을 고려해야 하며, 이를 "선물 패키지를 구매할 때 총 결제금액이 0인 사용자"로 정의할 수 있습니다. 여기서 주의해야 할 것은 "선물 패키지를 구매하는 시점의 총 결제금액"이 이벤트 속성이라는 점입니다. 만약 히스토리 포인트에서 사용자의 모든 동작시점의 총 결제금액을 기록했다면 이 이벤트 속성을 통해 사용자의 각 동작시점의 결제 상황을 알 수 있습니다.

"이벤트 분석" 모델에서 지표 편집 기능을 열어 "결제 이벤트"에 필터 조건을 추가하고, "총 결제금액"이 0인 사용자를 선택하면 선물 패키지를 구매한 사용자 중 무결제 사용자를 필터링할 수 있습니다. 동시에 필터 조건을 추가하여 구매한 선물 패키지를 이벤트 선물 패키지, 즉 "600원" 선물 패키지로 설정하면(그림 10.4 참조), 무결제 사용자 중에서 이벤트 선물 패키지를 구매한 사람수를 얻을 수 있습니다.

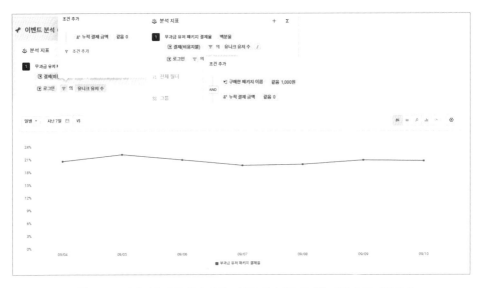

그림 10.4 무결제 사용자 중에서 이벤트 선물 패키지를 구매한 사람 수를 계산하기

"로그인 이벤트"에서 "총 결제금액이 0인" 사용자를 선택하면 매일 활성화된 무결제 사용자수를 알 수 있습니다. 지표 수식을 사용하여 나누기 연산을 하면 선물 패키지 구매율을 얻을 수 있습니다. 이벤트 시작 후 무결제 사용자의 선물 패키지 구매율의 변화 추세를 관찰함으로써 매일 활성화되는 무결제 사용자가 "600원" 선물 패키지를 어떻게 구매했는지 알 수 있습니다.

만약 모든 선물 패키지의 결제율 상태를 보고 싶다면 선물 패키지의 필터 범위를 확장해야 합니다. "선물 패키지 이름"의 필터 조건을 "값이 있음"으로 조정하면 모든 선물 패키지의 결제 데이터를 얻을 수 있습니다.

이벤트가 시작되면 초기에 선물 패키지를 구매하는 사용자 중에는 신규 등록 사용자 뿐만 아니라 일부 기존 사용자들도 있을 것입니다. 이벤트 초기에 선물 패키지를 구매한 기존 사용자에 대해서는 TE 시스템의 "생명주기 일수" 속성을 사용하여 분석할 수 있습니다. 이 속성은 "사용자가 작업을 수행하는 시점에서 등록 후 경과한 자연일수는 얼마나 되는지"를 정의합니다. TE 시스템에서 선물 패키지 구매율 지표에 "이벤트 분할"을 설정하고 "생명주기 일수"를 분할 필드로 선택하면, 현재 이벤트기간 동안 신규 및 기존 사용자의 선물 패키지 구매율 변동 곡선을 볼 수 있습니다(그림 10.5 참조).

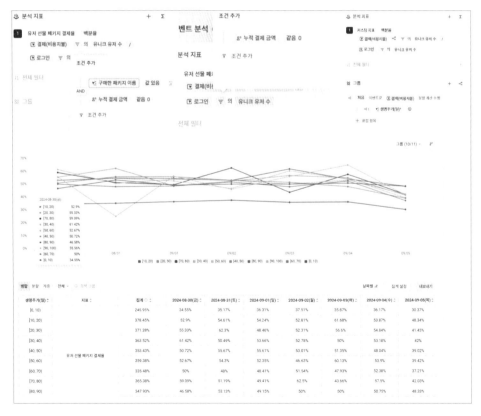

생명주기(일)	지표	집계	2024-08-30(금)	2024-08-31(토)	2024-09-01(일)	2024-09-02(월)	2024-09-03(화)	2024-09-04(수)	2024-09-05(목)
[0, 10)		245.95%	34.55%	35.17%	36.31%	37.51%	35.87%	36.17%	30.37%
[10, 20)		378.45%	52.9%	54.61%	54.24%	52.81%	61.68%	53.87%	48.34%
[20, 30)		371.28%	55.33%	62.3%	48.46%	52.31%	56.6%	54.84%	41.45%
[30, 40)		363.52%	61.42%	50.49%	53.66%	52.78%	50%	53.18%	42%
[40, 50)	유저 선물 패키지 결제율	353.43%	50.72%	55.67%	55.61%	53.01%	51.35%	48.04%	39.02%
[50, 60)		359.38%	52.67%	54.3%	52.35%	46.63%	60.13%	53.9%	39.42%
[60, 70)		335.48%	50%	48%	48.41%	51.54%	47.93%	52.38%	37.21%
[70, 80)		365.38%	59.09%	51.19%	49.41%	62.5%	43.66%	57.5%	42.03%
[80, 90)		347.93%	46.58%	53.13%	49.15%	50%	50%	50.75%	48.33%

그림 10.5 이벤트 기간 동안 신규와 기존 사용자의 선물 패키지 구매율 변화 곡선

실제 이벤트에서 선물 패키지의 구매율이 예상에 못 미친다면 문제가 있을 수 있는 부분을 더 깊이 분석해서 관련 부서와 커뮤니케이션하여 이벤트 전략을 적시에 수정해야 합니다. 리뷰할 때는 이벤트 기간 동안의 주요 정보를 요약해야 하며 다음 이벤트를 위한 소중한 경험을 쌓을 수 있습니다.

여기서의 분석과정은 본질적으로 "가설 설정 → 데이터를 통한 증명 → 가설을 확인하거나 반증하는 과정"이며, 게임의 플레이방식, 시스템의 안정성, 그리고 다른 관련 이벤트 등의 일련의 정보와 결합하여 계속적으로 시행착오를 거치고 결국 데이터로 설득력 있는 결론을 얻을 수 있습니다.

간단한 예를 들면, "구매율의 추세 이상이 무결제 사용자가 다른 선물 패키지에 더 높은 구매의향을 가지고 있어서 발생한 것이다"라는 가설을 제시한다면, 매일 활성화된 무결제 사용자가 다른 선물 패키지에서 구매율의 차이를 관찰함으로써 이 가설을 검증할 수 있습니다.

TE 시스템의 "이벤트 분할" 기능을 사용하여 분할 필드를 "선물 패키지 이름"으로 설정하면 이벤트기간 동안 매일 이벤트하는 무결제 사용자가 다른 선물 패키지를 어떻게 구매했는지 확인할 수 있습니다(그림 10.6 참조).

여기서 우리는 "600원" 선물 패키지의 구매율이 감소하는 동안 "이벤트 선물 패키지"와 "3000원" 선물 패키지의 구매율이 증가하는 추세를 발견했습니다. 즉, 이 시간에는 매일 이벤트에 참여하는 무결제 사용자들이 이 두 선물 패키지에 대한 결제 의향이 "600원" 선물 패키지보다 높아 "600원" 선물 패키지의 구매율이 감소했습니다.

이후에는 활발한 유형, 결제유형, 소비유형 등의 다른 유형의 이벤트에 대해 어떻게 선물 패키지 자산 조합을 최적화하거나 이벤트 운영 전략을 조정해야 하는지 분석할 수 있습니다.

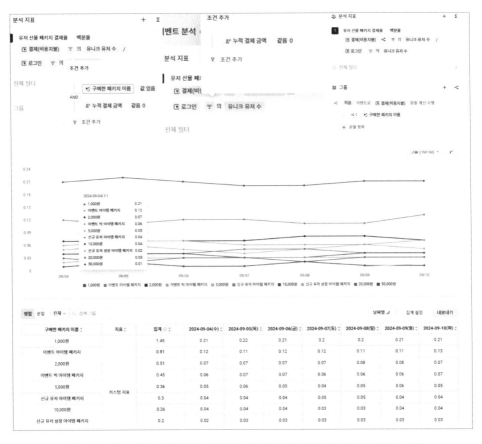

그림 10.6 매일 이벤트에 참여하는 무결제 사용자가 다른 선물 패키지를 구매하는 상황

10.2.4 이벤트 참여 사용자의 프로필

이벤트 기획자들은 분명히 한 가지 문제에 관심을 가질 것입니다: 선물 패키지를 구매한 사용자들은 누구인가요? 그들이 실제로 관심을 가지고 있는 것은 이벤트에 참여한 사용자의 프로필입니다. 결제류 이벤트에 대한 것으로 말하자면, 사용자가 게임 내에서 일부 어려운 스테이지에 잠기게 되거나 일시적으로 리소스가 부족해질 경우, 이때 원하는 아이템 리소스 선물 패키지 소개와 구매 링크를 보게 된다면 이 순간의 결제의향은 그리 약하지 않을 것입니다.

따라서 위에서 제기된 문제를 구체적인 문제로 분해할 수 있습니다. 예를 들면:

- 사용자가 선물 패키지를 구매할 때 어떤 스테이지 레벨에 있었는가?
- 사용자가 선물 패키지를 구매할 때 얼마나 많은 골드 또는 다른 자산이 남아있었는가?
- 신규 등록 사용자가 선물 패키지를 구매할 때 해당 스테이지 전체의 승률은 얼마나 되었는 가?

각 사용자가 선물 패키지를 구매하는 시점의 상태가 다르기 때문에 위에서 제기된 문제를 분석할 때는 일정기간 동안 모든 사용자 작업의 분포 상태를 확인해야 합니다. 이는 TE 시스템의 "분포 분석" 기능을 사용하여 수행할 수 있습니다.

처음에 사용자가 선물 패키지를 구매하는 시점의 스테이지 레벨, 남은 골드수 등의 정보가 이미 이벤트 정보에 기록되어 있다고 가정합니다. "사용자가 선물 패키지를 구 매하는 시점에 어떤 스테이지 레벨에 있었는지"라는 문제를 예로 들면, 우리는 "결제 이벤트"를 데이터 출처로 설정하고 "선물 패키지 이름"을 "600원" 선물 패키지로 설 정한 다음 해당 "캐릭터 레벨"의 분포 상태를 확인합니다. 운영 매니저들이 주목하는 것은 첫 결제 사용자의 레벨이고 레벨은 단조증가로, 따라서 "캐릭터 레벨 최소값"을 직접 선택하여 각 사용자가 처음으로 해당 선물 패키지를 구매하는 시점의 스테이지 레벨 데이터를 추출할 수 있습니다(그림 10.7 참조).

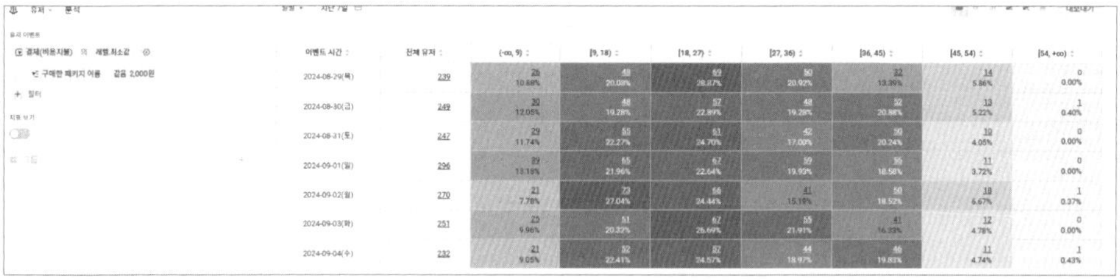

그림 10.7 사용자들이 처음 선물 패키지를 구매하는데 있어서의 스테이지 레벨 상황

그림 10.7 표에서는 다른 날짜에 사용자들이 선물 패키지를 구매할 때의 스테이지 레벨 상황을 볼 수 있습니다. 이 표는 각 스테이지 레벨 구간에 따른 사용자수와 해당 스테이지 레벨 구간에서 선물 패키지를 구매하는 사용자가 전체 사용자 중에서 차지 하는 비율을 표시합니다. 만약 이벤트 오픈 후의 전체 상황을 보고 싶다면 날짜 표시

옵션의 "일별"을 "합계"로 변경하면 됩니다. 사용자가 선물 패키지를 구매하는 시점에 얼마나 많은 골드가 남아있는지 계산하는 로직은 이것과 비슷하며 TE 시스템에서 해당 분석 필드를 전환하면 가능합니다.

위의 작업을 통해 사용자가 선물 패키지를 구매하는 시점에 무슨 스테이지 레벨에 있었는지, 얼마나 많은 골드가 남아있었는지 등을 확인하고 이것이 이벤트 설계시 예상한 상황과 일치하는지를 확인할 수 있습니다. 만약 예상치 못한 차이가 있다면 해당 이벤트 오픈을 담당하는 운영 매니저나 채널에서 이벤트를 진행하는 채널 스토어 등과 즉시 소통해야 합니다. 해당 숫자 파라미터를 조정하고 노출 이벤트의 타이밍, 선물 패키지 가격 정책 등을 최적화하고 위와 같은 방법으로 해당 지표의 데이터 변화를 계속 모니터링하면서 동적으로 해당 숫자 파라미터를 조정해 최적의 효과를 확보해야 합니다. 이것은 후속 이벤트 계획에 데이터를 제공합니다.

10.2.5 이벤트가 가져올 수 있는 부정적 영향

여기에서는 이벤트가 가져올 수 있는 부정적인 영향에 대해 분석합니다. 이벤트가 사용자에게 미치는 영향을 더 넓은 사용자 그룹과 더 긴 시간 범위의 두 가지 측면에서 고려할 수 있습니다. 예를 들면:

- 이벤트에서의 선물 패키지와 규칙 디자인이 사용자들의 불만을 일으키는가?
- 이벤트가 참가하지 않은 사용자의 활동성과 잔존율에 부정적인 영향을 끼치는가?
- 참여한 사용자의 이후 잔존율이 예상 밖의 표현을 보이는가?

게임에 "건의 및 피드백" 모듈이 있다면 그리고 이미 해당 키워드가 이벤트에 집어넣어졌다면, 이번 이벤트와 관련된 코멘트를 키워드로 필터링하고 사용자의 이벤트 점수와 함께 "건의 및 피드백"의 이번 이벤트와 관련된 데이터를 확인할 수 있습니다. TE 시스템에서는 그림 10.8에서 볼 수 있듯이 표시됩니다.

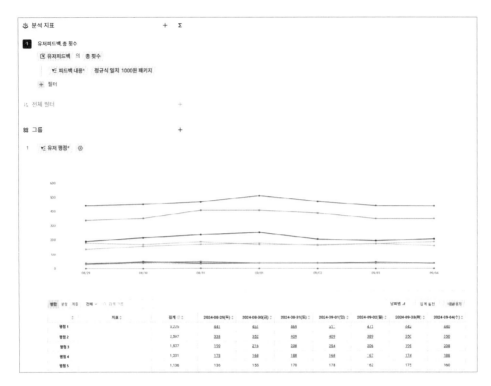

그림 10.8 사용자의 피드백 상황

이 시점에서 직접 계산 결과에 있는 세부 리스트를 클릭하여 각각의 사용자 피드백의 세부 데이터와 사용자 피드백의 구체적인 내용을 확인할 수 있습니다(그림 10.9 참조). 이를 통해 사용자 불만을 일으키는 게임 링크를 발견하여 즉시 조정하거나 최적화할 수 있습니다.

계정 ID	게스트 ID	광고 id	광고 그룹	광고 캠페인	채널 출처	현재 레벨	첫 로그인 시간	첫 결제 레벨
3327d906-57bc-4485-ae80-5b00d81470c5	60fb8f2b-85ef-4148-a983-5a64fc638a02	-	-	-	app store	38	2024-07-02 07:43:13.000	9
7e333775-7470-4a9f-93bf-79d96146283c	0592317c-43c3-4a78-ad80-6d15c2689d66	-	-	-	Google Play	18	2024-08-28 14:02:35.000	2
d7c1bf29-19b8-441f-866d-c41935c4bb47	c93f1997-a440-4bbc-b954-3e0c187a013b	-	-	-	Google Play	30	2024-07-20 14:16:50.000	3
db193d6a-b4c1-4317-b9d5-625a30742e4d	5ba54807-c0e2-4366-82af-029d81d3aa85	-	-	-	app store	22	2024-08-25 17:57:05.000	3
b7a7d37b-291b-42c1-b4f8-15e713979d69	78dfbf34-55c7-4181-ae44-c80b77a405f	-	-	-	Google Play	50	2024-06-21 15:44:07.000	9
6bde6bcc-7aac-4acb-92dc-11375d6e2a74	9441bb69-cc41-4dbb-8a0c-2f156177ab08	-	-	-	app store	25	2024-08-24 13:36:02.000	16
855908cd-b59d-4433-822b-1842ec132e1f	e6c82a4a-c173-42ed-8150-21465e9f5c99	-	-	-	Google Play	18	2024-08-29 04:06:50.000	14
f5a96965-cc54-4b62-aa82-4dc2dee30750	ee01e51a-ee07-4ef7-a9ac-a850b2eeee7d	-	-	-	app store	18	2024-09-22 16:31.000	8
f86fee55-0bae-4b0e-b5d5-3d3a55e94283	0aeb4831-16c1-4298-9041-4c863a34d835	-	-	-	app store	24	2024-08-09 13:39:09.000	6
8dc1490d-8447-48fd-a966-0a4e3b0e5f53	c099b2f4-1a43-49f5-9ef8-9f08f6dea02f	-	-	-	Google Play	9	2024-08-29 10:58:26.000	7

그림 10.9 사용자 피드백의 세부 데이터 및 특이 사항

"이벤트에 참여함"과 "이벤트에 참여하지 않음"이라는 두 가지 사용자 그룹의 일일 활성 사용자 잔존율의 변화를 분석하기 위해 TE 시스템의 "잔존 분석" 모델을 사용할 수 있습니다.

먼저 사용자 그룹을 만들고, 이를 "지난 시간동안 이번 첫 유료 이벤트에 참여한 사용자"로 정의합니다. 서로 다른 게임에서 "이벤트 참여"라는 이벤트의 트래킹 정책과 트래킹 정보에는 차이가 있을 수 있기 때문에 여기서는 "사용자가 어떤 것을 했거나 하지 않았다"는 방식으로 이번 이벤트의 트래킹 정책을 정의합니다. TE 시스템에서는 사용자 그룹 조건을 "과거 30일 동안에 6元 선물 패키지를 구매한 횟수가 0보다 많음"(그림 10.10 참조)으로 설정하게 됩니다. 이 조건이 만족하는 경우는 이벤트에 참여한 사용자이고 조건이 충족되지 않은 경우는 이벤트에 참여하지 않은 사용자입니다.

같은 이름을 가진 여러 라운드의 이벤트를 구분하기 위해 이벤트에 번호를 할당할 수 있습니다. 예를 들어 "036# 첫 유료"; 그룹 이름은 "036# 첫 유료 참여"로 더 설정할 수 있습니다.

"잔존 분석" 모델로 이동하여 "초기 이벤트"와 "재방문 이벤트"를 모두 "사용자 로그인"으로 설정하면 일일 활성 사용자의 잔존율을 얻을 수 있습니다. 그 후 방금 생성한 "036# 첫 유료 참여" 그룹을 그룹핑 항목으로 설정하고 다시 일일 활성 사용자의 잔존율을 계산합니다. 날짜 앞에 있는 더하기 기호를 클릭하면 이벤트기간 동안 두 사용자 그룹의 활성 사용자 잔존율 데이터를 볼 수 있습니다(그림 10.11 참조).

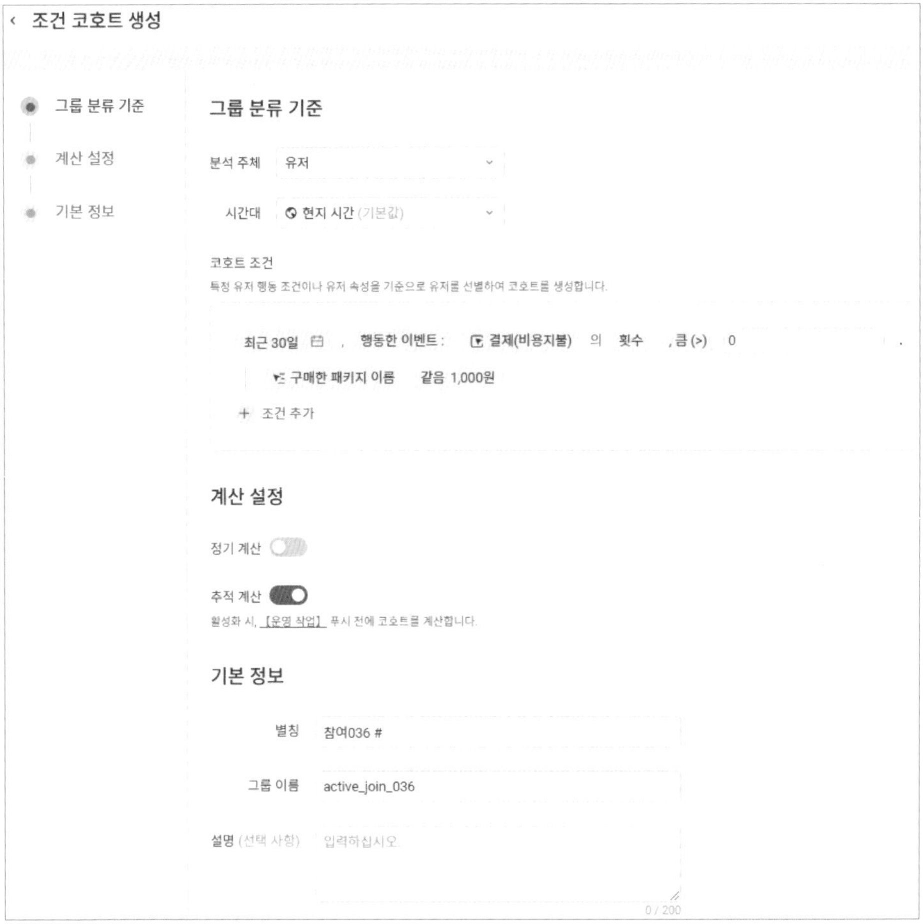

조건 코호트 생성
그룹 분류 기준
계산 설정
기본 정보
그룹 분류 기준
분석 주체 유저
시간대 현지 시간 (기본값)
코호트 조건
특정 유저 행동 조건이나 유저 속성을 기준으로 유저를 선별하여 코호트를 생성합니다.
최근 30일 , 행동한 이벤트 : 결제(비용지불) 의 횟수 , 큼 (>) 0
구매한 패키지 이름 같음 1,000원
조건 추가
계산 설정
정기 계산
추적 계산
활성화 시, 【운영 작업】 푸시 전에 코호트를 계산합니다.
기본 정보
별칭 참여036 #
그룹 이름 active_join_036
설명 (선택 사항) 입력하십시오.
0 / 200

그림 10.10 이벤트에 참여한 사용자 필터링

2024-08-29(목)그룹 세부 정보
참여036 #
로그인 유저 수
당일
1일
2일
3일
4일
5일
6일
포함 참여036 # 2,007 2,007 100.00% 1,561 77.78% 1,246 62.08% 1,047 52.17% 905 45.14% 837 41.70% 841 41.90%
비포함 참여036 # 1,194 1,194 100.00% 397 33.25% 132 11.06% 51 4.27% 44 3.69% 39 3.27% 49 4.10%

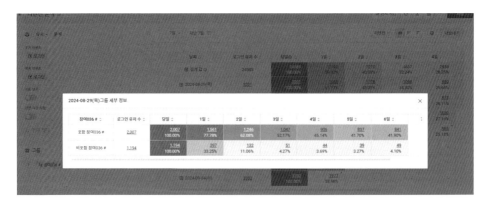

그림 10.11 이벤트 기간 동안 두 사용자 그룹의 활성 사용자 잔존율

데이터를 검토하는 동안 일부 활성 사용자의 잔존율이 이전과 비교하여 비정상적으로 변동하는 것을 발견하면 그림 10.11의 인터페이스 표 영역에서 밑줄이 그어진 사용자 수를 클릭할 수 있습니다. 그러면 TE 시스템은 이 사용자 그룹의 상세 목록으로 드릴 다운해 사용자 특성을 확인할 수 있습니다. 또는 직접 샘플링 방식을 사용하여 특정 스테이지에서 현재 예상을 벗어난 원인이 사용자의 이벤트 속성에 이상을 초래하였는지 확인할 수 있습니다.

특정 사용자 그룹의 이벤트 속성이 예상을 초과하면 같은 방식으로 드릴 다운하여 이벤트 중인 하이라이트를 발굴하고 이를 후속 이벤트 계획을 세울 때 중요한 참고로 사용할 수 있습니다.

10.2.6 데이터로 증명한 결론

"무과금 타파 결제 이벤트의 효과는 어떠한가?"라는 추상적인 질문이 점차 여러 구체적이고 정량적으로 분석가능한 질문(가설)으로 분해되었으며, 우리는 적절한 지표를 통해 데이터로 가설을 논증하고 최종적으로 결론을 도출했습니다. 위의 과정을 정리하고 핵심 단계의 시스템 보고서 스크린샷과 해당하는 설명 텍스트를 함께 제공하면 간결하고 명확한 이벤트 효과 분석 보고서를 얻을 수 있습니다.

이벤트 종료 후의 회고에서는 이벤트 방안의 밝은 점을 추출하고 문제점을 요약해야 합니다. 이러한 접근 방식은 이벤트 디자인을 점점 더 게임의 특성과 사용자 특성에 부합하게 만들고 새로운 이벤트를 계획할 때 이전에 마주쳤던 문제를 피할 수 있도록 합니다. 이처럼 각 이벤트에 대한 데이터 분석은 더 크고 더 장기적인 가치를 생성하게 됩니다.

10.3 이벤트의 데이터 관리 전략

10.2에서 이벤트 효과를 논증할 때 사용된 사고방식을 장기적인 데이터 관리 전략으로 전환하여 더 긴 시간 동안 가치를 창출하는 방법은 다음과 같이 네 가지 주요 요소로 요약할 수 있습니다.

1. 데이터 기준선 설정

이벤트 효과가 예상에 부합하는지 여부에 대한 질문에서 두 가지 정보가 내포되어 있습니다.

  1) 이벤트를 기획할 때 예상효과와 목표가 있다는 것
  2) 더 중요한 것으로 예상효과와 목표를 정량화된 지표로 나타내어 평가할 수 있다는 것

다양한 규모의 팀과 다양한 유형의 게임 제품에 대해 예상되는 이벤트 효과와 목표는 다를 수 있습니다. 중요한 것은 실제 상황을 결합하여 풍부한 데이터를 수집하고 적합한 기준을 찾는 것입니다. 게임이 출시된 초기에도 가능한 한 많은 내부 테스트, 공개 테스트 등 다양한 테스트 단계의 데이터를 수집하여 초기 정량화된 지표를 형성하고 게임의 현재 데이터 기준선을 설정해야 합니다. 초기 기준선 데이터에 상당한 변동이 있을 수 있지만 정량화된 지표가 있으면 "변화가 크다"는 추상적 설명을 "35% 감소했다"는 구체적 설명으로 변경할 수 있으며 이는 데이터 분석의 목표와 데이터 분석 자체에 큰 진전입니다.

2. 데이터 건강 상태 모니터링

게임 운영자의 일상적인 작업 중 하나는 데이터의 건강 상태를 모니터링하는 것이며, 여기에는 게임의 일상적인 운영중 데이터 변동을 분석하는 것이 중요한 작업 내용입니다. 게임의 운영은 주말, 휴일 또는 게임의 중대한 이벤트(새 버전 출시, 시스템 최적화/핫픽스, 이벤트 시작/종료 등)과 같은 다양한 요소의 영향을 받습니다. 이러한 영향 요소들은 서로 상호작용하며 데이터 기준선의 변동을 유발할 수 있습니다. 시간이 지남에 따라 데이터 기준선을 기반으로 데이터 샘플이 축적되면 데이터를 비교하고 분석하여 특정 영향 요소가 데이터에 미칠 수 있는 영향을 이해할 수 있습니다.

예를 들어, 10.2.2에서 "비교 날짜" 기능을 통해 이벤트 시작 전후의 활성 사용자수에는 일정한 주기성 규칙이 있음을 입증했습니다. 나중에 이벤트 효과가 사용자 유지율에 미치는 영향을 논증할 때 이러한 주기성 규칙을 기반으로 분석을 진행하여 더 설득력 있는 결론을 도출할 수 있습니다.

3. 데이터를 통한 이벤트 목표의 정밀한 정의

운영팀은 이벤트가 목표로 하는 사용자 그룹을 가능한 한 정확하게 설정하여 최소의 비용으로 최대의 이익을 얻고 이벤트의 ROI를 높이길 원합니다. 그렇다면 어떻게 이벤트가 이러한 예상 목표를 최대한 충족시킬 수 있을까요? 이를 위해서는 사용자의 역사적 데이터와 사용자 프로필을 기반으로 현재 사용자 데이터의 문제점이나 특성을 결합하여 대상에 맞춘 이벤트를 계획하고 설계해야 합니다.

이벤트의 세부사항을 분석할 때 운영 초기단계에서 점진적으로 이벤트 관련 데이터 기준선 및 이벤트 데이터의 일상적인 모니터링 체계를 구축했다면 이벤트의 목표 사용자, 시작 시기, 선물 패키지 디자인 등에 대해 기존 데이터 기준선에서 핵심 단서와 근거를 찾을 수 있습니다. 예를 들어 사용자의 자연스러운 행동 데이터를 바탕으로 일련의 행동조건을 요약 및 설정하여 이벤트의 대상 사용자 그룹을 정의한 다음, 사용자의 구매행위 데이터에 따라 선물 패키지의 가격 전략이나 제품 조합을 조정하고 상업 전략과 게임 제품 특성 및 이전 이벤트 경험을 결합하여 최종적으로 적절한 방안을 설계합니다. 이런 방식으로 "임의로 결정하는" 이벤트 설계의 불확실성과 위험을 줄이고 효율을 높일 수 있습니다.

4. 이벤트 실행 과정에서의 신속한 대응

이벤트를 실행할 때는 "설계-실행-모니터링-조정"의 과정을 따라야 합니다. 초기 계획 작업이 아무리 충분하고 세밀해도 실행 과정에서 모든 세부사항이 예상대로 진행되리라는 보장은 없습니다. 따라서 이벤트를 실행하는 동안 데이터 트렌드에 따라 관련 매개변수와 세부계획을 적시에 조정하는 것이 승리의 열쇠입니다.

시간적 측면이 중요합니다. T+1일 데이터보다 실시간 데이터와 합리적인 경고 로직이 게임팀에 이벤트 실행 과정 중의 이상 데이터 변동을 더 신속하게 발견할 수 있게 해주고, 분석가와 운영자가 즉시 데이터를 심층 분석하고 대상에 맞는 최적화 방안을 설계할 수 있게 합니다. 필요한 경우 발견된 문제를 개발부서에 제출하여 게임 수정을 요청하고, 몇 시간 내에 조정을 완료한 후 다음 라운드의 데이터 모니터링을 시작하여 사용자에게 미치는 부정적 영향을 최소화할 수 있습니다.

5. 이벤트 종료 후의 회고

운영 작업에서 정기적인 회고 및 요약은 매우 필요하고 중요합니다. 앞서 이벤트 효과에 대한 데이터 논증은 사실상 데이터를 중심으로 지속적인 "가설-논증" 과정입니다. 일부 가설을 논증할 때는 먼저 일정시간 동안 데이터를 축적해야 하며, 다른 유사 프로젝트의 경험에서 규칙을 찾을 필요가 있을 수 있습니다.

정기적인 회고를 통해 이벤트 운영자는 자신이 기획한 이벤트의 효과를 더 충분히 이해하고, 비이성적인 인식이 판단에 영향을 미치는 것을 방지할 수 있습니다. 한편으로는 팀이 이벤트 효과에 영향을 미치는 외부요소를 더 넓은 차원에서 이해하고, 게임 제품과 사용자에 대해 더 거시적인 시각에서 인식함으로써 다음 고품질 이벤트를 준비하는데 도움이 됩니다. 게다가 게임 제조업체는 종종 여러 게임 프로젝트를 운영하고 있으며, 한 게임 프로젝트의 이벤트 회고는 다른 게임 프로젝트팀에게 귀중한 경험을 제공할 수 있습니다.

10.4 결론

이 장에서는 이벤트의 데이터 분석에 대해 소개했습니다. 특정 이벤트의 효과를 평가할 때는 먼저 추상적인 문제를 정량화 할 수 있는 문제로 분해한 다음, 적절한 지표를 찾아 "관찰-가설-논증"의 단계를 따라 데이터 분석을 진행해야 합니다. 이벤트가 끝난 후에는 시기적절하게 회고를 진행하고 경험을 요약하여 다음 이벤트의 효과를 더욱 향상시킬 수 있습니다.

이벤트의 데이터 분석이 특정 문제에 대한 데이터 분석과 마찬가지로 초기에 모델을 구축하고 시간이 지남에 따라 지속적으로 최적화 및 반복하여 궁극적으로 데이터 관리 전략의 장기적 가치를 실현해야 합니다. TE 시스템은 게임 데이터 분석을 위해 모델을 쉽게 구축할 수 있게 해주어, 게임팀이 시장 및 사용자 특성의 변화 추세를 이해하고, 다양한 유형의 이벤트를 계획하며, 이벤트 중 사용자 경험을 최적화하고 이후 유사한 이벤트를 온라인으로 출시할 때 신뢰할 수 있는 근거를 제공합니다.

Chapter

11

세분화 운영

이전 장에서 언급했듯이 게임시장이 증가시장에서 유지시장으로 전환됨에 따라 사용자 획득비용이 계속 상승하고, 게임 제조업체들은 게임의 롱런 운영에 더욱 중점을 두어 ROI를 높이려고 합니다. 게임의 장기 운영에 있어서 어떠한 전략도 더 이상 보편적으로 적용가능한 '만능전략'이 아닙니다. 운영 관리자는 서로 다른 사용자 그룹에 맞춘 다양한 전략을 세워야 하는데 이를 일반적으로 "세분화 운영"이라고 합니다.

11.1 세분화 운영의 전제

세분화 운영은 최근 몇 년 동안 제품 운영에 관한 논의에서 자주 언급되었지만 실제로 세분화 운영을 구현하는 것은 결코 쉽지 않습니다. 이것은 복잡하고 지속적으로 반복되어야 하는 장기적인 과정입니다. 게임 제품의 세분화 운영에는 다음과 같은 4가지 조건이 필요합니다.

1. 완벽한 트래킹

세분화 운영에는 충분한 데이터 지원이 필요하며 트래킹은 게임산업에서 가장 일반적이고 기본적인 데이터 수집 방법입니다. 바탕의 트래킹 완성도는 이후 데이터 분석의 깊이를 직접 결정하고 결국 결론의 정확성에 영향을 미칩니다. 그러나 주의할 점은 트래킹의 완성도와 데이터 양의 크기를 완전히 동일하게 그을 수 없다는 것입니다. 예를 들어 게임의 서버는 모든 사용자의 행동 로그를 기록하지만 이 로그를 모두 직접 추출하는 것은 최선의 선택이 아닙니다. 완벽한 트래킹은 비즈니스 로직이 명확하고 트리거 시점이 명확하며 상태 속성이 완전한 데이터 수집계획을 가져야 합니다.

2. 강력한 데이터 백엔드

게임산업의 한 가지 특성은 데이터 양이 매우 많다는 것입니다. 예를 들어, 하드코어 게임에서 사용자의 게임 내 행동은 대용량 데이터를 생성할 것이며, 하루에 수십억 또는 수백억 개의 데이터가 있을 수 있습니다. 세부적인 운영은 문제를 빠르게 찾고, 전략을 빠르게 검증하는 것을 요구합니다. 이처럼 큰 데이터 양을 처리하려면 실시간으로 데이터를 보고하고, 실시간으로 검색하고, 교차 분석 등의 기능을 구현하는 강력한 데이터 백엔드가 필요합니다.

3. 통일된 데이터 표준

게임산업에는 여러 가지 사용자 식별 체계, 즉 사용자 ID가 있으며, 이에는 IDFA 및 IDFV(광고식별자, 앱 개발자식별자)와 Android ID 등의 장치 수준의 ID, 역할 ID, 사용자 계정 ID, 심지어는 제3자 플랫폼 ID 등이 포함됩니다. 그러므로 데이터 분석을 할 때는 ID 수준에서 모든 데이터를 통일하거나 데이터를 연결해야 하며 이렇게 해야만 데이터 분석결과의 일관성이 보장되며 여러 ID 하에서 여러 계층의 데이터를 드릴다운

할 수 있습니다.

4. 깊이있는 분석 능력

게임 프로젝트팀의 데이터 분석능력은 일상적인 작업과정과 운영 담당자의 개인적인 능력 등에 의해 영향을 받아 양적으로 측정하기 어렵습니다. 일반적으로 게임 프로젝트팀의 데이터 분석능력을 평가하는 데에는 다음 3가지 측면을 참조할 수 있습니다.

- 상세한 분업과정: 일반적으로 규모가 그리 크지 않은 게임 회사는 데이터 분석 또는 데이터 마이닝과 같은 직책을 전문적으로 설정할 수 없으며 다른 비즈니스 부서의 직원이 겸임해야 할 수도 있습니다. 깊이 있는 데이터 분석을 실현하려면 전체 데이터 분석과정에 세분화 분업을 도입해야 하며, 전문직이 전문직적인 일을 해야합니다.
- 상세한 광고 투입: 현재 게임산업의 경쟁은 재고시장의 경쟁이며 광고비용이 계속해서 상승하고 있습니다. 그러나 비싼 광고가 반드시 고품질 사용자를 끌어들이지는 않습니다. 따라서 광고를 하는 경우에는 게임의 위치에 맞는 소재를 만들어야야하며, 게임 사용자의 프로파일을 더욱 자세하게 이해하고, 적절한 판촉 채널을 찾아야하며, 가능한 낮은 비용으로 고품질 사용자를 획득해야 합니다.
- 상세한 운영 진행: 사용자를 게임으로 끌어들이면 어떤 전략을 사용하여 유지율과 결제율을 높일 것인가? 운영 담당자는 서로 다른 사용자 프로파일에 다른 게임 콘텐츠를 매칭하고, 다른 운영전략을 짜야합니다.

11.2 사용자 계층화

인터넷 산업이건 게임산업이건 제품의 사용자 규모가 일정 수준에 이르면 일반적으로 사용자를 계층화합니다. 이를 통해 운영자는 현재의 사용자 구성을 이해할 수 있고, 또 각 계층 사용자들의 취향에 맞도록 진정으로 세분화된 운영을 실현할 수 있습니다. 따라서 세분화 운영의 많은 부분이 실제로는 사용자를 계층화하는 작업입니다. 다음에서는 사용자를 어떻게 계층화하는지 소개하겠습니다.

11.2.1 사용자 계층화의 가치와 조건

　사용자 계층화의 가치에 대해 논의하기 전에 먼저 사용자 계층화가 무엇인지 이해해야 합니다. 사용자 계층화는 다른 사용자의 특성과 행동에 기반하여 세분화 운영방법입니다. 이러한 사용자 세분화 방법은 인터넷 산업에서 널리 사용되며 예를 들어 타오바오의 멤버 등급, 웨이보의 콘텐츠 기여자 및 브라우저 등이 이에 해당합니다.

　게임산업에서도 사용자 계층화는 많은 응용 시나리오를 가지고 있습니다. 예를 들어 사용자수가 증가함에 따라 전통적인 게임 운영전략은 다양하고 개인화된 사용자 요구에 더 이상 적용되지 않으며, 사용자를 계층화한 후에는 다른 계층의 사용자에게 차별화된 게임 콘텐츠를 제공하고 적절한 운영전략을 수립할 수 있습니다. 또 다른 예로는 대체적인 데이터에 비해 사용자 계층화 후의 가로 데이터를 비교하면, 지표가 변동하는 원인을 탐색하고 비즈니스 성장점을 정확하게 위치할 수 있습니다.

　사용자 계층화에는 일정한 사전조건이 필요합니다. 먼저 충분히 큰 표본이 있어야 합니다. 표본이 너무 작으면 계층의 입자 크기가 너무 커져 분석결과의 참조 가치가 낮아집니다. 예를 들어 게임이 내부 테스트 할 때 사용자가 몇 십명 뿐이라면 사용자 계층화는 그다지 의미가 없습니다.

　또한 특정 주기 내에 사용자 행동 데이터가 있어야 합니다. 단기간이나 몇일 동안의 사용자 행동 데이터만 있다면 분석된 사용자 특성은 사용자의 우연한 행동에 영향을 받게 되며, 그의 행동 규칙과 특성을 실제로 반영하지 못하게 되어 계층 편향이 발생할 수 있습니다.

11.2.2 사용자 계층화의 단계

　실제 작업에서 사용자 계층화는 다음 세 단계로 간단히 나눌 수 있습니다.

단계 1: 비즈니스 목표를 명확하게 합니다

　사용자 계층화를 통해 해결하려는 비즈니스 문제와 달성하려는 비즈니스 목표를 먼저 결정해야 합니다. 예를 들어 현재 게임의 사용자 결제율이 낮고 총수익이 예상치를 달성하지 못했다면 사용자 계층화의 목표는 운영 전략을 변경하여 사용자 결제율을 높이는 것입니다. 더불어 결제 관점에서 사용자를 계층화해 다른 계층의 사용자 결제 습관을 파악하고 그에 따른 운영 전략을 제시하여 각 계층의 사용자 결제율을 높이는 것입니다.

단계 2: 사용자 계층을 나눕니다

사용자 계층화가 해결하려는 문제를 명확하게 알고 나면 계층을 나누는 방법을 결정해야 합니다. 이는 단순히 사용자 그룹에 태그를 붙이는 것으로 이해할 수 있으며, 다른 태그값은 한 유형의 사용자를 나타냅니다. 예를 들어 결제 관점에서 계층을 나눌 때 태그 또는 계층의 구성을 다음으로 규정할 수 있습니다: 고액결제 사용자, 중간결제 사용자, 소액결제 사용자 및 비결제 사용자

단계 3: 계층 지표를 정량화합니다

앞서 나눈 계층 방법에 따라 각 계층의 태그에 정량화 가능한 지표를 설정합니다. 일반적으로 결제 상태에 따라 계층을 나눌 때의 주요 지표는 사용자의 누적금액입니다. 물론 각각의 게임에서 사용자의 결제 능력이 다르기 때문에 결제 구간의 결정도 다릅니다, 게임내 모든 사용자의 결제금액 분포를 먼저 분석한 후 구체적인 분포를 기반으로 다른 결제 구간값을 설정할 수 있습니다. 예를 들어 고객 결제 사용자를 최근 30일간 결제 금액이 1000원 이상인 사용자로 정의합니다.

11.3 사용자 계층화의 방법과 사례

사용자 세분화 방법은 다양하며 모든 게임의 모든 단계에 적용되는 특정 방법은 없습니다. 그러나 사용자 계층화의 핵심개념은 동일하며 이는 사용자를 다른 계층으로 구분하는 정성적이고 정량적인 방법입니다. 이제 4가지 일반적인 사용자 계층화 방법을 소개하고 사용자 계층화를 통한 세분화 운영사례를 제공하겠습니다.

11.3.1 사용자 가치 기반 계층화

사용자 가치에 대해 이야기할 때 사람들은 흔히 그것을 사용자의 결제 능력과 동일

시하는 경향이 있습니다. 그러나 다양한 종류의 게임들이 그 세부사항들이 다르고 일부 게임들은 내부 구매 모델을 가지고 있지 않거나, 사용자가 유료 사용자로 전환되는데 긴 시간이 걸릴 수 있어 단순히 결제 능력으로 사용자 가치를 정의하는 것은 단면적입니다. 일부 사용자들은 결제를 하지 않을 수 있지만 게임 속에서의 시간 소요가 많아, 게임에 대해 많은 가치가 있습니다. 따라서 가치 차원에서 사용자를 계층화할 때 두 가지 다른 관점을 기반으로 할 수 있습니다: 사용자 생애주기와 사용자의 핵심 행동.

1. 사용자 수명주기를 기반으로 한 계층화

게임 사용자는 일반적으로 생애주기를 가지고 있으며, 사용자가 계정을 등록하는 것부터 손실까지는 보통 유입기, 성장기, 성숙기, 휴면기, 이탈기 또는 그 중 몇 가지 단계를 거치게 됩니다. 게임 데이터를 분석할 때 단일 사용자의 게임 내부에서의 성장 경로를 관찰하고, 게임에서의 즉각적인 경험을 특정 목표로 최적화하는 것이 마이크로 관점입니다. 한편 현재 게임 내부의 사용자들에 대해서는 그들이 처하는 수명주기를 기반으로 계층화(그림 11.1 참조)하고, 다른 기간에 있는 사용자들에 대한 해당 운영 전략을 설계하는 것은 매크로적인 시각입니다.

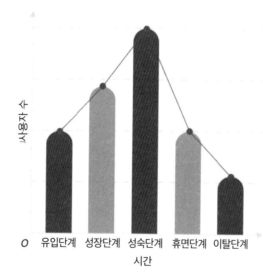

그림 11.1 게임 사용자의 수명주기 단계

- 유입기: 보통 사용자가 게임 계정을 등록하고 나서의 짧은 시간을 의미합니다. 사용자는 이 시간 동안 아직 핵심 게임 메커니즘에 익숙하지 않으며 게임을 이해하고 탐색하는 단계입니다.

- 성장기: 이때 사용자는 이미 게임의 핵심 메카니즘에 접해 있지만 플레이의 깊이는 부족하며 아직 첫 결제를 하지 않았습니다. 이는 사용자 습관을 형성하고 핵심 경험을 전달하는 단계로 사용자는 이 단계에서 빠르게 성장할 것입니다. 동시에 성장기에도 일부 사용자는 게임이 제공하는 핵심 경험이 그들의 기대치를 충족시키지 못하므로 손실될 것입니다.

- 성숙기: 이 시기의 사용자들은 일반적으로 게임의 충성 사용자들로 높은 점착성을 가지고 있으며 결제 습관을 형성하였고, 행동에서는 온라인으로 오랜 시간 접속해 있고 높은 로그인 빈도, 깊은 플레이를 보여줍니다.

- 휴면기: 이탈된 사용자는 대체로 "N일 동안 비활성인 시용자"를 밀하는네, 따라서 사용자의 마지막 로그인부터 N일이 지난 시기는 "휴면 기간"으로 정의됩니다. 이 기간의 사용자들은 이탈 기준을 만족시키지 못해 '가짜 이탈'로 분류되며, 따라서 소환될 확률이 높습니다.

- 이탈기: N일 동안 비활성 기준을 충족한 후에는 이 사용자를 이미 이탈된 사용자로 분류할 수 있습니다.

사용자 수명주기를 기반으로 계층화를 완료한 후에는 다른 계층의 사용자들을 위한 다른 전략을 개발해야 합니다. 전략을 개발하는 과정에서 보통 두 가지 문제를 고려해야 합니다:

- 첫째, 다른 단계의 사용자들에게는 전체 주기를 관통하는 최고 목표가 있나요? 예를 들어 그들이 더 오래 게임을 하길 원하고 결제를 완료하길 바랍니다.

- 둘째, 이 목표를 바탕으로 설계된 운영 전략들은 서로 연관되어 있는가요? 실제로 이런 전략들은 종종 독립적인 일시적 방안이 아니라, 서로 교차하고 상호 영향을 미치는 경향이 있습니다.

유입기에는 사용자에게 로그를 선물하거나 리소스를 제공함으로써 사용자가 빠르게 게임 방식을 경험하도록 돕는 방법이 가능합니다. 동시에 큰 수치의 보상 또는 애니메이션을 사용하여 사용자의 감각을 자극하여 즐거움을 느끼게 하고 진입기를 원활하게 넘어갈 수 있게 돕는데도 좋습니다. 반면 성장기의 사용자들은 그들의 플레이 습관을 이끌어내고 점착력을 높이기 위한 전략이 필요합니다. 예를 들어 스토리 라인이 있는 챕터, 일일하고 주간 목표(매일이나 주간 고정 게임 과제를 의미)를 설정하고, 안정된 사회 체계를 구축하는 것은 모두 흔히 쓰이는 방법입니다. 성숙기에 도달하면 사용자들이 단순히 이기거나 리소스를 얻는 것을 추구하지 않고, 더 높고 깊은 목표를 설정함으로써 사용자 경험을 향상시키는 것이 필요하게 됩니다. 예를 들면 SLG 게임에서의 크로스 서버 PK, 게임내 리더가 되기, 데일리 사용자 등이 있습니다. 휴면기의 사용자들에게는 다양한 채널(예: 위챗, 문자 메시지 등)을 통해 새로운 게임 방식이나 재가입 선물, 한정 판매 아이템 푸시 메시지를 사용하여 활성화할 수 있습니다. 이러한 방법은 이탈된 사용자들에게도 적용될 수 있습니다. 또한 이탈된 사용자들에게는 사회적 관계를 통해 접근할 수도 있습니다. 예를 들어 활성 사용자의 초대를 통해, 초대가 성공적이면, 활성 사용자와 재가입한 이탈 사용자에게 큰 보상을 제공하여 회수율을 높일 수 있습니다.

2. 사용자의 핵심 행동을 기반으로 한 계층화

사용자들의 과거 행동의 특성을 바탕으로 사용자들을 계층화 할 때, 가장 흔히 사용되는 것은 RFM 모델입니다. RFM 모델은 사용자 가치와 사용자가 수익을 창출할 능력을 측정하기 위한 중요 도구입니다. 이 모델은 사용자의 가장 최근의 거래(R), 거래 빈도(F), 거래 금액(M) 등 3가지 지표를 통해 이 사용자의 가치를 평가합니다. (그림 11.2 참조)

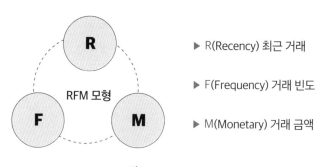

▶ R(Recency) 최근 거래

▶ F(Frequency) 거래 빈도

▶ M(Monetary) 거래 금액

그림 11.2 RFM 모델

여기서 설명해야 할 것은 이 3가지 지표의 구체적인 의미는 고정된 것이 아니라 모델 사용 시나리오가 바뀌면서 동적으로 조정되는 것입니다. 예를 들어 게임에서 사용자 가치를 측정하려면, R, F, M을 각각 사용자의 마지막 로그인 시간, 로그인 빈도, 총 온라인 시간으로 설정할 수 있습니다. 라이브 스트리밍 App 내에서 사용자 가치를 측정하려면, R, F, M을 각각 사용자가 마지막으로 라이브 스트리밍을 본 시간, 시청 빈도, 라이브 방송실 총 온라인 시간으로 설정할 수 있습니다. 우리는 심지어 결제 관점에서 "최대 결제금액" 또는 "결제금액 중앙값" 등의 지표를 추가하여, RFM 모델을 RFM+ 모델로 변형하고 더 많은 차원으로 사용자 가치를 종합적으로 평가할 수 있습니다.

RFM 모델 응용은 다음 단계로 나눌 수 있습니다: R, F, M 이 세 가지 차원의 지표 데이터를 획득합니다; R, F, M의 점수화 로직을 정의합니다; R, F, M 분할을 처리합니다; R, F, M의 값에 따라 사용자 계층을 나누고, 차별화된 운영 전략을 개발합니다. 이 3가지 차원의 점수화 규칙은 개인 경험, 원시 데이터 분포, 20:80 규칙, K-평균 군집 알고리즘 등에 따라 결정할 수 있습니다.

어떤 게임의 RFM 점수표가 표 11.1과 같다고 가정하면, 위의 단계에 따라 각 차원에서 사용자의 점수를 차원 축소 집계할 수 있으며, 각 차원의 결과를 1 또는 0으로 분류(표 11.2 참조), 그리고 점수 조합에 따라 사용자를 8가지 유형으로 분류(표 11.3 참조)할 수 있습니다. 그 후 각 유형의 사용자를 위해 다른 운영 전략을 개발할 수 있습니다.

표 11.1 어떤 게임의 RFM 점수표

R		F		M	
마지막 결제 후 경과일	점수	결제 횟수	점수	결제 금액	점수
1	7	0	1	0	1
2	6	2	2	15	2
3	5	4	3	30	3
4	4	6	4	45	4
5	3	8	5	60	5
6	2	10	6	75	6
7	1	12	7	90	7

표 11.2 RFM 점수 차원 축소 규칙

차원	규칙
R	4점 이상은 1, 그렇지 않으면 0
F	3점 이상은 1, 그렇지 않으면 0
M	3점 이상은 1, 그렇지 않으면 0

표 11.3 8가지 사용자 유형

RFM 점수 조합	사용자 유형	설명	사용자 특성
111	우수 사용자	최근에 결제한 상태, 결제 횟수가 많고 결제 금액이 높다	이런 사용자들은 슈퍼 빅R 사용자로 그들의 수가 많은지 주의가 필요함
011	깨워야 할 사용자	최근에 결제하지 않았으나 결제 횟수가 많고 결제 금액이 높다	적절한 이벤트가 없거나 이벤트의 매력이 부족한 경우에는 결제하지 않을 것입니다
101	가치 있는 사용자	최근에 결제한 상태, 결제 횟수가 적으나 결제 금액이 높다	"한방에 끝내는 유형"의 사용자로 이런 사용자들을 중점적으로 주의해야 합니다
110	잠재 사용자	최근에 결제한 상태, 결제 횟수가 많으나 결제 금액이 적다	"신중한 투자형"의 사용자로 소액 보상을 얻는 것을 좋아하며 모든 이벤트에 참여할 것입니다
001	회복이 가능한 사용자	최근에 결제하지 않았으나 결제 횟수가 적고 결제 금액이 높다	어떤 이벤트를 통해 끌어들어진 사용자거나 이미 손실되었을 수 있습니다
010	경계선 상의 사용자	최근에 결제하지 않았으나 결제 횟수는 많고 결제 금액이 적다	기본적으로 손실 상태에 있다고 볼 수 있으며, 일상 보상을 얻는데 주력하며 소액의 돈을 결제할 것입니다
100	준-이탈 사용자	최근에 결제한 상태, 결제 횟수는 적고 결제 금액이 적다	결제 습관을 형성한 초기 단계의 사용자나 준-이탈 사용자
000	이탈된 사용자	최근에 어떠한 결제 행동도 없음	이탈된 사용자

11.3.2 사용자 피라미드 모델 기반 계층화

게임에서 각 사용자는 다른 역할을 수행합니다. 여기서 말하는 '역할'은 게임 플레이의 캐릭터를 말하는게 아니라 각 사용자가 게임에 기여하는 정도가 다르기 때문에 게임 내에서의 위치나 신분에 차이가 있다는 것입니다. 이때 사용자 피라미드 모델을 기반으로 모든 사용자를 계층화할 수 있습니다.

계층화에 앞서 사용자가 다른 사용자와 어떤 이유로 계층 차이를 보이는지 결정해야 합니다.

- 그들이 게임 내에서 뛰어난 성과를 보여주고 이벤트 속성과 결제율이 높아 게임이나 다른 사용자에게 더 큰 가치를 지니고 있는가요?
- 그들이 게임 Ⅰ 내에서 자연스럽게 성장하면서 사연스레 계층이 나뉘는 것인가요?

대형 MMO 경험게임을 예시로 들자면 이러한 게임의 경험 시스템은 일반적으로 세계, 천계, 신계로 나뉘며 각 계층에는 10개의 타이틀이 있습니다. 이 경험 시스템에서 타이틀은 사용자의 임무 진행과 경험치 증가에 따라 자연스럽게 업그레이드 되므로 이 타이틀 시스템을 기반으로 피라미드 모델의 사용자 계층화가 가능합니다. 또한 사용자의 게임내 활동 시간, 결제 수준, 그리고 '합작게임' 형태의 상호 작용 플레이와 같은 사항이 게임과 게임 내의 사용자에게 가치를 주므로 활성도, 결제상황, 상호작용 깊이 등을 기준으로 사용자 계층화가 가능합니다.

사용자 피라미드 모델을 기반으로 한 계층화는 두 가지 핵심 사고를 주로 따르는데: 1) 북극성 지표를 기반으로 사용자 계층을 분해하고 2) 사용자가 지속적으로 피라미드 모델의 상층으로 이동하도록 촉진하는 것입니다. 피라미드 모델에서는 계층이 높을수록 사용자수가 줄어듭니다. 그림 11.3은 사용자 피라미드 모델을 기반으로 계층화의 간단한 예를 보여줍니다.

그림 11.3 사용자 피라미드 모델 기반의 계층화 예시

사용자를 상층으로 이동시키려면 어떻게 해야 할까요? 각 계층의 사용자에게 차별화된 운영 전략을 세워야 합니다.

주변장 사용자의 경우 그들이 게임에서 몇 번 클릭 후에 왜 떠나는지 생각해 봐야 합니다. 핵심 게임 플레이의 가치 전달이 충분하지 못한 것인지 아니면 초기 가이드나 게임 플레이의 매력이 없는지 알아야 합니다. 원인을 찾아야만 효과적인 초보 가이드, 선임격려 등을 설정하고, 이런 사용자들이 빠르게 핵심 게임 플레이를 경험하도록 하여 그들을 핵심 게임 플레이 사용자로 전환할 수 있습니다.

핵심 게임 플레이 사용자에게는 그들로 하여금 첫 결제를 하도록 돕는 것이 필요합니다. 다양한 결제 전략을 세워야 하는데 예를 들면 결제상품 무료체험, 할인상품, 현금반환 등이 효과적인 방법입니다.

결제 사용자에게는 일정기간 동안 한정 판매하는 선물 세트를 설정할 수 있고, 특정 시기 또는 시점에 출시하면 됩니다. 또한 명예 시스템을 마련할 수 있습니다. 예를 들어 '왕자영예'에서 결제 사용자의 VIP 등급은 그들의 최근 일정시간 동안 결제금액에 따라 결정됩니다. 이후에 사용자가 일정시간 동안 결제를 하지 않으면 그들의 VIP 등급은 하락하거나 초기화될 수 있습니다. 몇몇 사용자들은 그들의 VIP 신분을 유지하기 위해 계속 결제할 수 있습니다.

최고등급 사용자에게는 그들이 얻고 싶어하는 것이 무엇인지 생각해 보아야 합니다. 최고등급 사용자들은 이미 게임에 많은 시간과 노력을 투자하였으며, 그들이 추구하는 것은 단순한 PK 승리나 PvE (플레이어 대 환경) 빠른 통과같은 것이 아니라 게임 내부의 소속감과 특권 신분입니다. 이럴 때에는 오프라인 이벤트를 진행하거나 타겟을 정한 초대를 보내거나, 몇 가지 온라인 명예 시스템을 만들어 사용자의 감정 및 사회적 요구를 충족시켜 줄 수 있습니다.

11.3.3 사용자 역할 기반 계층화

사용자 신분별 계층화를 위한 시나리오는 많습니다. 예를 들어 짧은 비디오 앱에서는 콘텐츠 생산량, 팬수, 영향력 등을 기반으로 사용자를 일반 탐색 사용자, 기본 콘텐츠 제작 사용자, 소형 네트워크 홍보인사, 대형 네트워크 홍보인사 등으로 나눌 수 있습니다. 게임에서는 결제능력, 경기 수준 등의 차이로 인해 사용자가 다른 신분을 가지게 됩니다.

'왕자영예'나 LOL 등 경쟁성이 강한 게임을 예로 들면 사용자를 일반 플레이어, VIP 플레이어, 방송하는 플레이어, 프로 게이머 등으로 나눌 수 있습니다. 이는 그림 11.4 에서 확인할 수 있습니다.

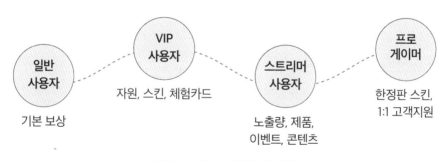

그림 11.4 사용자 신분별 계층 샘플

첫번째 계층은 일반 플레이어로, 게임에서 가장 많은 사용자 그룹을 차지하며 매일 받을 수 있는 보상은 기본적인 옵션입니다. 일반 플레이어가 보상을 받을 때 게임은 그들에게 월 카드 또는 다른 결제 제품을 구매하도록 권장하여 아이템 및 리소스의 예상 생산량을 늘려 결제를 유도합니다.

두번째 계층은 VIP 플레이어로, 게임이 추가 리소스를 제공합니다. 즉 추가 다이아몬드, 스킨, 일부 체험 카드 등을 받을 수 있습니다.

세번째 계층은 스트리머 플레이어로, 예를 들어 '왕자영예'의 플레이어 중 일부는 도미노 방송에서 방송하는 플레이어입니다. 이들 사용자들이 추구하는 것은 노출되는 것이며 공식 웹사이트, 이벤트 등 채널에서 자신을 선보이는 기회를 얻어 더 많은 팬을 끌어들이려 합니다. 또한 텐센트는 인증된 방송하는 플레이어에게 전용 로고를 부여하며, 예를 들어 '평화로운 전문가' 내의 캐릭터 ID에는 '도미노 방송인'이라는 접두 로고가 있어 대기 구역이나 게임 내에서 빠르게 인식될 수 있습니다.

마지막 계층은 프로 게이머로, 많은 팀들이 e스포츠 시스템을 설립하며 그곳의 멤버들이 바로 프로 게이머입니다. 일반적으로 프로 게이머들은 공식 미판매 스킨을 보유하고 있으며 1대1 고객 서비스를 받을 수 있습니다. 예를 들어 LOL 게임에서 프로 게이머가 치트 행위나 게임 버그를 발견하면 바로 고객 서비스와 연락을 취하여 위반 사용자에 대한 처벌, 계정 정지 등을 요청할 수 있습니다.

사용자 신분별 계층화를 하는 경우 사용자들에게는 더 명확한 신분 표시를 부여해야 하며, 하위 계층의 사용자들로 하여금 들먹이며 따라서 부러움이 생겨 강한 추진력을 생성하여 사용자들이 상위 계층으로 전환할 수 있도록 만들어야 합니다.

11.3.4 사용자 요구 사항 기반 계층화

게임내의 다양한 사용자들은 요구 사항이 천차만별입니다. 사용자 요구에 따라 사용자를 계층화하면 현재 사용자의 요구 차이와 분포를 이해할 수 있으므로 운영 이벤트를 수행할 때 집중적으로 할 수 있습니다. 그림 11.5에서는 사용자 요구에 기반한 계층화 방법을 나열하고 있습니다.

첫째, 사용자의 자연 특성에 따라 계층화할 수 있습니다. 예를 들어 성별, 나이, 직업, 소득 등의 속성에 따라 계층을 나눕니다. 이는 다른 자연 속성을 가진 사용자의 요구사항이 다르기 때문입니다. 예를 들어 여성 사용자는 게임 캐릭터의 외관 특성에 더 관심이 있을 수 있습니다. 예를 들어 더 섬세한 스킨과 아이템이 있을수록 좋아하며, 남성 사용자는 캐릭터 자체의 속성 수치에 더 관심을 가질 수 있습니다. 일부 금융앱은 사용자의 나이, 직업, 수입 등을 기반으로 고 순자산 인구를 선정하고, 이러한 인구에게 프리미엄 고객 서비스를 제공하고 해당 제품을 제공합니다. 일부 전자상거래 앱은 사용자의 나이와 성별 차이에 따라 다른 내용을 표시합니다. 마찬가지로 일부 시뮬레이션 개발 게임에서는 다른 성별과 연령의 사용자에게 제공되는 내용도 다를 것입니다.

둘째, 사용자의 개인화된 요구에 따라 계층화할 수 있습니다. 사용자의 과거 행동 데이터를 기반으로 그들의 소비 선호, 장면 선호 등의 특성을 추출하고 이를 상태 태그로 설정한 다음 다른 상태에 대해 다른 내용을 설정합니다. 예를 들어 캐주얼 게임 사용자에게 더 많은 장식적인 푸시 콘텐츠를 제공하고, 경쟁 게임 사용자에게 더 많은 명문 보상을 제공하는 것. 이 모든 것은 사용자의 구체적인 요구에 따라 설정해야 합니다.

사용자의 자연적 속성에 따른 계층화	사용자의 개별화된 요구에 따른 계층화
주로 사용자의 기본 데이터, 예를 들어 성별, 연령, 직업, 수입 등을 기준으로	주로 사용자의 행위 데이터. 예를 들어, 개인의 소비 성형, 개인이 선호하는 플레이 환경 등.

그림 11.5 사용자 요구에 기반한 계층화 방법

11.4 사용자 계층화 세분화 운영 사례

다음은 두 개의 실제 사례를 통해 사용자 계층화를 어떻게 활용하여 게임의 세부 운영을 실현하는지 설명합니다.

사례1: 어떤 음악 게임에서는 우리는 사용자의 과거 노래 재생 데이터에 따라 TE 시스템에서 통계 모델 또는 클러스터링 알고리즘을 사용하여 사용자를 분류하고, 사용자의 노래 취향 태그를 생성합니다(그림 11.6). 그리고 이 태그를 기반으로 사용자의 취향에 맞는 동일 노래를 푸시하여 사용자의 유지율을 높입니다.

그림 11.6 TE 시스템에서 사용자의 음악 취향에 대한 태그 생성

태그를 붙이면 우리는 현재 게임내 모든 사용자들의 음악 장르 취향과 그 분포를 알수 있습니다. 또한 다른 취향의 사용자 세부 목록을 볼 수 있습니다(그림 11.7 참조). TE시스템에서 제공하는 API를 통해 이 사용자 세부 목록을 게임 서버로 콜백하면 사용자의 음악 취향 태그에 따라 다른 음악을 푸시 할 수 있습니다.

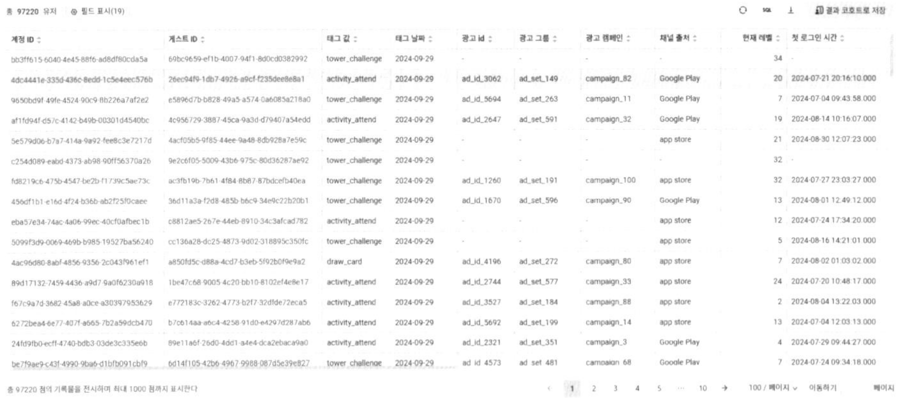

그림 11.7 TE 시스템이 생성한 다른 취향의 사용자 세부 목록

사례2: 한 게임이 최근 사용자의 이탈율이 낮아서 우리는 먼저 유출 사용자를 분층하고 사용자 이탈의 원인을 분석하고 위치시킨 다음 대상을 명확하게 운영 전략을 조

정하고 게임을 최적화합니다.

　먼저 사용자가 어느 레벨에서 이탈하는지 확인합니다. 레벨화를 통해 사용자를 계층화하면, 1장과 30장에서 이탈하는 사용자가 다른 레벨보다 두드러지게 많다는 사실을 알게 됩니다(그림 11.8 참조). 사용자가 1단계에서 게임을 처음 시작할 때이기 때문에 이탈하는 것은 대개 게임의 예술 형식, 플레이 방법 등이 사용자의 기대치와 일치하지 않거나, 신규 사용자 가이드의 디자인이 지나치게 긴 경향이 있거나 게임에 버그가 있기 때문입니다. 그리고 사용자가 30단계에서 이탈하면, 게임의 플레이방식과 숫자 설정과 많이 관련이 있습니다. 게임 플레이 진행을 이해하면 게임은 30단계의 사용자에게 엘리트 던전을 개방하고 사용자의 전투력을 요구합니다. 많은 사용자의 전투력이 이 레벨의 요구사항을 충족시키지 못하므로 이탈하게 됩니다.

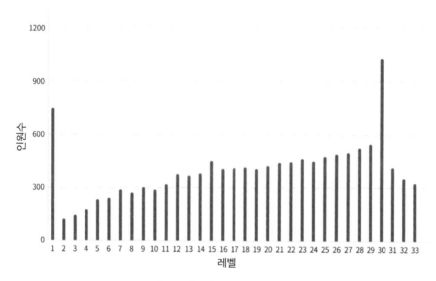

그림 11.8 사용자 이탈 시의 레벨 상태

　두번째 단계, 이탈 사용자의 결제 상태를 파악합니다. 사용자의 누적 결제금액을 기준으로 결제 관점에서 사용자를 계층화하면, 이탈 사용자 대부분은 결제하지 않은 무결제 사용자이며, 소수의 소액결제 사용자도 이탈하는 현상이 나타나는 것을 볼 수 있습니다(그림 11.9 참조). 이는 게임의 전반적인 결제 수준과 결제로 얻는 수익곡선이 소액 결제 및 무결제 사용자에게 친화적이지 않음을 알 수 있습니다.

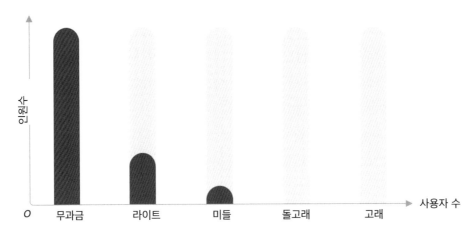

그림 11.9 결제 관점에서 30 단계에서 이탈한 사용자 계층화

　게임의 다른 레벨과 던전에는 사용자의 전투력에 대한 비밀 요구사항이 있습니다. 사용자의 전투력과 던전 요구사항의 매칭 정도는 통과 확률과 사용자의 실제 경험이 결정되고 또한 사용자의 유지에 영향을 미칩니다. 전투력으로 30단계에서 이탈한 사용자를 분층화하면(그림 11.10 참조), 대부분의 사용자의 전투력이 15,001 ~ 20,000의 범위 내에 있고, 30단계 엘리트 던전의 통과 전투력은 25,000, 무력해지고 능력이 없어 이탈하게 됩니다.

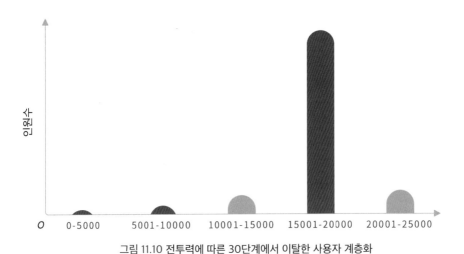

그림 11.10 전투력에 따른 30단계에서 이탈한 사용자 계층화

다음으로 왜 사용자가 30단계에 도달할 때 전투력이 해당 던전의 요구사항을 충족시키지 못한 것인지 사용자의 자원(골드)이 전투력 향상에 사용되지 않았다면 그 자원들은 어디로 소비되었는지 알아야 합니다. 30단계에서 이탈한 사용자가 소비된 골드를 분층화하면(그림 11.11), 사용자의 골드 대부분이 카드를 추출하거나 아이템을 구입하는데 사용되었으며 캐릭터 키우기와 무기 장비를 업그레이드하는데 사용되지 않았습니다.

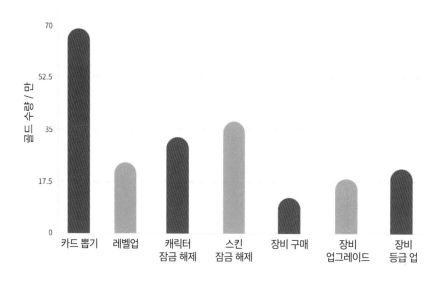

그림 11.11 30단계에서 이탈한 사용자를 골드 소비량에 따라 분층화

이탈 사용자의 관련 지표를 계속 단계별로 분해하고 분층화하면 현재 이탈 사용자의 특성과 이탈 원인을 대략적으로 이해할 수 있습니다. 계속해서 게임 내용을 최적화하여 추후 사용자의 이탈을 줄이고 목표를 세우고 사용자를 다시 불러들이는 전략을 세우게 됩니다. 예를 들어 전투력을 강화하고 엔트리 가이드를 개선하거나, 전투력의 카드 지점을 밀어내는 등등; 또한 다른 계층의 사용자에게 다른 콘텐츠를 푸시(그림 11.12 참조)하여 그들의 통과율을 높여, 결국 생존율을 높이는것도 가능합니다.

맞춤형 푸시 최적화

▶ 미들 과금 이상 사용자
▶ 30레벨
▶ 전투력 2만 이상

던전 공략 푸시 알림

▶ 무과금, 라이트 과금 사용자
▶ 30레벨
▶ 전투력 2만 이하

전투력을 상승시킬 수 있는 이벤트나 혜택 푸시

그림 11.12 다양한 계층의 사용자에게 다양한 콘텐츠 푸시하기

11.5 결론

이 장에서는 4가지 차원을 기반으로 한 사용자 분류 전략에 대해 논의했습니다. 실제로 분류 후 데이터 분석을 통해 형성된 전략과 결론이 사용자 분류의 핵심입니다. 통상적으로 사용자 분류를 완료한 후에는 다음과 같은 조치를 취할 수 있습니다:

• **전략을 집중적으로 수립합니다.**

많은 분류된 사용자 중에서 가장 명확한 지표 개선점을 찾아 집중적으로 탐구하는 것이 중요하며, 모든 분류에 대해 운영 전략을 수립하는 것이 아닙니다. 운영 담당자의 에너지는 한정되어 있으므로 분석가는 그들이 핵심 문제를 찾아내고 해결하도록 도와야 합니다.

• **결과를 피드백하고 분류를 최적화합니다.**

처음의 사용자 분류체계는 완벽하지 않을 수 있으며 분류 조건 설정, 계층 설정, 그리고 갱신 주기 등은 후기 운영 결과와 피드백에 따라 지속적으로 최적화할 필요가 있습니다.

• **A/B 테스트를 실시합니다.**

같은 계층에 속한 사용자는 일반적으로 일관된 속성 변수와 특성을 가지고 있어 A/B 테스트를 통해 운영 전략의 효과를 더 잘 검증할 수 있습니다.

MEMO

제 4 부

게임 데이터
분석의 전망

게임 데이터 분석의
미래 전망

앞 장에서는 게임산업에 적합한 데이터 분석체계를 구축하는 방법을 이론부터 방법론, 그리고 실전 사례에 이르기까지 상세히 설명했습니다.

이 장에서는 게임산업에서의 다년간 경험을 바탕으로, 앞으로 5~10년 내 게임 데이터 분석의 발전 방향을 보다 장기적인 관점에서 논의하고 추세를 예측하며 판단하고자 합니다. 여러분에게 참고가 되기를 바랍니다.

12.1 전망 1: 게임 데이터 분석과 비즈니스의 더 깊은 통합

최근 몇 년간 게임산업의 급속한 발전과 함께 게임의 유형과 주제가 점점 더 다양해지고 있습니다. 많은 게임 제작사들이 특정 세분화 카테고리에 집중하여 그 카테고리 내에서 "히트작" 게임을 지속적으로 출시하여 긍정적인 반복적인 사이클을 형성하고 있습니다. 예를 들어 여성 대상 게임에 집중하는 페이퍼게임즈(Papergames)사는 "니키 시리즈", <러브앤프로듀서(Love&Producer)> 등 일련의 히트 게임을 출시했으며, 러위안쑤(乐元素)사는 <Summer Pop - Match Puzzle(海滨消消乐)>, <开心消消乐> 등 일련의 성공적인 쓰리매치 캐주얼 게임을 출시했습니다. 이러한 게임 제작사들이 특정 세분화 카테고리에서 연속적으로 성공하는 것은 우연이 아니며, 게임 개발부터 장기 운영에 이르기까지 전체 과정을 지원하는 방법론의 뒷받침이 있으며 데이터 분석은 그 중 매우 중요한 부분입니다.

미래에는 게임 카테고리가 지속적으로 세분화됨에 따라 게임 데이터 분석은 업무와 더 깊이 통합될 것이며, 분석가들은 게임 유형에 기반하여 데이터를 더 세밀하게 분석하여 더 많은 정보를 발굴해야 합니다. 세분화 카테고리의 게임에는 고유한 데이터 분석 모델과 분석 방법론이 있으며, 이러한 모델과 방법론을 게임 자체의 메커니즘, 플레이 방식, 이벤트 등과 깊이 통합함으로써 데이터 분석의 가치를 최대한 발휘할 수 있습니다.

데이터를 통해 다양한 게임 유형을 더 명확하게 그려내기 위해 게임내 사용자 행동 데이터에 대한 더 정밀한 기록이 필요합니다. 예를 들어, 카드 게임에서 사용자의 각각의 카드 뽑기, 각 영웅의 모든 미세한 변화, MMORPG에서는 모든 아이템 획득, 모든 인스턴스 전투 상황 등이 기록되어야 합니다. 미래에는 사용자가 게임 내에서 수행하는 모든 미세한 동작이 데이터 포인트로 기록될 것이며 이를 통해 그들의 행동 특성을 정밀하게 그려낼 수 있습니다.

일단 사용자 행동 데이터가 완전하고 세밀하게 기록되면 게임 데이터 분석은 더 이상 단순히 운영 결정 지원, 가설 검증 등의 수준에 머물지 않을 것입니다. 데이터 분석은 게임 업무의 핵심 영역으로 진입하여 게임 업무의 지속적인 성장을 이끄는 데이터 엔진이 될 것입니다.

게임 데이터 분석은 게임 개발의 모든 단계에 깊이 관여하게 되며 개발자들에게 더 "민첩한" 프로세스를 제공하여 데이터 피드백에 기반하여 지속적으로 시행착오를 거치고 개선하며 데이터 주도적인 게임 개발을 실현할 수 있게 됩니다.

게임이 출시된 후 모든 버전 업데이트 역시 데이터 분석에 의해 주도될 것입니다. 미드 시즌을 촬영할 때와 마찬가지로 시청자의 평가와 기대에 따라 스토리를 조정하는 것처럼 게임도 데이터 분석 결과에 따라 버전을 반복하며 이상적인 제품에 접근할 것입니다.

게임이 안정적인 단계에 접어들면 데이터 분석의 차원도 더 풍부해지고, 더 이상 일반적인 운영 지표 분석, 이벤트 효과 분석 등에 국한되지 않을 것입니다. 또한 사용자 단계에 기반한 플레이 분석, 결제 예측 분석 등 더 많은 차원에서 게임의 장기 운영을 분석하여 데이터 주도 게임의 세분화한 운영을 실현할 것입니다.

12.2 전망 2: 게임 데이터 소스의 다양화

첫 장에서 게임 제품의 데이터 체계(데이터 소스)는 다음과 같은 몇 가지 계층으로 나눌 수 있다고 소개했습니다:

- 비즈니스 일반 데이터: 게임의 가장 기본적인 데이터로 사용자 이름, 비밀번호, 경기장 순위, 계정 가방 정보 등이 있습니다.
- 사용자 행동 데이터: 사용자가 게임 내에서의 행동 경로를 기록한 데이터로 결제, 클리어, 업그레이드, 전투 등이 있습니다.
- 제품 운영 데이터: 일부 사용자 행동 데이터에서 두 번째로 추상화된 지표 데이터로 신규 사용자수, 활성도, 유지율, 결제율 등이 있습니다.
- 사용자 피드백 데이터: 일반적으로 게임 제품 외부에서 생성되며, 사용자가 포럼, 티바, 탭탭, 앱 스토어 등 플랫폼에서 게임에 대한 평가를 의미하며 게임과 관련된 데이터에 속합니다.

현재 게임산업에서는 제품 운영 데이터와 비즈니스 일반 데이터의 수집 및 분석이 비교적 성숙한 단계에 있으며, 사용자 행동 데이터와 사용자 피드백 데이터는 아직 충분히 활용되지 않았습니다. 이러한 데이터의 활용은 여전히 빙산의 일각에 불과합니다. 게임 데이터 분석이 업무와 더 밀접하게 통합됨에 따라 수집되는 사용자 행동 데이터와 사용자 피드백 데이터의 차원도 점점 더 풍부해질 것이며, 이 두 부분의 데이터가 게임 데이터에서 차지하는 비중도 점점 커질 것입니다. 특히 전자는 게임 데이터의 주요 구성 요소가 될 것입니다.

게임 내에서 생성된 데이터 외에도 게임의 수익화 문제를 해결하고 게임의 시장 배치 전략을 최적화하기 위해 게임 외부의 제3자 데이터 소스도 점차 게임 데이터 분석 시의 표준 구성요소가 될 것입니다. 주로 다음 세 가지 유형의 데이터 소스를 포함합니다:

- 제3자 광고 귀속 플랫폼 데이터: 제3자 광고 귀속 플랫폼은 채널별 사용자 분석 및 게임 수익 귀속 분석에 견고한 데이터 기반을 제공합니다. 이러한 주류 플랫폼에는 AppsFlyer, Adjust, 열운 등이 있습니다.
- 미디어 채널 데이터: 미디어 채널은 광고 최적화 방식, 광고 위치 등의 차원에서 데이터를 제공합니다. 주요 미디어 채널로는 거대 엔진, 페이스북, 구글 등이 있습니다.
- 광고 수익화 플랫폼 데이터: 광고 수익화 플랫폼은 주로 광고 수익화 모델을 주로 하는 게임 제작사, 특히 캐주얼 및 초캐주얼 게임 제작사에 포괄적인 수익화 데이터를 제공합니다. 이러한 플랫폼에는 TopOn, Tradplus, IronSource, AppLovin 등이 있습니다.

현재 게임산업의 데이터 수집 및 분석은 주로 전통적인 PC 게임과 모바일 게임 두 가지 큰 범주의 게임을 중심으로 이루어지고 있습니다. CPU, GPU 등 하드웨어 기술의 혁신과 가상화, 비디오 코딩/디코딩, 스트리밍 미디어 기술의 점진적인 성숙으로 클라우드 게임(클라우드 컴퓨팅 기술을 기반으로 하는 온라인 게임)의 발전을 제한하는 기술 장벽이 사라지면서 클라우드 게임이 번성할 것입니다. 따라서 클라우드 게임의 데이터 수집 및 분석도 의제에 오를 것이며, 기존의 SDK 포인트 같은 데이터 수집 방식과는 다른 클라우드 네이티브 기술을 기반으로 한 클라우드 게임을 위한 새로운 데이터 수집 방식이 등장할 것입니다.

또한 과거 게임 데이터의 수집 및 분석 과정에서 콘솔게임이라는 큰 범주를 간과했습니다. 그 이유는 콘솔게임이 주로 패키지 판매 방식의 싱글 플레이 게임이었기 때문에 데이터 수집 및 분석의 의미와 가치가 크지 않았으며, 싱글 플레이 게임은 인터넷 연결 없이도 플레이할 수 있어 데이터를 수집하더라도 상보할 경로가 없었습니다. 하지만 콘솔게임의 발전에 따라 현재 많은 콘솔게임이 온라인 연결을 필요로 하며, 플랫폼간 네트워크 게임도 콘솔게임 기기에서 점차 등장하고 있습니다. 따라서 콘솔게임의 데이터 수집과 분석은 미래의 추세가 될 것입니다.

최근 인기를 끌고 있는 메타버스 개념은 VR(가상 현실), AR(증강 현실) 장치 및 다양한 게임 관련 IoT 장비의 발전을 가속화했습니다. 사용자가 이러한 장비를 조작하여 가상 세계에서 게임을 즐길 때 많은 사용자 행동 데이터가 생성됩니다. 이 데이터는 가상 세계의 현실감을 향상시키고 게임의 가상현실을 지속적으로 진화시키는데 중요한 의미를 가집니다. 따라서 미래에 게임용 웨어러블 장비로부터의 데이터도 게임 데이터의 중요한 출처가 될 것이며 이러한 데이터는 게임 데이터의 양을 한 차원 높일 것입니다.

12.3 전망 3: 게임 데이터 분석 시스템의 기술 혁신

한편으로 게임 데이터 소스의 채널이 지속적으로 확대되면서 데이터 분석의 깊이와 넓이가 계속해서 확장되어, 게임 데이터 분석 시스템으로 유입되는 데이터의 양이 지수적으로 증가하고 있습니다. 다른 한편으로 하드웨어 및 빅 데이터 기술의 지속적인 진화로 인해 게임 데이터 분석 시스템의 구조는 반드시 큰 변화를 겪게 될 것입니다.

현재 게임 제조업체들이 채택하고 있는 대표적인 빅데이터 시스템 구조 중 하나는 람다 아키텍처로, 이는 기업의 대량 데이터 배치 오프라인 처리와 실시간 데이터 처리의 요구를 해결합니다. 람다 아키텍처에서는 데이터를 서버에 수집한 후 스트림 처리 계층과 배치 처리 계층에 할당합니다. 스트림 처리 계층은 일부 실시간 지표의 계산을 담당하며, 배치 처리 계층은 T+1의 핵심 비즈니스 지표를 계산합니다. 이 구조는 수년간의 발전을 거쳐 매우 안정적이며, 실시간 계산 부분의 계산 비용이 통제가능하고, 배치 계산은 야간에 수행될 수 있어 실시간 계산과 오프라인 계산의 피크 타임을 피할 수 있습니다. 하지만 게임 업계의 데이터 분석에 대한 시간성 및 유연성 요구가 점점 증가함에 따라 T+1이나 심지어 T+H의 배치 처리 데이터 지연은 더 이상 비즈니스의 데이터 처리 속도 요구를 만족시키지 못하고, 고정된 지표 보고서도 데이터의 다차원 교차 분석, 드릴다운 분석 등의 요구를 만족시키지 못해 이러한 구조는 더 이상 게임 업계의 발전을 따라잡지 못합니다.

미래에는 게임 데이터 분석 시스템의 데이터 수집 계층에서 저장 계층까지 완전히 스트리밍 아키텍처로 전환될 것이며, 링크 상에 ETL 배치 처리 계층이 더 이상 존재하지 않고, 전체 링크상의 데이터 지연 시간이 1분 이내가 될 것입니다. 하지만 게임 데이터의 급증에 따라 매일 실시간으로 유입되는 수십억 또는 수천억 단위의 데이터에 대응하는 것은 스트리밍 아키텍처가 직면해야 할 도전이 될 것입니다.

데이터의 시간성 문제가 해결된 후, 언제 어디서나 발생할 수 있는 복잡하고 유연한 비즈니스 분석 요구에 어떻게 대응할지가 게임 데이터 분석 시스템이 해결해야 할 다음 문제입니다. 미래에는 CPU, 메모리, 하드 드라이브 등 하드웨어의 발전과 함께, "저장-계산 분리"의 빅 데이터 구조가 주류가 될 것입니다. 여기서 저장 부분은 점차 데이터 레이크로 진화하고, 계산 부분은 MPP(대규모 병렬 처리) 아키텍처의 애드혹 쿼리 엔진으로 점차 진화하여, 데이터 레이크의 방대한 데이터에 대한 즉각적이고 유연한 데이터 드릴다운 능력을 제공할 것입니다.

마지막으로 클라우드 네이티브는 게임 데이터 분석 시스템 기술 혁신의 매우 중요한 추세가 될 것입니다. 데이터 레이크의 정의 자체가 클라우드와 깊이 연관되어 있으며, 실제로 데이터 저장을 클라우드에 위탁하여 복잡한 분산 상태 시스템의 운영 등의 작업을 피합니다. 또한 클라우드 저장소의 냉·온 데이터 계층화 저장, 대량 데이터 저장에 대한 용량 제한 없음 및 사용량 기반 요금제의 특성은 게임 제조업체의 비용 절감과 효율성 향상에 크게 도움을 줄 수 있습니다.

계산 엔진 측면에서 클라우드상의 자연스러운 탄력적 계산 모델은 "저장-계산 분리" 빅데이터 아키텍처에 매우 적합합니다. 데이터 분석 요구는 시간에 따라 변동되며 클러스터 계산 능력에 대한 요구도 변화합니다. 클라우드에서는 분석 성능의 탄력적 확장을 완전히 초단위로 할 수 있으며, 클라우드 서비스의 집중화와 규모화는 더 높은 데이터 효율을 가져올 수 있습니다.

데이터 서비스의 "클라우드화" 추세는 이미 되돌릴 수 없으며, 대부분의 게임 회사들(특히 중소 규모 회사)이 "기술 안정화 기간"에 들어간 후 종합적인 투자수익을 신중히 고려하기 시작합니다. "클라우드화", 자체 데이터 플랫폼 구축을 포기하고, 직접 엔터프라이즈급 제품 및 서비스를 구매하는 것이 미래의 주류가 될 것입니다.

12.4 전망 4: 게임 데이터 분석과 AI의 통합

최근 몇 년간 AI 기술이 큰 주목을 받으며 각 산업 분야에서는 AI 기술을 비즈니스와 결합해 실질적인 가치를 창출하는 방안을 탐색하고 있습니다. 게임 데이터 분석 분야도 예외는 아니어서 많은 전문가들이 AI 기술을 활용하여 게임 데이터 분석을 보다 지능화하는 방법에 대해 연구하고 있습니다.

게임 업계의 데이터 양이 크게 증가함에 따라 데이터 분석 작업량도 급격히 증가할 것입니다. 어떻게 해야 방대한 데이터 속에서 가치있는 정보를 발굴할 수 있을까요? 수천 개의 보고서를 드릴다운 분석하여 데이터간의 연관 관계를 찾아내는 방법은 무엇일까요? 인간(데이터 분석가)의 분석 능력에 의존하는 전통적인 게임 데이터 분석모델은 지속 가능하지 않으며, AI 알고리즘을 기반으로 데이터를 보다 효율적으로 통찰하는 것이 미래의 방향입니다. 예를 들어 머신러닝의 근본 원인 분석 알고리즘을 기반으로 한 지능형 드릴다운, 비지도 학습의 군집 분석 알고리즘을 이용한 게임 사용자의 군집 분석 등이 있습니다. 이제 게임 데이터 분석에서 AI 기술의 몇 가지 응용 사례를 간단히 소개합니다.

1. 예측 분석

예측관련 분석은 AI 기술의 매우 중요한 응용 분야입니다. "과거를 분석하고 미래를 예측"하기 위해 사용자의 역사적 게임 행동을 기반으로 딥러닝 등의 알고리즘을 사용한 예측 분석은 미래의 게임 데이터 분석과 AI 결합의 중요한 방향이 될 것입니다. 예를 들어:

- 사용자 이탈율 예측: 이탈한 사용자의 행동 데이터로 모델을 훈련하여 현재 활성 사용자의 미래 이탈 확률을 예측함으로써 적시에 개입합니다.
- 잠재적 유료 사용자 탐색: 유료 사용자의 특성을 분석하여 잠재적인 유료 사용자를 찾아냅니다.

2. 추천 알고리즘

게임의 수익화 능력을 향상시키는 것은 모든 게임 제조사가 특히 관심을 가지는 주제입니다. 미래에는 추천 기술을 활용해 정밀하고 개인화된 제품 및 서비스를 제공함으로써 게임 수익화를 추진하는 것이 중요한 AI 응용 방향이 될 것입니다. 예를 들어:

- 개인화된 선물 패키지: 협업 필터링 등 개인화된 추천 알고리즘을 결합하여 선물 패키지를 지능적으로 제공하고 사용자의 LTV를 향상시킵니다.
- 광고 수익화 효율 향상: 사용자 프로필과 지능적인 광고 추천 알고리즘을 기반으로, IAP(게임 내 구매) 수입을 유지하면서 IAA(광고를 통한 수익) 수입을 증가시킵니다.

3. 이상 감지(Anomaly Detection)

이상 감지 알고리즘을 사용하여 사용자의 비정상적인 행동을 식별하는 것도 게임 업계에서 AI 기술의 응용 방향 중 하나입니다. 사용자의 행동 데이터를 바탕으로 외부 프로그램 사용 여부, 비정상적인 사용자 여부를 판단할 수 있으며, 게임 내의 채팅 데이터를 결합하여 위법 또는 위반 행위가 있는지 분석할 수 있습니다.

4. 자연어 처리(Natural Language Processing)

자연어 처리 기술을 사용하여 게임 내외의 여론을 모니터링하고 텍스트 데이터를 분석하여 숨겨진 정보를 발굴하며, 적시에 적절한 조치를 취할 수 있습니다. 예를 들어:

- 감정 인식: 감정 분석 알고리즘을 통해 사용자의 발언을 분석하여 그들의 감정이 긍정적인지 부정적인지 판단합니다.
- 주제 탐지: 주제 모델(Topic Model) 알고리즘을 사용하여 일정기간 동안의 사용자 발언 내용을 탐지하여 사용자가 논의하는 핫이슈를 정리함으로써 사용자의 상태를 이해합니다.
- 프로필 추적: 텍스트 군집 분석 알고리즘을 통해 사용자의 발언, 배경 자료를 분석하여 사용자의 특징을 추출합니다.
- 여론 모니터링: 지능적인 알고리즘을 기반으로 여론을 모니터링하고 종합적으로 분석하여 게임의 여론 핫스팟을 정확히 파악하고, 긴급한 여론 문제에 대해 실시간으로 경보합니다.

12.5 전망 5: 데이터 보안과 개인정보 보호 능력의 향상

데이터가 디지털 경제 시대에서 가장 가치있는 생산자원으로 자리잡으면서 모든 게임 제조사들은 데이터가 더 큰 가치를 발휘할 수 있도록 노력하고 있습니다. 데이터를 생산자원으로 활용하는 과정에서는 데이터 교환 및 공유가 필연적으로 발생하며, 이는 데이터 보안과 개인정보 보호 문제를 피할 수 없게 합니다. 따라서 데이터 보안과 개인정보 보호는 앞으로 게임 데이터 분야에서 연구 및 토론의 핫이슈가 될 것입니다.

한편으로는 데이터 공유와 개방에 대한 요구가 매우 절실합니다. 최근 몇 년간 데이터 분석과 AI 기술이 크게 발전한 이유 중 하나는 바로 대량의 고품질 데이터 자원을 사용할 수 있었기 때문입니다. 다른 한편으로는 데이터의 무질서한 유통 및 공유는 데이터 보안과 개인정보 보호에 큰 위험을 초래할 수 있으므로 규제와 제한이 반드시 필요합니다. 예를 들어 인터넷 기업들의 개인 데이터 부적절 사용으로 인한 프라이버시 보안문제가 빈번히 발생함에 따라, 유럽연합은 "역사상 가장 엄격한" 데이터 보안 관리 규정인 일반 데이터 보호 규정(GDPR)을 제정하여 2018년 5월 25일에 정식으로 시행되었습니다. 2020년 1월 1일에는 미국에서 "가장 엄격하고 포괄적인 개인 프라이버시 보호 법안"인 캘리포니아 소비자 프라이버시 법안(CCPA)이 시행되었으며, 국내에서도 "중화인민공화국 개인정보보호법"이 2021년 11월 1일에 시행되었습니다.

미래에는 데이터 보안 및 개인정보 보호 능력을 향상시키는 제품과 기술이 더 많이 등장할 것입니다. 기업용 빅데이터 플랫폼의 보안 관리는 다음 세 가지 수준으로 나눌 수 있습니다:

- 가장 기초적인 수준은 플랫폼의 물리적 및 네트워크 보안입니다. 이 수준의 보안은 데이터 서비스의 "클라우드화" 추세에 따라 점차 클라우드 서비스 제공업체가 보장하게 될 것이며, 여러 지역의 데이터 센터에 대한 중복 백업, 데이터 센터의 안전 관리, 네트워크 고방어 서버 구비, 애플리케이션 방화벽 설정 등의 조치를 취할 수 있습니다.
- 중간 수준은 빅데이터 플랫폼의 시스템 보안으로, 빅데이터 플랫폼 내부의 각종 보안 하위 시스템이 함께 보장합니다. 예를 들어 데이터 접근제어 시스템, 애플리케이션 격리 시스템, 위험관리 감사 시스템 등이 있습니다.
- 가장 상위 수준은 데이터 애플리케이션 보안으로, 사용자에게 가까운 데이터 애플리케이션

환경입니다. 미래에는 이 수준에서 보다 다양한 데이터 보안 제품이 등장해 다양한 비즈니스에 대해 실질적이고 신뢰할 수 있는 보안 보장을 제공할 것입니다. 예를 들어 데이터 시스템 수준에서 데이터 애플리케이션 권한 관리 시스템 사용, 민감 데이터의 암호화 강화, 디지털 워터마크 추가, 데이터 위험 관리 제품 제공 등이 있습니다.

개인정보 보호 측면에서 다양한 데이터 수집 SDK는 앞으로 더 엄격한 프라이버시 준수 정책의 제한을 받게 될 것입니다. 따라서 사용자 프라이버시 준수를 보장하면서 정확한 사용자 익명 식별 능력과 포괄적인 데이터 수집 능력을 제공하는 것이 큰 도전이 될 것입니다. 사용자의 프라이버시를 침해하지 않으면서 게임 데이터의 활용도를 높이고, 게임 데이터의 가치를 발굴하는 것은 게임 데이터 분석 분야의 핵심 과제가 될 것입니다.

찾아보기

찾아보기

[게임 데이터 애널리스트가 알려주는]
게임 데이터 분석의 노하우

초판 1쇄 인쇄 2024년 10월 25일
초판 1쇄 발행 2024년 11월 04일

지은이 씽킹데이터 (ThinkingData) | 옮긴이 제갈진우 (씽킹데이터 코리아) | 펴낸이 이동섭
편집 : 송정환 | 표지 : 김연정 | 본문 : 강민철
영업 · 마케팅 : 조정훈, 김려홍 | e-BOOK : 홍인표, 최정수, 서찬웅, 김은혜, 정희철
관리 : 이윤미

㈜에이케이커뮤니케이션즈
등록 1996년 7월 9일(제302-1996-00026호)
주소 : 08513 서울특별시 금천구 디지털로 178, B동 1805호
TEL : 02-702-7963 FAX : 0303-3440-2024 | http://www.amusementkorea.co.kr

ISBN 979-11-274-8263-3 13000

<游戏数据分析: 从方法到实践> 数数科技分析师团队 编著 | ISBN 9787121452000
Copyright 2023 ©Publishing House of Electronics Industry Co., Ltd
All rights reserved.
Original Chinese edition published by Publishing House of Electronics Industry Co., Ltd.
This Korean edition is authorized by Publishing House of Electronics Industry Co., Ltd.
Korean translation copyright 2024 ©A.K Communications Inc.